여론조사 저널리즘

: 여론조사 보도 제대로 따져 읽기

여론조사 저널리즘 : 여론조사 보도 제대로 따져 읽기

초판1쇄 발행일 • 2010년 8월 10일

지은이 • 신창운
펴낸이 • 이재호
펴낸곳 • 리북
등   록 • 1995년 12월 21일 제13-663호
주   소 • 서울시 마포구 솔내1길 19 서연빌딩 2층
전   화 • 02-322-6435
팩   스 • 02-322-6752
홈페이지 • www.leebook.com

정   가 • 13,000원

ISBN 978-89-87315-36-2

여론조사 저널리즘

: 여론조사 보도 제대로 따져 읽기

신창운 지음

리북

* 이 책은 방일영문화재단의 지원을 받아 출판되었습니다.

여론조사 결과 역시 많은 정보와 뉴스 중 하나일 뿐입니다. 무시해도 곤란하지만 그렇다고 맹신할 필요도 없습니다. 믿을만한 조사결과가 대부분이지만 쓰레기처럼 무용한 것이 적지 않기 때문입니다. 일본의 경우 요미우리 등 5대 메이저 신문사에 게재된 여론조사의 절반이 쓰레기라는 주장도 있더군요.

쓰레기는 당연히 걸러내야 합니다. 그럼에도 남는 문제가 있습니다. 믿을만한 여론조사에 근거해 쓴 기사도 잘못된 것이 있기 때문이죠. 여론조사를 어떻게 보도하느냐에 따라 여론조사 자체의 신뢰성까지 영향을 주는 일이 적지 않습니다. 소위 "꼬리가 몸통을 흔드는 일"이 발생할 수 있다는 얘기입니다.

여론조사와 여론조사 보도에 대한 최소한의 지침을 제공하겠다는 생각은 2004년 중앙일보 기자 블로그(blog.joins.com/scw1309)를 통해 시작됐습니다. 시행착오도 많았지만 스스로를 채찍질하는 좋은 기회였습니다. 부족한 지식과 미천한 경험을 절감하고 또 깨닫게 한 공간이기도 했고요. 때론 "너나 잘하세요"라는 비아냥을 감수해야 했습니다. 그 와중에 나름의 성과도 있었습니다. 이 책을 발간하게 된 것도 그 중 하나고요.

이 책은 크게 세 부분으로 구성되어 있습니다. 첫째 장에선 여론조사 보도 전반에 대한 이해도 제고를 위한 글을 모았습니다. 여론조사 보도 시 유의해야 할 사항, 여론조사 결과를 어떻게 읽을 것인가 등에 대한 지침을 제공하고자 했습니다. 사례를 통해 실질적인 도움과 참고자료로 활용할 수 있도록 고려했고요.

둘째 장에선 잘못된 여론조사 보도를 다루고 있습니다. 조사 설계 혹은 기획 단계에서부터 결과 해석 및 보도에 이르기까지… 여론조사 혹은 여론조사 보도 과정에서 오해의 소지가 곳곳에 널려 있습니다. 자의적인 해석도 흔하고 버젓이 잘못을 범해 놓고 그냥 지나치는 경우도 심심치 않고요. 이런 식으로 바로잡아야 한다기보다 또 다른 시각이나 해석이 가능하다는 입장을 취하고자 애썼습니다.

셋째 장에선 선거 여론조사 보도와 관련된 쟁점을 모았습니다. 구체적으로 가장 최근의 5회 지방선거(2010. 6), 18대 국회의원 선거(2008. 4), 17대 대통령 선거(2007. 12), 한나라당 대선후보 경선(2007. 7) 그리고 44대 미국 대통령 선거(2008. 11) 때 실시된 각종 여론조사와 여론조사 보도를 다루고 있습니다. "여론조사와 정치 그리고 언론 사이에서 벌어지는 로맨스의 핵심"이 선거인 까닭에 여론조사 보도를 둘러싸고 이해 당사자의 이해가 가장 적나라하게 드러나는 곳입니다.

본의 아니게 특정 인물이나 매체를 비판 대상으로 올려놓은 경우가 있을 겁니다. 특정 대상이 아니라 여론조사 및 보도에 관심이 있음을 다시 한 번 강조하고 싶습니다. 그럼에도 불구하고 저 역시 그 비판의 대상일 수 있다는 점을 명심하고 있습니다. 지방선거 여론조사에 대한 비판의 목소리가 매우 높은 시점이라 더욱 더 조심스럽습니다.

겸손한 자세로 기존 여론조사의 방식과 관행을 되돌아볼 생각입니다. 여러 가지 대안과 개선방안을 적극 모색하겠습니다. 그런 결과를 토대로 좀 더 나은 여론조사를 실시 발표할 수 있도록 하겠습니다. 관련 작업이 순조롭게 진행될 경우 2012년 총선과 대선을 앞두고 이 책의 개정판을 냈으면 하는 기대를 가지고 있습니다.

평소 많은 분들의 격려와 도움이 있었습니다. 이 자리를 빌어 진심으로 감사 말씀을 드립니다. 한국갤럽 박무익 소장, SBS 현경보 박사, 한국갤럽 허진재 이사, 밀워드브라운미디어리서치 김지연 상무, 리서치랩 김규철 상무, 중앙일보 조사연구팀의 이주한·염미애·최락중 과장과 최지연 씨, 김택환 중앙일보 미디어랩 소장, 전영기 중앙 SUNDAY 편집국장, 오병상 중앙일보 편집국장 대리 겸 정치에디터, 김성국 부산대 교수, 강원택 숭실대 교수, 이현우 서강대 교수, 김형준 명지대 교수 등이 그들입니다.

이재성, 홍병기, 박종식, 황희상, 김진혁 등 친구들의 관심과 격려에 대해서도 늘 감사드립니다. 중앙일보 기자 블로그 '신창운 전문기자의 여론조사 이야기' 애독자 여러분에게도 감사드립니다. 아내와 두 아이에겐 미안함과 감사를 함께 전합니다. 이 책의 출간을 선뜻 맡아주신 리북 이재호 사장에게도 감사를 드립니다. 끝으로 출간을 지원해 준 방일영문화재단 관계자에게 감사드립니다.

2010년 7월
신 창 운

■ 차례

■ 프롤로그

Ⅰ. 여론조사 보도에 대한 이해

I. 여론조사 보도에 대한 이해

▌방송사 예측조사의 '위험한 도박'▐

6월 2일 투표 종료와 함께 방송 3사가 16개 시·도지사 당선자를 공동 예측할 것이란 점은 '방송사 예측조사의 관전 포인트'(제 블로그 5월 30일자)에서 이미 말씀드렸습니다. 투표일 이전에 실시되는 세 차례의 전화조사와 투표 당일 출구조사로 이루어지는 방송사 예측조사는 지금까지 대선과 지방선거에서 높은 정확성을 보여 왔습니다. 이번 지방선거에서도 그럴 것이고요.

그런데 이번 지방선거 예측에선 변수가 하나 생겼습니다. 16개 시·도 교육감 당선자 예측이란 또 다른 시험대가 생겼기 때문입니다. 기왕에 많은 돈을 들였고(회사별로 6억씩 모두 18억 원) 출구조사까지 실시할 예정이니 숟가락 하나 더 없는다는 생각이었겠지만… 매우 '위험한 도박'이란 느낌이 드는군요.

우선, 시·도 교육감 예측은 이번이 처음이라 과거 자료나 경험을 전혀 활용할 수 없습니다. 아시다시피 대선과 지방선거에서의 정확한 예측은 전화조사와 출구조사는 물론 과거 선거 자료와 예측 경험 그리고 타 언론사 조사결과까지 총동원해 이루어진 것입니다. 무응답자 배분이나 '숨어 있는 표' 계산 등도 마찬가지이고요.

그런데 달랑 전화조사와 출구조사 만으로 16개 교육감을 예측하겠다고 나선 것입니다. 이미 세 차례 실시된 전화조사의 경우에도 '모름·무응답'이 지역별로 절반을 넘고 1~2위 후보 지지율 격차가 적은 편이라 예측에의 활용도가 낮답니다. 결국 믿을 건 출구조사 뿐인데… 후보별 기호도 없는 상태에서 자기가 찍은 사람을 출구조사 때 제대로 기억해 응답할 수 있을지 모르겠습니다.

과거 자료와 경험 없고 '모름·무응답' 절반 넘어

사전 전화조사에서 알 수 있듯이 이번 지방선거는 전체적으로 관심이 적고 교육감 후보자의 경우 인지도가 매우 낮습니다. '모름·무응답'이 50%를 넘고 있고요. 후보자 지지율 역시 고만고만해 1~2위 후보 지지율 격차가 오차범위 내에 있는 곳이 많은 편입니다. 그래서 만약 특정 집단이나 지지층이 특정 후보에게 몰릴 경우 전혀 엉뚱한 결과가 나타날 수도 있습니다.

선거 예측을 위해 전화조사를 수행하고 있는 조사기관 관계자 얘기에 의하면, 시·도지사의 경우 박빙 지역이 늘어나 예측이 어려울 것 같다더군요. 교육감의 경우 이보다 더했지 더하지 덜하지 않을 것으로 예상됩니다. 방송사 입장에선 또 다시 '오보 위험'을 감수할 것인지 아니면 오차범위 내의 지지율 격차를 경합으로 분류해 예측을 유보할 것인지 기로에 서게 되겠죠. 예측 유보의 경우 두세 곳 이하라면 모르겠지만 그 이상이면 너무 몸을 사렸다는 비판을 감수해야 할 것입니다.

이번 교육감 여론조사를 향후 더 나은 예측을 위한 기초자료로 활용하겠다면… 의미가 있겠죠. 그러나 교육감 선거 무용론까지 나오고 있는 분위기를 감안하면 그 의미가 반감될 수 있습니다. 만약 시·도지사 예측에서 예전의 정확성을 달성하고도 교육감 예측이 실패로 끝난다면, 과욕 혹은 무모한 도전이었다는 오명이 불가피하겠죠. 그렇지 않아도 낮아진 여론조사의 신뢰성이 더욱 훼손되는 것은 말할 것도 없고요.

_ 2010.06.01.

▍방송사 예측조사의 관전 포인트▍

2002년 지방선거 시·도지사 예측 때는 방송 3사(KBS·MBC·SBS)가 제각기 조사결과를 발표했습니다. 당시 KBS는 코리아리서치와 미디어리서치에, MBC는 한국갤럽에, SBS는 TNS에 각각 예측조사를 의뢰했습니다. 그러다 지난 2006년엔 KBS와 SBS가 미디어리서치와 TNS 두 기관에 공동으로, MBC는 코리아리서치에 단독으로 조사를 의뢰했습니다. 방송사 예측조사에서 빠진 한국갤럽은 YTN과 전화조사 형식으로 예측결과를 내놨고요.

이번 2010년 시·도지사 예측은 지난번과 조금 달라졌습니다. 방송 3사가 공동으로 미디어리서치-코리아리서치-TNS에 예측조사를 의뢰했습니다. 16개 시도지사는 물론 시·도 교육감까지 예측하는 것으로 결정했답니다. 예전과 마찬가지로 두세 차례의 전화조사와 투표 당일 출구조사를 통해서입니다. YTN은 2006년과 동일한 방식으로 한국갤럽에 예측조사를 의뢰했습니다. MBN도 예측조사에 도전하고 있고, GH코리아와 메트릭스가 공동으로 조사를 수행한다고 합니다.

'오보 위험' 대 '예측 유보'

2006년 5월 31일 오후 6시. 시·도지사 16곳에 대한 방송사 예측조사가 일제히 발표됐습니다. 상대적으로 예측이 수월한 영·호남

시·도지사는 전화조사만, 대전시장과 제주지사 등 관심 및 경합지역은 출구조사를 추가해 예측 정확성을 높였습니다. 그럼에도 불구하고 당시 방송 3사는 오보 위험을 감수하는 대신 '안전한' 발표 방식을 취했습니다. 1~2위 후보 지지율이 오차범위 내에 있는 대전시장과 제주지사를 경합으로 분류해 예측을 유보한 것이죠.

막대한 조사비용에도 불구하고 예측을 유보하는 것은 용기 있는 행동입니다. 그러나 일반 국민의 시선으로 보면 이해하기 어려운 점이 있습니다. 16개 시·도지사 1위 당선자 예측에서 두 곳을 제외한다면… 과연 일반 국민의 예측과 방송사─조사전문기관의 그것에 무슨 차이가 있느냐는 회의가 그것입니다. 특히 이번엔 방송 3사가 조사기관 3곳과 공동으로 예측조사를 실시한다는 점을 고려한다면 말입니다.

이번 선거에선 1위 당선자 예측, 1~2위 후보 간 지지율 격차 등 방송 3사의 우열을 가릴 수 없습니다. 방송 3사가 동일한 예측치를 보도키로 했기 때문입니다. 동일한 조사결과를 사용했다 하더라도 방송 3사 및 조사기관의 경험과 분석력을 토대로 서로 상이한 예측치를 기대했지만… 합의에 이르지 못한 것으로 알려졌습니다.

16개 시·도지사 1~2위 후보의 지지율 예측치가 오차범위를 벗어나 있다면 괜찮습니다. 문제는 오차범위 내 박빙 지역이 늘어나는 경우입니다. 충남·경남 등 최소 두세 곳은 되지 않을까요. 만약 이들 지역을 모두 경합으로 판단해 예측을 보류한다면, 즉 지난 2006년과 동일한 방식으로 보도할 경우 논란의 여지가 있습니다. "그렇게 예측할 것이라면 나도 할 수 있겠다"는 국민이 적지 않을 것이기 때문이죠. 더 부담스러운 것은 처음으로 예측을 시도하는 시·도교육감 1~2위 후보 예측치가 오차범위 내에 있는 경우입니다. 아마 시·도지사에 비해 그런 곳이 더 많지 않을까 예상되는군요.

_ 2010.05.30.

▌정당 입맛에 맞는 여론조사기관 ▌

A연구소가 '친민주당' 성향이라고 했는데요… 지역에서도 민주당이 내놓는 기자(참고)용 여론조사가 다 이 연구소 용역입니다. 구체적으로 어떤 관계가 있는 건가요. 또 그렇다면 '친한나라당' 성향의 조사기관은 어디인가요. 여론조사기관이 조사를 의뢰하는 정당 또는 후보자의 입맛에 맞게 결론을 도출하는 것이 일반적인 현상인가요.

지난주 언론진흥재단 강의 때 참석했던 지방지 정치부장이 메일을 통해 추가 질문을 보내왔는데, 그 내용 중 일부를 옮긴 것입니다. 시간에 쫓겨 만족할 만한 설명을 못했는데… 답장 메일을 토대로 내용을 보완했습니다.

심증 있지만…

A연구소와 민주당이 구체적으로 어떤 관계인지에 대해선 잘 모르겠습니다. 연구소 구성원이 몇 명 되지 않지만 제각기 민주당 소속 국회의원 및 관계자와 연계되어 있기 때문에 한 마디로 단정하기 어렵습니다. 그러나 전반적으로 민주당 쪽에 편향되어 있는 것은 분명합니다.

한나라당은 당 소속인 여의도연구소가 있음에도 불구하고 외부 조사기관을 활용하는 경우가 잦습니다. 특히 요즘처럼 선거 때 말입니다. 대내외적으로 객관적인 조사결과를 획득하기 위해서겠죠(이는 민주당도 마찬가지입니다. 민주정책연구원이라는 당 산하 연구기관이 있음에도 불구하고 A연구소 등을 활용하는 것처럼 말입니다).
한나라당의 경우 A연구소같은 외부 조사기관을 지속적으로 이용하
는 경우는 없는 것 같습니다. 그래서 당과 연계된 특정 조사기관을
거명하기가 쉽지 않군요.

강의를 하면서 "용역을 의뢰하는 기관의 입맛에 맞게 결론을 도출
하는 경우가 적지 않다"고 말씀드렸는데… 지금 생각해 보니 약간
오버한 측면이 있군요. 죄송합니다. 용역을 의뢰하는 쪽으로 유리하
게 질문을 구성하는 경우가 가끔 있다는 점을 강조했다고 이해하시
기 바랍니다. 그런 경우가 일반적인 현상으로 오해되는 일이 없었으
면 좋겠습니다.

질문한 이슈와 관련해 몇 가지 사례를 소개해 드릴 테니 참고하십
시오. 첫째, 한나라당 여의도연구소의 경우 소장이 친박親朴인지 혹
은 친이親李인지에 따라 조사결과가 다르다는 인식이 있습니다. 친박
소장이면 친박에게 유리하게 나오고 친이 소장이면 친이 쪽으로 유
리한 조사결과가 나온다는 거죠.

둘째, 민주당이 이번 지방선거의 공천 및 경선 여론조사를 담당할
조사기관 10곳을 선정했다고 합니다. 이름을 대면 알만한 우리나라
조사기관이 모두 포함됐는데… 정작 한국갤럽이 빠졌다는군요. 한국
갤럽이 친한나라당 성향의 조사기관이란 인식 때문이랍니다. 한국갤
럽으로선 억울한 노릇이지만… 특정 정당에 치우친 조사기관이 있다
는 인식이 버젓이 존재하고 있음을 역설적으로 보여주고 있습니다.

셋째, 민주노동당 등 진보좌파 성향의 정당 역시 아무데나 조사를
맡기지 않습니다. 선호하거나 애용하는, 즉 '입맛에 맞는' 조사기관이
따로 있다는 얘기입니다. 물론 메이저 조사기관에 의뢰할 만한 비용이
부족한 이유도 있겠지만… 질문지를 살펴보면 반드시 그런 이유 때문
이 아닌 것 같더군요. 노조에서 의뢰하는 조사 역시 마찬가지입니다.

_ 2010.04.28.

‖ '같은 조사기관의 다른' 세종시 여론 ‖

정부가 세종시를 '교육과학 중심 경제도시'로 추진하겠다고 발표했습니다. 여러 언론이 이에 대한 여론조사를 실시했습니다. 왜 조사결과에 차이가 있느냐고 따지는 사람들이 있더군요. 동일 사안에 대한 조사가 여러 군데서 실시됐을 경우 늘 나오는 얘기지만 여론조사를 못 믿겠다는 사람들도 있고요. 그러나 지금까지의 조사결과에서 나타난 차이는 정상적인 것으로 봐야 합니다.

다만 한 가지 말씀드릴 것이 있습니다. 질문내용을 확인하지 않아서 발생하는 오해가 있더군요(세종시 발전방안을 여기선 '신안新案'이라고 표기하겠습니다). 신안 혹은 신안 발표에 대한 찬반을 물어본 경우와 원안 대 신안 선호도 질문을 구별하지 않고 있습니다.

신안 찬반과 원안 대비 선호도는 다른 내용

대표적인 사례가 KRC코리아리서치센터 조사입니다. 같은 날 MBC와 동아일보 두 곳의 의뢰를 동시에 받아 각각 조사를 실시했더군요. MBC-KRC 조사에선 찬성 47.5%, 반대 40.5%인데 비해, 동아-KRC 조사는 찬성 54.2%, 반대 37.5%였습니다. 조사결과에 대해 예민한 상황이라 찬성 응답 6.7%포인트 차이가 적지 않게 받아들여질 수 있겠죠. 왜 다르냐는 의문이 생길 법하고요.

그러나 MBC와 동아일보는 서로 질문이 달랐습니다. MBC는 '정부가 발표한 세종시 수정안에 대한 찬반'을 물었는데 비해, 동아일보는 세종시 추진방식 둘 중 하나를 선택토록 했습니다. "원안대로 행정중심 복합도시를 건설해야"와 "정부 수정안대로 교육과학 중심도시를 건설해야" 중에서 말입니다. 신안에 대한 찬반과 원안 대비 선호도는 비슷한 것 같지만 명백히 다른 질문이므로 그 결과가 다를 수밖에 없습니다.

결국 "하나의 조사기관이 서로 다른 언론사로부터 의뢰를 받아 벌인 조사결과가 크게 달라 조사의 신뢰도에 의문이 제기되고 있다"는 형태의 몇몇 보도는 이 같은 오해에서 비롯된 잘못된 기사입니다. 여러 언론의 조사결과를 질문내용에 대한 구분 없이 비교한 기사도 마찬가지겠죠.

_ 2010.01.14.

▌승리자 유해진을 다시보자 ▌

네티즌 사이에서 '유해진 다시보기'가 유행이라고 합니다. 톱배우 김혜수가 연인 사이를 인정한 조연급 남자 배우를 새삼 다시 봐야 한다는 겁니다. 오늘 아침 조인스닷컴에 올라온 관련 기사 중 일부를 옮겨 적어 보겠습니다.

톱배우 김혜수가 4일 동료 배우 유해진과 연인 사이임을 인정하자 네티즌 사이에선 '유해진 다시보기'가 유행처럼 번지고 있다. 아역시절부터 26년 째 톱스타로 자리잡아온 김혜수가 처음 공식적으로 열애를 인정했는데 그 주인공이 바로 유해진이기 때문이다.

네티즌은 연예관련 사이트 게시판 등을 통해 "유해진이 톱스타=재벌·능력남과 열애 결혼이라는 대한민국 연애법칙을 깼다" "유해진이야말로 인간 승리의 주인공이다" "내면의 매력이 미인을 차지한다" "번지르르한 겉모습보다 속이 꽉 찬 것이 더 낫다는 것을 보여준다"는 등의 댓글을 올리며 유해진의 매력을 전하고 있다.

2006년 4월 대전시장 가상대결 : 염홍철 44%, 박성효 15%

지난해 말 16개 시·도지사 직무수행 평가 및 재신임 여부, 물망에 오르내리고 있는 예비 후보를 대상으로 지지율 여론조사를 실시했습니다. 그 결과는 중앙일보 12월 31일자에 그리고 중앙SUNDAY 1월 3일자에 각각 소개됐습니다(시·도별 조사결과표는 조인스닷컴 홈페이지 '스페셜-여론조사'에 들어가면 무료로 볼 수 있습니다).

유해진과 같은 '인간 승리의 주인공'이 연예계에만 존재하란 법이 있습니까. 올 6월 지방선거에서도 혜성처럼 나타나 승리자가 되는 인물이 있을 것입니다.

4년 전 이맘때의 여론조사를 살필 기회가 있었습니다. 지난 지방선거는 2006년 5월 31일에 치러졌더군요. 당시 대전시장으로 뽑힌 박성효 한나라당 후보는 4월 중순 실시된 가상대결에서 겨우 15%의 지지율을 얻고 있었습니다. 당선이 유력했던 인물은 열린우리당 염홍철 후보로 44%의 지지율을 획득했더군요. 선거 막판 박근혜 전 한나라당 대표의 피습과 "대전은요"라는 한 마디가 주요 변수로 작용했지만, 어떻든 절대적 열세를 극복하고 박 후보가 승리했던 것은 주지의 사실입니다.

후보로 나서지 않겠다고 했는데… 왜 포함시켰느냐고 항의해 온 분이 계십니다. 엉뚱한 후보를 포함하는 바람에 자신의 지지율이 낮아졌다고 불평하는 분도 있고요.

'병 주고 약 주는 격'이라고 하면 드릴 말씀이 없지만… 아직 5개월이나 남아 있지 않습니까. 얼마든지 따라잡을 수 있고 심지어 역전도 가능할 것입니다. 그것이 정치 아닙니까. 비록 지금 지지율이 낮다고 해서 실망하거나 포기하는 후보가 없었으면 합니다. 박성효 대전시장처럼 귀하께서도 막판 승리의 주인공이 될 수 있답니다. 자주 말씀드리지만… 여론조사는 그저 여론조사일 뿐입니다.

_ 2010.01.05.

▌무딘 칼날 앞에 선 당 대표▐

정기국회가 시작됐지만 정치권의 관심은 다음달 28일 실시될 국회의원 재보궐선거에 쏠려 있습니다. 공천심사위가 이미 구성된 한나라당도 예외가 아니고요. 당선 가능성을 최우선적으로 고려하겠다는 '하나마나한' 얘기를 하는 것부터 심상치 않습니다.

현직 당 대표가 포함되는 공천을 놓고 이런 얘기가 나오는 것에 대해 어떻게 생각하십니까. 당 대표가 자신의 공천 하나도 챙기지 못하는 현실에 대해서 말입니다. 아니면 정치 선진화 지표 중 하나로 평가해야 할까요. 여론조사라는 칼날 앞에 선 박희태 대표가 안쓰러워하는 얘기입니다. "공천만 되면 당선 가능성이 올라간다"는 박 대표의 언급마저 구차해 보이는군요.

연구소장 계파에 따라 다른 조사결과

어쨌든 이번 공천에서도 여론조사가 매우 중요한 지표입니다. 한나라당 부설 여의도연구소 조사결과도 당연히 포함된다고 하더군요. 외부 조사기관 두 곳의 조사결과와 함께 말입니다. 그런데 한 가지 걱정이 있습니다. 여의도연구소 여론조사가 아무런 문제없이 받아들여질 수 있을까요.

현재 한나라당은 친이親李·친박親朴으로 크게 양분되어 있습니다. 각종 사안을 놓고 서로 첨예하게 맞서고 있고요. 가령, 여의도연

22

구소 소장이 어느 쪽이냐에 따라 조사결과가 한 쪽으로 편향된다고 인식하고 있습니다. 지난 4월 재보선 때엔 김성조(친박) 의원이 소장이었는데… 당에선 정수성(친박) 후보가 정종복(친이) 후보보다 높게 나온 여의도연구소 경주 지역민 대상 조사결과를 신뢰할 수 없다고 했습니다. 굳이 외부 조사기관에 의뢰해 정종복 후보가 높게 나온 조사결과를 토대로 공천했다가 무소속 정수성 후보가 당선되는 결과가 나왔습니다.

이번에도 그러지 말라는 보장이 없습니다. 벌써 그런 조짐이 보입니다. 현재 여의도연구소장은 진수희(친이) 의원입니다. 경남 양산 지역을 대상으로 한 여의도연구소 여론조사에서 박 대표가 함께 공천을 신청한 김양수 전 의원과 친박 성향의 무소속 유재명 예비후보에게 이기지 못하는 것으로 나타났답니다. 한국갤럽에 의뢰한 여론조사에선 박 대표가 앞서는 것으로 나왔고요.

여론조사 '불가근불가원'

여론조사에서 앞서는 후보를 공천하는 것이 맞겠죠. 당선 가능성이 높은 후보로 말입니다. 그러나 여론조사 1위가 반드시 당선되리란 보장이 있습니까. 친박 소장이 조사하면 친박 후보가 1위로 나오고 친이 소장이 조사하면 친이 후보가 1위로 나오는 여론조사로 어떻게 그런 장담을 합니까. 공천과 관련해 여론조사를 말할 자격이나 되는지 모르겠습니다.

너무 멀리해도 안 되지만 그렇다고 너무 가까이해도 안 되는 것(不可近不可遠)이 여론조사입니다. 한나라당이 스스로 폭로한 계파 편향적 여론조사…당연히 멀리 해야겠죠^^.

_ 2009.09.02.

김민선 발언이 쇠고기 소비에 미친 영향

10일 미국산 쇠고기 수입 유통업체가 배우 김민선 씨와 MBC PD
수첩 제작진을 상대로 3억 원의 손해배상 청구소송을 제기했다고
합니다. 김민선의 경우 2008년 5월 자신의 싸이월드 미니 홈피에
"광우병 득실거리는 소를 뼈째 수입하느니 청산가리를 입안에 털어
넣는 편이 낫겠다"고 발언했습니다. 이 때문에 쇠고기 수입 유통업체
가 커다란 피해를 입었다고 소송을 제기한 것입니다.

그런데 이와 관련 한 여론조사업체가 '김민선 발언이 쇠고기 소비
에 미친 영향'(마치 논문 제목 같죠)에 대해 물어봤더군요. 그 결과
"(쇠고기 소비에) 영향을 받지 않았다" 53.0%, "쇠고기를 덜 먹게
됐다" 15.8%, "발언을 들어본 적이 없다" 31.2%였답니다.

김민선도 모르고 그녀의 발언도 모를 경우

아무나 또 아무렇게나 조사가 이루어지는 최근의 분위기를 고려할
때 어떤 주제든 조사할 수 있다고 생각할 법 합니다. 또 사법적 판단
이전에 국민 여론을 파악 전달하는 것이 흥미를 끌 수도 있겠죠. 그러나
이 질문문항은 몇 가지 이유에서 여론조사 주제로 적합하지 않습니다.

우선 질문내용에 대한 인지도가 낮습니다. 과연 우리 국민 중 배우
김민선을 알고 있는 사람이 몇 퍼센트나 될까요. 절반은 고사하고
20~30%에도 미치지 못할 것으로 판단됩니다. 게다가 김민선이란 배우를

알고 있다고 하더라도 2008년 5월 그녀가 어떤 발언을 했는지 기억하고 있는 사람이 드물 것입니다. 이와 관련해 "발언을 들어본 적이 없다"는 응답(31.2%)은 실제보다 적게 나왔을 가능성이 있습니다. 실제로 모름에도 불구하고 들어봤다고 응답할 가능성이 높은 질문이기 때문이죠.

둘째, 과거 회상回想 질문은 제대로 된 평가가 곤란합니다. "00님께선 지난해 5월 이명박 대통령을 지지하셨습니까", "00님께선 지난해 촛불시위 당시 어떤 정당을 지지하셨습니까", "2년 전 00님 댁의 생활형편은 어떠했습니까" 등은 평소 접하기 어려운 질문입니다. 과거 상황에 대한 평가에 현재의 상황이 투영되기 때문에 객관적 평가가 곤란하기 때문이죠. 물론 "00님께선 지난 대선 때 어떤 후보에게 투표하셨습니까"란 질문을 할 때도 있습니다. 그러나 주지하다시피 현재의 대통령 지지도가 높으면 실제 득표율보다 높게 나오고 지지도가 낮으면 실제보다 낮게 나옵니다. 결국 현 시점에서 물어본 '지난 대선 때 후보별 지지도'는 부정확할 수밖에 없다는 얘기입니다.

셋째, 인과관계에 대한 질문은 조심해야 합니다. 단일 요인을 가정하고 있는 것도 문제이고요. 쇠고기 소비에 영향을 미친 요인은 김민선 발언 외에도 매우 많고 다양할 것입니다. 이런 경우 하나의 질문을 통해 그 인과관계를 밝혀내기가 어렵습니다. 여러 요인에 대한 질문과 통계적 분석이 이루어져야 합니다. 그렇지 못할 경우 최소한 두 가지 요인을 분리해 질문함으로써 대략적인 추론을 할 수 있겠죠. 발언 자체의 영향력 여부 그리고 쇠고기 소비 여부에 어떤 요인이 영향을 미쳤는가에 대한 질문을 통해서 말입니다. 결국 '김민선 발언이 쇠고기 소비에 미친 영향' 조사결과는 신뢰하기 힘든 것으로 판단됩니다. 내용에 대한 인지도가 낮을 뿐 아니라 제대로 평가하기 곤란한 부적절한 질문이기 때문이죠. 또 "(쇠고기 소비에) 영향을 받지 않았다"고 응답한 국민(53.0%) 중 상당수가 김민선 혹은 그녀의 발언을 모른 상태에서 응답했을 가능성이 높아 보입니다.

_ 2009.08.14.

▌이외수를 가장 좋아한다고요 ▌

한국갤럽이 창립 35주년을 맞아 '한국인이 좋아하는 것들'을 조사해 시리즈로 발표하고 있습니다. 5월 20일부터 6월 3일까지 전국의 만 13세 이상 남녀 1,704명을 대상으로 한 것입니다. 지난달 19일 가장 좋아하는 스포츠 선수로 시작해 7월 21일 가장 좋아하는 소설가에 이르기까지 모두 여섯 차례 조사결과를 발표했습니다. 그동안 발표한 내용을 1~3위까지만 정리하면 다음과 같습니다.

- 한국인이 가장 좋아하는 스포츠 선수 : 박지성, 김연아, 이승엽
- 한국인이 가장 좋아하는 탤런트 : 김혜자, 최불암, 김태희
- 한국인이 가장 좋아하는 가수 : 장윤정, 빅뱅, 태진아
- 한국인이 가장 좋아하는 영화배우 : 안성기, 송강호, 장동건
- 한국인이 가장 좋아하는 개그맨 : 유재석, 강호동, 이수근
- 한국인이 가장 좋아하는 소설가 : 이외수, 박경리, 공지영

동일 주제나 내용을 시계열적으로 조사해 그 흐름을 추적 분석하는 것은 가장 여론조사다운 여론조사로 볼 수 있습니다. 그런 점에서 한국갤럽의 이번 조사는 연륜이 돋보이는 의미 있는 기획입니다. 5년 전 조사결과와의 비교로 흥미를 더해주고 있기도 하고요. 앞으로 5년, 10년 후에도 동일 조사가 계속될 것으로 믿습니다.

그러나 몇 가지 아쉬운 점이 있습니다. 첫째, 최근 발표되는 조사 결과가 모두 2개월 전에 조사한 것입니다. 5월 말 조사라는 점을 알고 조사결과를 받아들이면 전혀 문제가 없습니다. 그러나 대개는 그렇지 못하죠. 가령 "오늘 발표된 조사결과는 두 달 전에 조사한 것입니다"라고 했을 때 그것을 읽는 사람이 어떤 느낌을 가질까요. 그래서 가장 최근의 조사결과, 즉 '한국인이 가장 좋아하는 소설가는 이외수'란 연합뉴스 기사는 조사일자를 밝히지 못하고 있더군요.

가장 잘 알려진 혹은 제일 유명한 소설가 아닐까

둘째, 가장 좋아하는 사람 1위가 과연 진짜 좋아하는 사람인지에 대한 고민입니다. 가령, 이외수가 한국인이 가장 좋아하는 소설가일 까요(그럴 수도 있겠죠^^). 어쩜 가장 잘 알려진 혹은 가장 유명한 소설가 아닐까요. 그래서 응답하기 가장 쉬운 소설가 아닐까요. 연합 뉴스 기사에 따르면, 한국갤럽 측은 "좋아하는 소설가가 누구인가 하는 질문을 받고 선뜻 답하지 못하는 사람이 이외로 많았다"며 "2004년과 마찬가지로 올해에도 한국인 10명 중 4명꼴로 좋아하는 소설가의 이름을 답했다"고 했습니다.

셋째, 조사결과 보도 측면에서도 아쉬운 점이 있습니다. 현재 가장 좋아하는 사람이 누구인지 궁금한 것은 당연합니다. 그러나 이번 여론 조사의 가치는 5년 전 혹은 10년 전과 비교해 어떤 변화가 있는지 알려주는데 있다고 봅니다. 한국갤럽의 보도자료는 그런 점을 잘 반영 해 분석하고 있지만, 이를 다룬 언론에선 2009년 조사결과에 바탕한 제목 뽑기에 치중하고 있더군요. '최고 인기 선수는 박지성', '한국인이 가장 좋아하는 가수는 장윤정', '한국인이 가장 좋아하는 개그맨은 유재 석' 등등. 2004년 조사에선 스포츠 선수 1위가 누구였을까요. 당시 소설 가 1위 이문열이 올해 조사에서 4위로 물러난 것도 뉴스 아닙니까.

_ 2009.07.22.

▍KBS 수신료, 인상이냐 현실화냐▍

　금년 휴가철 국회의원들이 가장 읽고 싶은 책으로 조지 레이코프 George Lakoff의 〈코끼리는 생각하지 마Don't Think of an Elephant〉가 1위로 꼽혔다고 합니다. 응답 의원 104명 중 열린우리당 김근태 의장을 비롯해 10명이 읽을 계획이라고 답했습니다. 미국 서민층이 왜 민주당 대신 부자와 대기업 이익을 대변하는 공화당에 투표하는가에 대해 설명하고 있는 책이랍니다. 공화당이 만든 개념과 구호가 선거판과 공론의 장을 지배했기 때문이라는군요.

　열린우리당 의원들은 한나라당의 수재 골프와 호남 비하 발언에도 불구하고 서민들이 왜 한나라당을 변함없이 지지하고 있는가에 대해 시사점을 얻고자 합니다. 또 두 번의 대선 실패를 경험한 한나라당 의원들은 "공화당이 만든 프레임에 빠지지 말자"는 미국 민주당의 교훈을 배우기 위해 이 책을 읽고 싶답니다.

　서평에 다음과 같은 내용이 있더군요. "진실만 전달하는 것으로 모자란다. 진실을 들을 귀를 먼저 열어야 하는데, 그 귀를 여느냐 마느냐 프레임, 즉 '생각의 틀'이 결정한다." 진실이 중요하지만, 국민들이 생각하고 있는 정체성과 가치관에 부합하지 않으면 진실은 아무 것도 아닐 수 있습니다. "진실이 사람들에게 받아들여지려면 사람들이 가지고 있는 기존 프레임에 부합해야 하고, 만약 진실이 프레임과 맞지 않으면 프레임만 남고 진실은 버려진다"고 합니다.

제 블로그 2006년 7월 31일자 '한나라당은 생각하지 마' 마지막 부분을 옮긴 것입니다. 미디어법 직권상정 공방, 쌍용차 사태, 용산 참사 6개월 등 극단으로 치닫고 있는 우리 사회에서 과연 이성적 진실이 존재할 공간이 있을까요. 또 그것은 얼마나 중요할까요. 오히려 프레임 즉 생각의 틀이 더 중요하게 작용하고 있지 않을까 하는 느낌을 갖습니다.

이런 프레임에 봉사하는 것이 여론조사라는 도구입니다. 어떤 프레임으로 질문하느냐에 따라 매우 상반된 결과가 나옵니다. 미디어법 여론조사를 예로 들어볼까요. 민주당과 MBC 등은 '미디어악법'이란 프레임으로 질문을 만들어 실제보다 높은 반대를 유도했습니다. 한나라당은 뒤늦게 '미디어산업발전법'이란 생각의 틀로 조사를 실시해 찬반 응답이 상당히 좁혀진 조사결과를 얻어냈습니다. 둘 다 실체적 진실과 무관하게 말입니다.

진실이 프레임과 맞지 않으면…

적어도 여론조사 측면에서 볼 때 현재의 민주당 쪽 사람들이 프레임 경쟁에서 앞서 있다고 봅니다. 민주화 과정에서 축적된 다양한 투쟁 경험에다 각종 이념 서적은 물론 〈코끼리는 생각하지 마〉와 같은 책까지 열심히 읽었으니 말입니다. 한나라당 입장에선 자신들이 만들어낸 개념 및 구호가 국민들이 생각하고 있는 정체성과 가치관에 얼마나 부합하고 있는지 많은 고민과 연구가 필요할 것입니다. 때론 프레임이 진실과 맞지 않더라도 말입니다.

그런 점에서 좋은 사례가 하나 있습니다. KBS 수신료는 오랜 기간 쟁점이었지만 번번이 실패로 끝났습니다. KBS 노조가 앞세운 주장이 늘 수신료 '인상' 불가피론이었기 때문이죠. 그런데 20일 KBS가 수신료 '현실화' 추진단을 공식 출범시켰다고 합니다. 프레임을 바꾼 셈이죠. 진실은 1981년 이후 유지되고 있는 월 수신료 2,500원을

올리는 것이지만, 현실성 없는 요금을 정상화하는 것이란 새로운
프레임을 채택한 것입니다. 늘 반대가 많았던 수신료 인상 여론조사
가 현실화 프레임에선 어떤 결과로 나타날지 궁금하군요.

_ 2009.07.21.

한-EU FTA, 한미 원자력협정… 몰라도 OK

어떤 내용이든 여론조사 주제가 될 수 있다고 생각하는 사람들이 있습니다. 질문하는 입장에선 그럴 수 있겠죠. 그러나 응답자 입장을 고려하지 않는 처사입니다. 말을 안 해서 그렇지… 못마땅한 경우가 한두 가지 아닐 것입니다. 20% 이하 수준으로 여론조사 응답률을 떨어뜨리는 요인 중 하나일 수도 있습니다.

여론조사 주제 혹은 질문으로 적합하지 않은 내용엔 어떤 것이 있을까요. 먼저, 법률 개정 혹은 경제제도 도입 등 전문가적 검토가 필요한 내용의 질문은 곤란합니다. 일반 국민들이 답하기엔 지식과 이해가 부족하기 때문이죠. 내용 설명을 별도로 하더라도 이해하기가 쉽지 않고 편향성 논란 여지가 있으며 또 질문이 길어져 지루하게 느낄 수도 있습니다.

내일신문-한길리서치가 10~11일 800명을 전화 조사한 내용입니다. '4대강 사업 예산의 50%를 중소기업 비정규직의 정규직화'에 쓰자는 해법에 대해 찬성 74.1%, 반대 19.0%였다고 합니다. 하나의 질문에 두 가지 이상의 복수 내용이 포함되는 것도 문제지만, 4대강 사업 예산이 얼마인지 아는 사람도 드물고 또 중소기업 비정규직의 정규직화에 어느 정도 예산이 투입되어야 하는지 아는 사람도 거의 없을 것입니다. 그냥 4대강 사업과 비정규직법에 대한 찬반을 물어 합산한 결과로 볼 수 있습니다.

경제와 관련된 새로운 제도 도입은 여론조사 주제로 특히 부적합합니다. YS 시절의 금융실명제, 토지공개념 도입 찬반이 대표적 사례죠. 인지도가 낮은 미디어법 개정 여론조사 역시 마찬가지고요. 일반 국민이 답하기 어려운 주제를 다룬 여론조사는 최근에도 계속되고 있습니다. 가령, 1974년 미국과 체결한 한미 원자력 협정을 개정하는 것에 대해 찬반을 묻는 경우가 있었고, 또 한국−EU FTA 비준 동의안을 국회에서 처리하는 것에 대한 찬반 여론조사도 여기에 해당합니다.

잘 모르겠는데… 그래도 물어보겠다고?

둘째, 응답자의 지식을 테스트하는 질문도 적합하지 않습니다. 시험을 치른다는 느낌을 가지는 것도 문제지만, 실제 가지고 있는 지식보다 과장되게 답할 가능성 때문에 응답의 유효성이 떨어집니다. 몇 년 전 광복절을 앞두고 어떤 포털사이트가 인터넷을 통해 "애국가를 4절까지 부를 수 있느냐"고 물어본 적이 있는데, 테스트형 질문의 전형입니다.

지난해 6월 행정안전부가 전국의 중고교생 1,016명을 대상으로 실시한 안보안전의식 실태조사에도 지식 테스트형 질문이 포함되어 있더군요. "북한이 개발한 대포동 미사일의 사정거리가 어디까지인지 아십니까"라고 말입니다. 거의 시사상식 시험문제입니다.

셋째, "좋은 게 좋다"는 식의 바람직하거나 윤리적 내용은 주제와 무관하게 부적절합니다. 이에 대해선 제 블로그를 통해 여러 차례 언급했기 때문에 자세한 설명은 생략하겠습니다. 대신 최근 사례 한 가지만 소개합니다.

위의 내일신문−한길리서치 조사에 이런 질문이 포함되어 있더군요. "한나라당이 추진 중인 '미디어법 직권 상정' 등 여당의 밀어붙이기식 법안 처리에 대해 어떻게 생각하십니까." 27.3%가 동의, 63.5%가 동의하지 않았답니다. 여당의 '밀어붙이기식' 법안 처리가 바람직

할까요, 바람직하지 않을까요. 밀어붙이는 것은 언제나 바람직하지 않기 때문에 그것이 어떤 법안이든 처리에 동의하기가 쉽지 않겠죠. 매우 상이한 내용을 담고 있는 미디어법을 야당이 밀어붙이더라도 마찬가지 아니겠습니까.

_ 2009.07.16.

▌국회의원 재선거 여론조사의 변명 ▌

총선 때와 마찬가지로 4.29국회의원 재선거 여론조사에 대한 질타
가 매섭습니다. 5개 지역 중 제대로 예측한 곳이 두 곳에 불과하답니
다. 전주 덕진(정동영)과 울산 북(조승수)을 제외한 세 곳, 즉 전주
완산갑(신건-이광철), 인천 부평을(홍영표-이재훈), 경북 경주(정
수성-정종복)에서 1위 예측이 빗나갔거나 큰 폭 차이 승부를 박빙으
로 잘못 예측했다는 것입니다.

경북 경주의 경우 한나라당 박희태 대표가 선거 당일까지 정종복
후보의 당선을 장담했던 곳이었습니다. 24일 리얼미터, 28일 모노리
서치, 선거 막판 여의도연구소 조사결과가 모두 정 후보 우세로 나왔
기 때문입니다(8~14%포인트). 그런데 막상 뚜껑을 열어보니 무소속
정수성 후보가 45.9%로 36.5%를 얻은 정 후보를 이긴 것으로 나타났
습니다. "모두 이긴다고 했던 여론조사가 왜 이래"라는 얘기가 나올
수밖에 없죠.

침묵의 나선 이론, 특정 지역의 바람, ARS의 정확성

여론조사 전문가를 동원한 언론의 원인 분석은 크게 세 가지 흐름
입니다. 첫째, '침묵의 나선' 이론. 주요 지지 정당 혹은 텃밭 정당(영
남의 한나라당과 호남의 민주당)과 자신의 지지 후보가 불일치할
경우 해당 정당 대신 다른 정당, 가령 친박연대나 무소속 정당 후보를

지지하지만 여론조사 때 그런 사실을 밝히기를 꺼려 한다는 것입니다. 전주 완산갑과 경북 경주를 예로 들고 있습니다.

둘째, 특정 지역의 바람 변수를 잡아내기가 쉽지 않았다는 해명도 있습니다. 전주 완산갑에서 정동영 후보와 무소속 연대를 맺은 신건 후보, 경북 경주의 정수성 후보가 내세운 박근혜 바람이 그것입니다. 재보선처럼 작은 단위의 선거에선 특정 지역이 빠질 경우 해당 오류를 교정하기가 곤란하므로 표본 선정의 엄밀성이 요구된다는 언급은 이와 관련된 것으로 보입니다.

셋째, 전화조사보다 '차라리' ARS가 더 정확하다는 분석도 있습니다. (특히 재보선의 경우) 전화조사에 문제가 더 많다는 것이죠. 이들이 주장하는 요지는 두 가지입니다. 직접 통화하는 경우보다 기계음으로 할 경우 응답자가 더 솔직하게 응답한다는 겁니다. 또 응답률이 낮은 ARS는 정치 관여도가 높은 사람이라야 끝까지 인내하며 응답할 수 있고 이들만 선거에 참여하기 때문에 투표율이 낮은 재보선에선 ARS가 더 정확하다는 것입니다. 경북 경주가 여기에 해당됩니다.

나름대로 타당한 부분도 있고 쉽게 납득할 수 없는 설명도 있습니다. 침묵의 나선 이론, 전화조사 표본 선정의 엄밀성, ARS의 상대적 정확성 등은 여론조사의 신뢰 제고와 관련해 반드시 다루어야 할 점들입니다. 까다로운 설명과 상당한 분량의 글이 필요하고 또한 논쟁의 여지가 있기 때문에 여기선 생략하겠습니다.

열흘 전 여론조사는 최종 선거결과와 달라야

대신 한 가지 설명, 아니 변명을 추가하고자 합니다. 앞에서 예시한 모노리서치나 여의도연구소처럼 29일 선거에 임박해 여론조사를 실시한 경우도 있지만, 이번 국회의원 재선거를 다룬 여론조사는 대부분 선거 열흘 전쯤 실시된 것입니다. 아시다시피 이때의 여론조사는 최종 결과를 예측하는 목적이 아니라 당시 판세를 점검하는 것입니다.

중앙일보의 전주 완산갑 여론조사를 예로 들겠습니다. 신건 전 국정원장이 출마를 선언한 날은 4월 15일, 정동영 후보와 무소속 연대를 선언한 날은 투표 열흘 전, 즉 19일이었습니다. 중앙일보 여론조사는 무소속 바람이 불기 전 혹은 이제 막 바람이 불기 시작한 19~20일 실시됐습니다. 무소속 신건 후보 13.7%, 민주당 이광철 후보 23.9%로 나왔고 상당수 유권자들이 '모름·무응답'이었습니다. 두 후보는 물론 누구나 공감할 수 있는 수치였죠.

29일 선거결과는 무소속 신 후보 50.4%, 민주당 이 후보 32.3%였습니다. 그래서 열흘 전 여론조사가 틀렸답니다. 한 번 생각해 보십시오. 19일 실시된 전주 완산갑 여론조사에서 무소속 신 후보가 50% 가량의 득표율을 획득할 것이란 조사결과 도출이 가능했을까요. 만약 신 후보가 앞서고 있었다면 정동영 후보와의 무소속 연대 같은 것은 왜 했겠습니까. 열흘 전 여론조사와 최종 선거결과가 일치하는 것이 오히려 이상한 일 아닙니까. 만약 그것이 이상하지 않다면 왜 후보들이 막판까지 열심히 선거운동을 하고 중앙당 차원에서 선거지원을 아끼지 않겠습니까.

국회의원 재선거 여론조사가 정확했다는 얘기가 아닙니다. 경주의 경우 변명의 여지가 없습니다. 전화조사와 ARS 공히 부족한 점이 많고 시스템적으로 해결해야 할 부분도 적지 않습니다. 그러나 열흘 전 여론조사로 최종 선거결과를 정확히 예측하라는 것은 전혀 이치에 맞지 않습니다. 이를 토대로 여론조사에 오류가 있다거나 틀렸다는 비난도 받아들일 수 없습니다. 정확성 여부를 떠나서 말입니다.

_ 2009.05.03.

▌한나라당 여의도연구소라는 곳▐

김재원 : 사실 후보자 공천 과정에서 흔히 한나라당 경우엔 여의도 연구소의 여론조사 결과를 중점적으로 잣대로 활용해 왔는데, 이번에 언론보도를 보면 여연 조사결과는 활용하지 않고 외부기관의 결과를 활용했다. 이렇게 해서 여의도연구소 조사결과의 신뢰성을 문제 삼고 있는 것이 아닌가 싶은데, 이 부분은 혹시 어떤 입장이십니까?

김성조 : 제가 알기로 한나라당 공천 심사 과정에서 다른 여론조사 기관에게 ARS 방법이 아닌 전화면접 방법으로 여론조사를 의뢰해 이런 것들을 종합해서 선정한 것으로 알고 있습니다. 또 관례적으로 보면 공천심사위원회에서 조사기관도 여러 곳 따로 하고 조사방법과 기간을 따로 결정해서 종합하기 때문에 연구소 소장 입장에서 왜 우리 여의도연구소 것만 참조하지 않았느냐, 이렇게 문제를 제기하는 것은 조금 무리가 아닌가 생각하고, 특히 우리 공천심사위원회 결정을 최고위원회에서 의결해 확정한 사항 아닙니까? 그래서 이 부분에 대해 문제를 제기하는 것은 적절치 않다, 저는 이렇게 보고 있습니다.

김재원 : ARS라면 컴퓨터로 자동적으로 녹음된 여론조사 설문을 불러주고 조사에 임하는, 즉 상대방은 1번, 2번, 3번 중에 번호를 누르는 그런 조사방식을 의미하고, 전화면접이란 직접 상담원이 전화를 해서 물어보는 그런 조사방법을 의미하죠?

김성조 : 네, 저는 개인적으로 선거와 관련해선 ARS가 더 정확하지 않느냐는 생각을 해보았습니다. 왜냐하면 역대 선거에서 보면 출구조사마저도 정확하지 않은 경우가 많습니다. 사람이 면접, 얼굴을 맞대거나 면접을 통해 직접 자기 의사를 밝힐 경우보다 무기명으로 전화를 통해 기계에 번호를 남길 때 더 솔직하게 답을 하지 않겠는가 라는 생각을 해봅니다만. 여러 가지 연구와 여론조사 전문기관의 말에 의하면 "꼭 그렇지는 않다"라고 말해 어느 것이 가장 합리적인 것인가 답이 없지 않나 생각하고. 그런 의미에서 우리 여의도연구소 조사와 다른 연구기관, 다른 방법에 의한 조사결과 이런 것을 종합적으로 판단하는 것도 바람직하다. 이런 생각을 해보았습니다.

좀 길게 인용해 지루하셨죠. 15일 오전 불교방송 〈김재원의 아침 저널〉에 출연한 한나라당 여의도연구소(이하에선 '여연'으로 표기) 김성조 소장과의 대담 중 일부입니다. 아시다시피 김 소장은 '친박계' 의원으로 알려져 있습니다. 경주 재선거에 무소속으로 출마한 정수성 후보 역시 친박 성향을 띠고 있는데, 한나라당 공천심사위원회와 최고위원회가 '친이계' 정종복 후보를 공천했으니 얼마나 곤혹스러울까요. 한나라당 여론조사를 담당하고 있는 여연 소장에게 자신들의 자료가 배제된 것 아니냐고 물었으니… 답변이 궁색하겠죠.
이미 알려진 것처럼 경주의 경우 여연 여론조사가 중단된 상태입니다. 대선과 총선 등 각종 선거에서 여연 여론조사를 적극 활용했던 과거 경험에 비추어보면 이해하기 힘든 상황이죠. (전화조사에 비해 더 정확하다고 믿고 있는) ARS 조사에서 무소속 정 후보가 앞선 것으로 나왔기 때문에 중단된 것입니다. 공교롭게도 비슷한 시기에 실시된 외부 조사기관의 전화조사에선 한나라당 정 후보가 앞선 것으로 나왔는데 말입니다.

친이·친박 누구에게 유리하냐에 따라 조사 신뢰성 판단?

두 가지 점을 지적할 수 있습니다. 여당 연구소의 활동이 당내 계파 문제로 영향을 받아서 되겠느냐는 점입니다. 조사 주제에 관계 없이 여론조사 결과는 참고자료에 불과합니다. 당내에서 실시하든 외부 조사기관을 활용하든 말입니다. 다수의 여론조사 결과를 참고할 수 있겠지만, 여연 조사만으로 충분하다는 뜻입니다. 문제는 여연 여론조사에 근거한 1위 후보 배제가 논란이 되고 있다는 점입니다. 아무리 여론조사에서 앞서더라도 다른 후보를 공천할 수 있습니다. 그런 점에서 굳이 외부의 전화 여론조사를 통해 1위 후보를 공천하는 것은 낭비이자 '오버'라고 봅니다.

자신들이 공천하고 싶은 후보가 1위로 나오지 않는 여론조사를 못 믿겠다거나 조사를 중단하라는 것은 또 얼마나 옹졸한 처사입니까. 자신들의 당에 유리한 조사결과는 믿을 수 있고 그렇지 않은 조사는 신뢰할 수 없다는 평소 신념이 반영되었겠죠. 심지어 당내 자파에게 유리하게 나온 조사결과는 믿을 수 있고 다른 정파에게 유리하게 나온 여론조사는 신뢰할 수 없다는 것 아닌가요. 결국 같은 조사결과라도 친이 친박 중 누구에게 유리하냐에 따라 신뢰 여부가 달라진다는 것입니다.

선거와 관련해 ARS 조사가 과연 더 정확할까요. 김 소장의 경우 자신은 그렇게 생각하는데… 여러 가지 연구나 조사전문기관에 따르면 그렇지 않을 수도 있다고… 애매하게 답변하고 있습니다. 정치인답게 말입니다. 응답자를 직접 대면하는 출구조사와 전화로 대화를 나눠 응답을 받아내는 방식에 비해 기계음으로 응답하는 ARS가 선거 조사에 임하는 유권자의 부담을 줄여주는 것은 사실입니다. 마치 장난하듯 아무렇게나 버튼을 눌러도 된다는 점만 빼면 말입니다.

그러나 ARS는 출구조사나 전화면접에 비해 더 많은 문제점을 가지고 있습니다. (여기서 더 자세히 말씀드릴 생각은 없지만) 가장 큰 문제점은 응답자에 대한 통제가 곤란하다는 것입니다. 응답하고 싶은 사람만 답함으로써 성공률이 낮아 표본의 대표성이 없고, 거짓이나 부실 응답을 방치할 수밖에 없는 조사방식입니다. 역대 선거 여론조사에서 ARS가 더 정확했다는 증거도 없고요.

자신들의 당에 유리하고 심지어 자파 이해에 도움이 되는 여론조사만 취하고 옹호한다면, 이곳에서 생산 발표될 조사결과를 어떻게 믿을 수 있겠습니까. 당내에서마저 불신 받는 조사결과를 말입니다. 지난달 말 여연이 경주지역 여론조사를 실시했는데, 김 소장은 "전혀 모른다"고 답했답니다. 보고받지 않았다는 것이죠. 연구소가 실시한 여론조사를 소장이 모르고 보고받지 않았다면… 소장은 어떤 일을 하는 사람이고 왜 필요할까요. 막대한 예산 지원을 받고 있는 대한민국 여당 연구소에서 최근 일어났던 해프닝입니다.

_ 2009.04.16.

▌조사주체를 알면 조사결과가 보인다고▐

여론조사를 발주 의뢰하는 기관을 조사주체라고 합니다. 주요 정당이나 언론사 등이 대표적이죠. 문제는 동일 주제를 다루고 있는 여론조사라도 조사주체-조사기관이 누구냐에 따라 결과에 차이가 있다는 것입니다. 경북 경주 국회의원 재선거 후보 지지율이 조사주체-조사기관에 따라 정반대 결과가 나왔다고 하더군요. 이번 달 초 실시된 매일신문·포항MBC-에이스리서치 조사에선 한나라당 정종복 후보가 10.1%포인트 앞섰는데 반해, 창조한국당-한국사회여론연구소KSOI 조사에선 무소속 정수성 후보가 18.4%포인트 앞섰다고 합니다.

동일 주제를 다룬 여론조사 결과에 차이가 있는 것은 당연합니다. 조사기관마다 조금씩 상이한 방식으로 조사를 수행하고 있기 때문이죠. 그러나 조사주체를 알면 (조사기관에 관계없이) 어떤 조사결과가 나올지 미리 예단할 수 있다는 것은 곤란하지 않을까요. 여론조사를 수행하는 조사기관의 신뢰성이나 객관성이 끼어들 여지가 없지 않습니까.

가령, 조선일보는 수십 년에 걸쳐 한국갤럽에 조사를 의뢰해 왔습니다. 조선일보가 '우파'이기 때문에 한국갤럽이 생산해 지면에 발표된 여론조사 결과 역시 우파적이란 인식이 팽배해 있습니다. 중앙일보나 동아일보가 의뢰해 보도된 조사결과 역시 마찬가지죠. 반면 한겨레신문은 '좌파'이기 때문에 한길리서치가 생산해 보도한 조사결과가 좌파적 성향을 띤 것으로 인식되고 있습니다. 경향신문이나 오마이뉴스가 의뢰한 조사결과 역시 어떤 조사기관이 수행했는지에 상관없이 좌파적일 것이란 선입관을 갖고 있고요.

조사주체와 조사기관 함께 살펴야

한편으로 이해할 수 있습니다. 과거 대선이나 총선 등 민감한 이슈를 다루면서 오해의 소지가 없지 않았기 때문이죠. 게다가 주요 정당이 산하 연구기관에 의뢰해 내놓는 여론조사가 대개 '자백'에 가까웠습니다. 한나라당 여의도연구소와 민주당 민주정책연구원 조사결과는 대부분 자당에게 호의적이었죠. 여의도 정치권, 특히 민주당과 민주노동당 의뢰가 많고 정기적으로 자체 조사를 수행하고 있는 KSOI 역시 정부 여당에 비호의적인 조사결과를 주로 생산해냈기 때문에 오해를 자초한 측면이 없지 않습니다.

그러나 다른 한편으로 이런 인식에 문제가 없는 것이 아닙니다. 우파 및 좌파 성향의 조사주체가 동일 조사기관을 이용하는 경우가 있기 때문이죠. 가령, 동아일보와 MBC가 각각 이용하고 있는 코리아리서치센터KRC 조사결과는 어떻게 봐야 할까요. 비슷한 시기에 동일 주제를 조사했는데… KRC가 두 언론사에 각각 제공한 조사결과에 차이가 발생할 순 없지 않습니까.

어떤 조사주제를 의뢰하느냐에 따라 달라질 가능성은 여전히 남아 있습니다. 가령, 대통령 혹은 정당 지지율과 같은 주제는 동일 조사기관의 결과에서 차이가 발생할 소지가 별로 없습니다. 그러나 민감한 이슈나 회사의 이해가 걸려 있을 경우 사정이 달라지겠죠. 조사주체에 따라 조사기관의 대응이 바뀔 수 있거든요. 자신들에게 불리한 조사결과를 기꺼이 수용할 수 있는 의뢰자가 별로 없기 때문에 감히 이들의 '요구'를 무시하기가 쉽지 않을 것입니다.

조사주체가 누구냐에 따라 이들이 발표한 조사결과에 어떤 선입관을 가져선 곤란합니다. 조사주체를 신뢰할 수 없다고 해서 조사를 수행한 조사기관까지 함께 불신 받아야 할 이유가 없지 않습니까. 그러나 조사주제에 따라 '을' 입장인 조사기관의 대응이 달라질 수 있으므로 조사결과를 읽을 때 늘 조사주체가 누구인지 살피는 습관이 필요합니다. 명백히 조사주체가 있음에도 불구하고 조사기관 이름으로만 여론조사 결과를 발표하는 경우도 가끔 있습니다.

_ 2009.04.10.

▌약한 자여 그대 이름은 여론조사▐

#1. 여론조사 문제 역시 여야가 차이를 보이고 있다. 민주당 측은 국민 여론조사를 기초로 논의가 진행되어야 한다고 주장하고 있다. 이창현 국민대 교수는 "여론조사는 정책 수립에 기본적인 자료로 이를 반대하는 것은 난센스"라고 말했다. 한나라당 측은 정책 입안에 여론조사는 적절하지 않으며 정치 선동에 이용당할 가능성을 우려한다. 황근 교수는 "여론조사로 정책을 결정하는 것은 합리적이지 않다"며 "단순한 여론조사를 근거로 복잡한 사안을 다룰 경우 본질을 오도하고 대국민 여론전으로 비화될 가능성이 크다"고 말했다.

_ 〈기자협회보〉, 장우성 기자, 3월 18일

#2. 한나라당이 4.29재보선 여론조사를 놓고 거북이 걸음이다. 당의 공식 여론조사기관인 여의도연구소의 경우 역대 선거 때마다 공천심사위원회 구성 이후 거의 매일 해당 지역을 돌아가며 조사를 실시하고 여론 추이를 관찰해온 것이 사실이다. 그러나 이번 재보선에선 지난달 말 공심위가 구성된 이후 공식적인 여론조사는 한 번도 이뤄지지 않았다. (중략) 한 관계자는 "접전 지역일수록 수시로 여론조사를 해서 전략을 세워야 하는 것 아니냐"면서 "당이 여론조사를 조심스러워 하는 이유를 이해할 수 없다"고 비판했다.

_ 〈연합뉴스〉, 김경희 기자, 3월 19일

여론조사를 실시 활용하는 데엔 여야가 따로 없습니다. 특히 여당일수록 애용하는 것이 여론조사입니다. 자금 사정 측면에서 야당에 비해 상대적으로 여유가 있기 때문이죠. 그런 여당이 지금 여론조사를 멀리하고 있습니다. 미디어발전국민위원회에서, 또 4.29재보선을 앞두고 한 말입니다. "합리적이지 않다" "본질을 오도하고 국민을 선동한다" "결과가 어떻게 나올지 부담스럽다" "외부에 유출될 경우 계파 갈등 소지가 있다" 등등 그 이유가 구차하기 짝이 없더군요.

여기서 여론조사가 왜 필요한지, 그 결과를 어떻게 활용하는 것이 바람직한지에 대해 설명할 생각은 없습니다. 아무리 외쳐봤자 무슨 소용이 있겠습니까. 당리당략에 맞으면 여론조사고, 그렇지 않으면 여론조사가 아니니까 말입니다. 여야를 막론하고 그런 사례를 열거하자면 끝이 없습니다.

여론조사야 실시하지 않을 수도 있고 또 실시해 놓고 공개하지 않을 수도 있습니다. 그런데 여론조사 응답자인 국민은 뭡니까. 요즘처럼 살기 힘든 상황에서 짬을 내 응답해줬더니… 정치 선동에 이용당할 가능성이 있다느니… 조사 자체는 물론 결과에 대해서도 쉬쉬하기를 않나. 약한 자여, 그대 이름은… 국민일까요, 여론조사일까요.

"여론조사 결과 보고 말라"

#3. 여의도연구소는 주말인 21일 경주 지역에 대한 여론조사를 실시했다. 그러나 여의도연구소장인 김성조 의원(구미갑)은 23일 여론조사 결과에 대해 "전혀 모른다"고 밝혔다. 보고받지 않았다는 것이다. 지금껏 여의도연구소가 실시하는 각종 여론조사 결과는 소장에게 보고된 뒤 최고위원회의 등 당의 공식기구에 전달되는 것이 관례였다. 지난 총선과 지방선거는 물론 지난해 6.4재보선 때도 여러 차례 실시했고 그 결과는 곧바로 소장을 거쳐 당에 보고됐다. (중략) 친박성향인 자신이 여론조사를 관장할 경우 "공천의 공정성을 의심받을

수 있다"는 당 안팎의 우려를 의식한 때문으로 풀이된다. 하지만 소장이 기본적으로 챙겨야 할 업무를 애써 외면하고 있는데 대해 곱지 않은 비판 또한 생겨나고 있다. _〈매일신문〉 서명수 기자, 3월 23일

대한민국 여당인 한나라당이 여론조사를 말할 자격이 있습니까. 친이 혹은 친박이 관장하면 공정성에 의심받는 것이 작금의 한나라당 여론조사입니까. 여의도연구소 조사결과는 소장이 어떤 계파에 속하느냐에 따라 공정성을 의심받을 수 있는 것인가요. 과연 이들이 앞으로 어떤 정치를 할지 또 여론조사를 어떻게 활용할지… 지켜보겠습니다.

_ 2009.03.23.

▌일본은 여론조사 절반이 쓰레기라는데▐

일본 주요 일간지에 실린 각종 여론조사 절반이 엉터리, 즉 쓰레기라고 주장하는 학자가 있습니다. 일본 전체가 아니라 요미우리 아사히 등 메이저 신문에 게재된 여론조사 중 절반이 그렇다는 얘기입니다. 전체적으로 보면 쓰레기 같은 여론조사가 절반을 훨씬 넘길 것이란 계산이 나옵니다.

한국은 어떨까요. 인터넷을 포함해 언론에 보도되고 있는 여론조사 중 엉터리, 즉 쓰레기 여론조사 비중 말입니다. 정확한 통계는 없지만… 일본보다 못하면 못했지 더 나을 것 같지 않습니다. 도대체 어떤 기준으로 그런 결론을 내리느냐고요. 뭐 대단하거나 특별한 기준이 있는 것은 아닙니다. 그저 '일반인의 상식에 맞지 않고 이해하기 힘든 정도'의 기준에 비춰보면 누구나 제대로 된 여론조사와 쓰레기 같은 여론조사를 구분할 수 있습니다.

민주당 민주정책연구원 여론조사의 문제점

소위 '자뻑' 여론조사는 대부분 쓰레기로 간주해도 무방합니다. 최근의 대표적 사례로 민주당 산하 민주정책연구원이 실시해 발표하고 있는 여론조사를 들 수 있습니다. 보도자료로 내놓고 있는 여론조사가 홍보자료에 가깝습니다. 가령, 명분을 앞세워 불법 탈법 행위에 대해 찬성을 유도하는 쓰레기 여론조사를 거리낌 없이 내놓고 있습니다.

- 악법 저지를 위한 국회 상임위 점거 : 찬성 48.3%
- 한나라당의 법안 단독처리를 막기 위한 국회 본회의장 점거 :
  찬성 49.5%

정상적인(?) 사람이라면 '악법'을 저지하는 것에 대해 반대할 수 있겠습니까. 한나라당이든 민주당이든 특정 정당의 '단독' 법안 처리에 대해선 어떤 반응을 보일까요. 이런 식의 명분을 질문에 포함하면 찬성으로 답할 수밖에 없습니다. 게다가 국회 본회의장과 상임위 점거에 대해 찬반을 묻는 것이 상식에 맞습니까. 그런 불법 행동을 국민이 찬성하는 것도 이상하지만, 찬성하면 실행하고 반대하면 실행하지 않겠다는 것일까요. 아무리 ARS(자동응답시스템) 조사라고해도 그렇지 너무 하지 않습니까. 몰상식한 질문을 해놓고 응답을 강요하는 자세 말입니다.

그 결과 찬반 응답률도 애매한 수치가 나왔습니다. 민주당은 이런 결과를 어떻게 해석했을까요. 예상했겠지만… 국민 절반이 국회 점거를 통해 악법을 저지하라고 했답니다. 50%에 가까운 응답이 악법을 저지하라는 것일까요, 아니면 국회를 점거하라는 것일까요(하나의 질문에 두 가지 요소를 함께 묻지 말라는 것은 질문지 작성의 기초에 해당합니다). 둘 다 아니냐고 반문하시겠죠. 글쎄요. 국회 본회의장이나 상임위 점거 여론이 필요한 사람들은 신났겠지만, 악법 저지나 법안 단독 처리에 주목한 사람들은 이 정도 응답률에 만족할 수 있겠습니까. 결국 자신들의 국회 점거를 합리화하기 위해 악법이니 단독 처리니 하는 내용을 포함시켜 쓰레기 같은 여론을 만든 셈입니다.

그런 곳에서 실시한 정당 지지율을 믿을 수 있을까요. 4일 조사에 따르면 한나라당 30.5%, 민주당 24.3%였답니다. 6%포인트에 불과한 지지율 격차입니다. 민주당은 당연히 믿고 싶겠죠. 그래서 잔치 분위기라고 합니다. '무법국회' 덕택에 승리했고 지지율까지 올랐다고 말입니다. 더 웃기는 것은 이 조사결과를 인용한 한나라당 의원입니다. "쟁점 법안을 밀어붙이지 못해 당 지지율이 하락했다"고 하더군요. 여의도연구소 조사결과도 있을 텐데… 실상을 알고 나면 정말 이처럼 웃기는 개그도 없습니다.

'자백' 여론조사 특히 경계해야

정치권에만 쓰레기 같은 여론조사가 있는 것이 아닙니다. 미디어오늘, 기자협회, PD연합회가 지난해 12월 중순 한길리서치에 의뢰해 실시한 방송법 개정안 찬반 여론조사도 그런 부류에 속합니다. 공동 의뢰기관 면면을 보면 '자백' 가능성 내지 주관성을 파악할 수 있지 않습니까(이에 대해선 제3부의 '신문방송 겸영 반대 유도하는 방법'을 참고하십시오).

MBC가 12월 27일 코리아리서치에 의뢰해 발표한 여론조사 역시 자신들의 이해를 반영하기 위해 애쓴 흔적이 역력합니다. 방송법 개정안에 대한 찬성 응답은 애매하고 추상적으로 처리했습니다. 미디어산업 발전 때문이라고요. 대신 '대기업 = 재벌, 신문사 = 권력'이란 주관적 해석에다, 이들이 방송을 장악한다고 구체적으로 표현해 반대 응답을 유도했습니다. 이처럼 편향된 조사결과를 마치 국민의 여론인양 매일 같이 인용하고 있습니다.

"쓰레기 여론조사는 인용하고 참고함으로써 새로운 쓰레기를 낳고 더욱 증식된다"고 하더군요. 지금처럼 제대로 된 여론조사와 쓰레기 여론조사를 구분하지 않고 방치할 경우 여론조사에 대한 불신과 냉소가 심화되지 않을까 걱정입니다. 악화惡貨가 양화良貨를 구축驅逐하는 사태가 벌어질 수도 있겠죠.

_ 2009.01.09.

기자의 이론이 틀렸을 때

"사회과학자는 데이터에 대한 이론적 바탕 없이 분석을 시도하지 않는다. 기자도 그래야 한다. 기자에게 있어서 이론은 단지 있으면 좋은 것이 아니라 필수적이다. 특히 여론조사를 분석하는 기자는 자신이 입증하거나 반증하고자 하는 이론을 반드시 가지고 있어야 한다."

〈여론조사 보도와 실제 A Journalist's Guide to Public Opinion Polls〉라는 책에서 옮겨 적었습니다. 이론이라고 해서 너무 어렵게 생각하거나 부담 갖지 마십시오. 가령, "레이건 후보는 별로였는데 비해 먼데일 후보는 잘했다. 토론이 진행되는 동안 시청자들도 그렇게 보았을까"처럼 간단한 것입니다. 임기 후반 부시 대통령 지지도가 급격히 하락한 것은 경제위기 때문이라는 주장 역시 하나의 이론이 될 수 있습니다.

15일부터 17일까지 중앙일보는 '중산층을 두텁게'라는 제목의 3회 시리즈를 내보냈습니다. 첫 회에 사용하기 위해 지난 2006년 신년특집 '중산층을 되살리자'와 동일한 내용으로 주관적 계층 귀속의식을 묻는 여론조사를 실시했습니다. 기획취재팀장과 기자의 이론은 간단했습니다. "최근의 경제위기 때문에 3년 전(2005년 12월 말에 조사했음)에 비해 중층中層이 줄었을 것이다. 그만큼 하층下層은 늘었을 테고. 또 앞으로 1~2년 동안 중층 감소 및 하층 증가 현상이 심화될 것이다."

중산층이 줄어야 얘기가 되는 시리즈

그런데 이게 웬일입니까. 기자의 이론이 틀린 것입니다. 주관적 계층 귀속의식을 3년 전과 비교했더니 중층과 하층 규모에 거의 변화가 없었습니다. 1~2년 이후 전망 역시 비슷하더군요. 3회 시리즈 기사 대부분이 완료된 시점에서 이론적 전제가 빗나가 버린 것이죠. 조사결과를 폐기할 수도… 그렇다고 그대로 밝힐 수도 없는… 참으로 난감한 상황이었습니다.

자료를 꼼꼼히 살폈더니 중층 이하 비율에서 뚜렷한 변화가 있더군요(상중하로 나눈 뒤 이를 다시 상중하로 구분한 9개 계층 중 하나를 고르도록 했는데, 상층 비율은 미미했습니다). 3년 전과 비교해 중상中上과 중중中中이 줄어든 대신 중하中下와 하상下上 비율이 늘어났더군요. 줄어든 계층은 진짜 중산층으로 분류할 수 있는 반면 늘어난 계층은 중산층 지위를 위협받고 있거나 이미 위험한 상태로 볼 수 있었죠.

마침 시리즈 착수 때부터 활용했던 책 한 권이 옆에 있더군요. 한국사회학회가 2008년 발간한 〈기로에 선 중산층〉이었습니다. 직업과 소득 등 몇 가지 기준을 사용해 핵심과 주변 중산층으로 구분하고 있더군요. 중산층 감소 자체도 위기지만, 내부구성에 있어서 핵심 중산층이 줄어들고 주변 중산층이 늘어나는 현상 역시 위기로 봤습니다. 우리 자료를 통해 "핵심 중산층은 줄고 주변(한계) 중산층은 늘고"라는 이론이 입증될 수 있었던 것입니다.

언젠가 제 이론을 다시 검증하는 날이 오겠죠. 경제위기가 극복되면 "핵심 중산층은 늘고 한계 중산층은 줄어들 것"이란 이론 말입니다. 기자의 이론은 입증되는 경우가 더 많지만 때론 반증될 수도 있습니다. 그런 경우에도 얼마든지 좋은 기사로 발전시킬 수 있고요. 2008년 연말을 보내면서… 참으로 소중한 경험이었습니다.

_ 2008.12.18.

▌남북통합지수와 교회신뢰도지수 ▌

최근 비슷한 시기에 여론조사를 활용한 두 가지 지수가 발표됐습니다. 하나는 서울대 통일평화연구소가 만들어낸 남북통합지수, 또 하나는 기독교윤리실천운동(이하에선 '기윤실'로 표기)이 주관 발표한 교회신뢰도지수입니다. 11일 열린 남북통합지수 전문가 워크샵과 지난 8월 27일 교회신뢰도지수 여론조사 공청회 때 각각 토론자로 참석했습니다. 여론조사가 지수 구성에 어떻게 봉사하는지 살펴볼 수 있는 좋은 기회였죠(지수 전반에 대해선 인터넷 검색을 통해 확인하시기 바랍니다).

'여론조사' 때문에

남북통합지수는 남북한이 통일에 얼마나 가까워졌는지를 객관적 수치로 측정한 것입니다. 경제 정치 사회문화 등 3개 영역에 걸쳐 법·제도적, 관계적, 의식적 통합을 매트릭스 형태로 교차 평가해 지수를 구성했습니다. 남북관계에 대한 각종 자료 및 통계 분석을 기본으로 하고 여기에 남한 주민과 탈북자(새터민)의 통일의식을 조사해 추가했습니다.

남북한 주민의 주관적 의식을 포함하기 위해 여론조사를 실시한 것은 평가할 수 있습니다. 그러나 전체 지수 중 남북한 주민의 의식적 통합이 차지하는 비중이 1/4에 불과한데 비해 통합정도를 나타내는

지수에서 결과적으로 차지하는 비중은 1/2에 이르렀더군요. 전체 지수에서 차지하는 비중이 3/4에 달하는 제도적, 관계적 통합은 둘을 합쳐 1/2에 불과했습니다. 제도적 통합(270점) 26.3점, 관계적 통합(480점) 122.2점, 의식적 통합(250점) 124.2점을 합쳐 남북통합점수는 272.7점이었습니다.

결국 지수 구성비가 낮은 의식적 통합이 전체 지수를 좌우하는 결과가 초래된 것이지요. 특히 북한 주민을 대신해 응답자로 선정된 탈북자 조사결과가 전체 지수에 미치는 영향력이 매우 높았습니다. 거칠게 말하면 여론조사 결과 때문에 남북통합지수가 왜곡될 수 있다는 겁니다. 일부 언론이 최근의 남북관계 경색으로 인해 내년에 발표될 2008년 남북통합지수가 크게 떨어질 가능성이 있다고 보도했는데, 탈북자 조사결과가 전체 지수에서 차지하는 비중과 여론조사 특유의 변동성을 고려하면 반드시 그렇게 단정할 수 없을 것 같습니다.

'여론조사 보도' 때문에

교회신뢰도지수는 글로벌리서치가 실시한 여론조사를 통해 구성됐습니다. 문제는 지수 산정과 보도 과정입니다. 기윤실에선 한국교회의 신뢰도 점수를 산정해 발표하고자 했습니다. Likert 5점 척도를 환산하는 방식은 여러 가지가 있습니다. 100점 만점을 기준으로 하는 방식이 일반적이지만, 90점 만점을 기준으로(매우 신뢰 90점, 약간 신뢰 70점, 보통 50점, 별로 신뢰하지 않음 30점, 전혀 신뢰하지 않음 10점) 환산 발표했더군요. 40.95점(C-)이라고 말입니다.

그런데 연합뉴스를 비롯한 언론에선 "18.4%만 교회 신뢰한다" 혹은 "교회 신뢰한다 18.4%에 그쳐"라고 제목을 뽑았습니다. 매우 신뢰 7.8%, 약간 신뢰 10.6%를 합한 수치입니다. 마치 나머지 국민들은 "신뢰하지 않는다"고 답한 것처럼 보이시죠. 33.3%는 "신뢰도 불신도 하지 않는다", 즉 '보통'이라고 응답했습니다. 불신은 48.3%였고요. 기윤실은 한국교회 신뢰도가 중간 정도된다고 보도자료를 배포했는데, 이를 받아본 언론은 교회를 신뢰하는 국민이 5명 중 1명에 불과하다고 보도한 것입니다. 과연 한국교회 신뢰도는 기윤실 주장처럼 40.95점일까요. 아니면 언론 보도처럼 18.4%일까요.

각종 지수 구성에 여론조사를 활용하는 것은 대개 바람직합니다. 그러나 좀 더 면밀한 검토와 활용이 필요하다고 봅니다. 그것을 보도하는 언론도 마찬가지고요.

_ 2008.11.18.

▌가로등이 밝아서가 아니라 기대려고▐

순전히 공익을 위한 여론조사도 있습니다. 그러나 적지 않은 돈을 들여 실시 발표되는 대부분의 여론조사는 나름의 이유, 즉 사익을 추구합니다. 조사결과 발표가 자신에게 유리한 방향으로 봉사해야 한다는 것이죠. 문제는 이런 점이 지나쳐 여론조사를 선용善用하는 대신 오용誤用하거나 악용惡用하는 사례가 적지 않다는 점입니다.

사례 1 : 한나라당이 종부세 과세기준을 완화하겠다는 정부안을 수용키로 했답니다. 소속 국회의원 전원을 대상으로 한 무기명 여론조사 결과가 주요 근거라는군요. 현행 6억 원을 9억 원으로 상향 조정하는 종부세 개편안에 대한 반대가 63%에 달했지만(찬성 22%), 정부안을 일단 수용하자는 질문에 대해선 70%가 찬성했다고 합니다.

여론조사 활용 솜씨가 보통이 아닙니다. 종부세 개편안에 대한 반대는 진작부터 예견됐습니다. 한나라당 홍준표 원내대표마저 선뜻 찬성하지 못했으니까요. 그럼에도 불구하고 정부안을 물리칠 수 없었겠죠. 개편안 자체엔 반대하지만 일단 수용해야 한다는 쪽으로 분위기가 잡혔습니다. 그런 기조를 고스란히 담아내는데 여론조사라는 도구가 사용됐습니다. 다른 법안이라면 모르겠지만… 종합부동산세 개편안에 대한 여론을 집권여당인 한나라당 의원 여론으로 대체하겠다는 발상이 어떻게 가능한지 안타까울 따름입니다.

국제중 설립 여론조사에 담긴 의미

사례 2 : 서울시 교육위원회가 국제중 설립과 관련해 여론조사 실시를 권고했다고 합니다. 부정적 여론으로 인해 설립 추진이 어려울 것으로 예상되면서 시 교육청에선 여론조사 실행이 곤란하다는 입장이라는군요.

여론조사 악용의 전형에 가깝습니다. 여론조사를 통해 국제중 설립 찬반과 이에 따른 예상 문제점을 보완하겠다는 생각은 아예 없는 것 같습니다. 한 쪽에선 이미 예상되는 부정적 여론을 이용해 시 교육청의 무리한 추진을 막아낼 요량이겠죠. 또 다른 쪽에선 부정적 여론으로 인해 스스로 발목을 잡히고 싶지 않다는 것이고요. 이 정도면 여론조사는 정치적 목적을 달성하는 도구 그 이상도 이하도 아닌 셈입니다.

사례 3 : 중부내륙철도 여주-충주-문경 구간이 2015년 개통을 목표로 사업이 추진되어 왔습니다. 국토해양부는 사업비 682억 원이 절감되는 감곡-기업도시-달천-수안보(1안) 노선을, 충주시는 시민 여론조사를 통해 결정된 감곡-앙성-충주역-수안보(2안) 노선을 주장하고 있답니다. 국토해양부가 "전문가 검증을 통해 1개 노선을 결정하자"고 제안했으나, 충주시는 이미 여론조사를 통해 2안을 건의했다는 이유로 전문가 검증결과 수용을 거부했다고 합니다.

전문가 의견과 여론조사 결과가 대립하고 있는 양상입니다. 전문가 의견이라고 모두 타당하고 옳은 것은 아닙니다. 여론조사 결과 역시 마찬가지고요. 아무리 민심民心이 천심天心이라 해도 늘 바람직한 것은 아니죠. 어느 한 쪽의 의견을 일방적으로 밀어붙이면 곤란하기 때문에 여러 가지 논의와 검토가 이루어지는 것이겠죠. 충주역을 경유하는 안에 대해 충주시민 찬성률이 높은 것처럼 기업도시와 달천 지역민을 대상으로 한 조사에선 1안에 대한 찬성률이 높지 않겠습니까.

〈리서치 보고서를 던져버려라〉라는 책에서 어떤 마케팅 분야 전문가가 다음과 같이 말했습니다. "브랜드 관리자들은 술 취한 사람이 가로등을 이용하듯 리서치 결과를 이용한다. 가로등이 밝아서가 아니라 기대려고 그곳에 서 있다는 말이다." 여론조사 결과를 절대화하거나 신성시해선 안 된다는 것입니다. 참고할 수는 있겠지만 말입니다.

_ 2008.10.02.

▌제주도지사 등을 위한 여론조사 활용 팁▐

"여론의 눈치만 보고 여론에 따라 정치를 하면 뭐 하러 전문가가 필요하냐. 여론조사를 해서 그대로 집행하면 되는 것 아니냐."

백 번 지당한 말씀이죠. 29일 홍준표 한나라당 원내대표가 원내대책회의 때 한 언급 중 일부입니다. 검찰의 공권력 집행, 공공기관 개혁 문제 등을 얘기하면서 나온 것입니다. 직접적인 관련은 없지만, 홍 대표의 이러한 언급은 최근 제주 영리병원 추진을 위한 여론조사 결과 찬성률이 50%에 미치지 못해 중단된 사태를 떠올리게 합니다 (찬성 38.2%, 반대 39.9%). "여론조사를 해서 그대로 집행한" 사례이 니까요.

여론조사 결과에 따른 정책 추진 결정은 잘못

여론조사 결과로 정책 추진 여부를 결정하는 방식에 대해 어떻게 생각하십니까. 결론부터 말씀드리면… 바람직하지 않습니다. 그렇다고 여론조사를 아예 하지 말라는 얘기가 아닙니다. 여론조사는 하되 찬반 응답률에 따라 정책 추진 여부를 결정해선 안 된다는 것입니다. 그럴 것 같으면 왜 많은 돈을 들여서 여론조사를 하나고요. 그럴만한 이유가 있습니다.

해군기지 후보지 선정이든 영리병원 도입이든 제주도청에선 충분한 논의가 있었을 것입니다. 해당 정책과 관련된 전문가들도 참여하지 않았겠습니까. 지금 당장이든 먼 미래든 제주도민에게 유리하거나 바람직한 방향으로 검토가 이루어졌겠죠. 그런 역할을 성실히 수행하라고 도민의 손으로 도지사를 뽑아 믿고 맡긴 것 아닙니까. 따라서 그것이 어떤 정책이든 기본적으로 도지사의 판단과 결정에 맡기는 것이 순리라고 생각합니다.

그러나 아무리 좋은 정책이라도 주민들의 반대가 극심한 상황은 피해야 하지 않겠습니까. 어떤 기준을 정해 일정 비율 이상이 반대하면, 가령 주민 3명 중 2명 이상(대략 70%)이 반대하는 정책은 설사 유익한 것이라 하더라도 당분간 중단한다는 기준을 마련할 수 있겠죠. 그렇지 않을 경우 찬반 비율은 참고로만 활용해야 합니다. 과연 도청에서 마련한 정책에 대해 도민들이 얼마나 찬성 혹은 반대하는지 알아보는 겁니다. 정책별로 찬반 응답이 다르다는 점도 나중에 자료로 활용할 수 있습니다.

아시겠지만 여론조사는 찬반 응답만 물어보는 것이 아닙니다. 어떤 지역 혹은 계층에서 가장 반대를 많이 하는지 차이가 있습니다. 반대하는 이유도 조금씩 다르고요. 그들에게 어떻게 하면 반대를 유보하거나 찬성하겠는가라고 물어볼 수 있습니다. 구체적인 추진 시기나 세부 방법에 대해서도 물어볼 수 있겠죠. 제주도지사 등 정치 혹은 정책 전문가들이 여론조사를 활용해야 할 포인트는 바로 이런 내용들입니다.

정책 보완 및 세부방안 도출에 여론조사 활용

주민들의 불편이나 고충, 부담 등을 최소화한 상태에서 정책을 추진하자는 것입니다. 거기에 여론조사가 봉사할 수 있습니다. 영리병원 추진에 대해선 아는 바가 별로 없으니까… 대신 차량 5부제 시행을 예로 들겠습니다. 고유가로 인해 정부가 차량 5부제 도입을 검토한다고 합시다. 여론조사 찬반 응답에 따라 도입 여부를 결정하는 것이 난센스라는 점은 다시 말씀드리지 않겠습니다. 국민들의 반대가 60~70% 가까이 나오지 않는 한 차량 5부제를 실시하는 것이 맞겠죠.

여론조사를 하면 대도시와 중소도시에 따라 찬반이 다르고 자영업자, 학생과 직장인, 주부 등 직업에 따라 찬반이 다를 것입니다. 영업용 차량 1대로 먹고 산다는 사람이 있을 테고, 지하철과 버스가 불편해 차를 가지고 다닐 수밖에 없다는 사람도 있을 것입니다. 기름값을 보조해 달라거나 버스나 지하철 요금 할인 폭을 늘려달라는 응답도 있겠죠. 아이들 방학 때는 2부제를 해도 될 것 같다는 아이디어도 나옵니다. 이런 결과에 바탕해 각종 보완 및 지원 대책을 마련함으로써 차량 5부제가 원만히 시행될 수 있도록 하는 것이 여론조사의 역할입니다.

_ 2008.07.31.

교육감 여론조사 "왜 조선일보와 다르냐"

　서울시 교육감 선거가 이틀 앞으로 다가왔습니다. 시민들의 무관심과 달리 후보 및 그 주변은 대선과 총선 등 정치권 선거 못지않게 과열되어 있는 것 같더군요. 특히 공정택 현 서울시 교육감과 주경복 건국대 교수가 서로를 겨냥해 끝장 승부를 벌이고 있습니다. 1년 남짓 임기를 놓고 말입니다. 서로 잘해 보겠다고 선의의 경쟁을 벌이는 것이야 적극 권장해야겠죠. 그러나 아이들 교육을 놓고 이렇게 이념적으로 다투고 정치판 선거와 비슷한 혼탁 양상을 보여야 하는 것인지… 잘 모르겠습니다.

　아마 두 진영에선 주말에 실시한 여론조사 결과를 가지고 있을 것입니다. 선거법 때문에 공개할 순 없지만 말입니다. 결국 지난 23일까지 실시된 조사결과가 우리가 알고 있는 마지막 결과입니다. 그런데 언론에 발표된 교육감 선거 조사결과 중 가장 최근 결과가 상반되게 나왔습니다. 그것도 조선일보와 중앙일보에서 말입니다.

　조선일보는 한국갤럽이 21일 실시한 조사결과를 23일자로 발표했고, 중앙일보는 자체 조사연구팀이 22일 실시한 결과를 24일자로 발표했습니다. 조선일보 조사는 오차범위 내에서 주 후보가 3%포인트 앞선 것으로 나타났고, 중앙일보 조사에선 거꾸로 공 후보가 1.3% 포인트 앞선 것으로 나타났습니다.

	공정택	주경복
조선일보-한국갤럽	14.5	17.5
중앙일보 조사연구팀	13.9	12.6

　당연한 일이겠지만… 주위에서 염려의 눈길을 보내더군요. 조선일보 조사결과와 왜 다르냐는 거죠. 비슷하면 좋았을 것이란 얘기였을까요. 아니면 자신 있냐는 말이었을까요. 중앙일보 구성원들이 조선일보 혹은 조선일보 기사를 바라보는 시각을 포함해 그런 걱정이 무엇을 의미하는지 대충 알고 있습니다.

　그러나 적어도 여론조사 측면에선 잘못된 관행 내지 불필요한 걱정입니다. 위의 두 조사는 서로 다르다고 볼 수 있지만 동시에 서로 같은 것으로 볼 수도 있습니다. 수치만 놓고 보면 다르게 보이지만 두 후보가 공동 선두를 다투고 있다는 점은 같은 것입니다. 게다가 주경복 후보가 당선되면 조선일보 조사가 더 정확하고 또 공정택 후보가 당선되면 중앙일보 조사가 더 정확한 것도 아닙니다.

오바마, '매케인과 격차 벌려' 대 '매케인에 추월 당할라'

　동일 시기에 동일 주제를 다룬 두 개의 여론조사 결과는 반드시 일치해야 할까요. 불행히도 그런 경우보다 그렇지 않은 경우가 더 많습니다. 그리고 두 개의 여론조사 결과가 서로 다르다고 할 경우엔 적어도 조사결과 수치 측면에서 오차범위를 벗어나 달라야 합니다. 최근의 오바마-매케인 지지율 격차를 예로 들 수 있습니다. 다음은 미국 갤럽과 폭스뉴스가 비슷한 시기에 두 사람의 지지율을 각각 조사해 발표한 것을 기사화한 제목입니다.

　'오바마, 매케인과 격차 벌려… 유럽 중동 순방효과'
　'집 비운 오바마, 매케인에 추월 당할라'

민주당 오바마 상원의원이 공화당 매케인 상원의원과의 지지율 격차를 더 벌렸다는 것은 미국 갤럽의 23~25일(2,710명) 조사결과입니다. 오바마 48%, 매케인 41%였습니다. 19일 갤럽이 발표한 조사에선 오바마 45%, 매케인 43%로 격차가 미미했는데, 이번에 두 후보의 지지율 격차가 오차범위를 넘어섰다는 것입니다.

　　그러나 비슷한 시기(22~23일, 900명)에 폭스뉴스가 조사한 결과는 반대로 나타났습니다. 오바마 34%, 매케인 32%로 오차범위 내의 비슷한 지지율을 보였는데, 한 달 전엔 두 자릿수 격차를 보였다고 합니다.

　　결국 비슷한 시기에 발표된 두 후보의 지지율 조사 중 한 곳에선 오바마가 명백히 앞선 반면 또 다른 곳에선 두 후보가 백중세를 나타낸 것입니다. 미국처럼 여론조사 선진국에서도 가끔 이런 모순된 조사결과가 발표되곤 합니다. 하지만 그런 점 때문에 조사기관 혹은 언론에 대해 불신이 높아졌다는 얘기를 들어본 적은 별로 없습니다. 우리의 경우엔 서로 비슷한 조사결과를 발표했는데도 "조사마다 결과가 다르다"고 불신 받고 있고요.

_ 2008.07.28.

▌응답률 20%… 1,000명 중 200명 아닙니다 ▌

"오차범위는 95% 신뢰수준에서 ±3.2%포인트(응답률 15.8%)"

중앙일보 2008년 7월 24일자 1면 서울시 교육감 여론조사 보도기사 중 일부입니다. 통상 조사결과를 보도할 때 기사 맨 뒤에 표시하는 내용이죠. '응답률 15.8%'가 전체 응답자 958명 중 151명을 대상으로 조사했다는 것을 의미하느냐고 묻는 사람들이 있는데… 그렇지 않습니다. 전화번호부 리스트를 통해 접촉한 서울시민이 6,063명이고, 이 중 15.8%가 응답했다는 얘기입니다.

결국 전화 접촉 대상자의 84.2%에 해당하는 5,105명이 전화를 받지 않거나 응답을 거절했습니다. 여기엔 성·연령·지역별 할당 Quota 표본에 맞지 않아 전화를 건 중앙일보 조사연구팀에서 정중히 끊은 경우도 포함됩니다.

응답률 개념에 대한 합의 필요

할당추출 방식으로 전화조사를 실시하고 있는 국내 관행에선 15% 안팎의 응답률이 보통입니다. 가끔 20%대를 넘는 응답률이 보도되는 사례가 있습니다. 실제로 그럴 수도 있지만… 대개 응답률(혹은 무응답률) 계산방식이 달랐기 때문입니다. 아예 전화가 연결되지 않은 경우를 제외하고 연결, 즉 통화를 기준으로 하면 응답률이 높아질 수 있습니다.

어떤 자료에 의하면, 할당추출법으로 520명을 조사할 경우 총 전화번호 3,471개가 필요했다고 합니다(이흥철, 2002). 이 중에서 통화가 연결된 전화번호는 2,166개(62.4%)였고, 전화가 연결되지 않은 경우는 1,305개(37.6%)였습니다. 연결된 전화 중 응답 완료는 520개였고, 응답 거절 1,079개, 기타 567개였다고 합니다. 결국 전체 전화번호를 기준으로 하면 응답률이 15.0%, 통화를 기준으로 하면 응답률이 24.0%로 계산됩니다.

이밖에도 응답률 개념 및 계산과 관련해 조사기관들 간에 검토 합의해야 할 사항들이 있습니다. 조사기관별로 상이한 기술적 환경도 고려해야 하고요. 응답률은 물론 여론조사 신뢰도 제고 차원의 다양한 논의는 많으면 많을수록 또 빠르면 빠를수록 좋다고 생각합니다.

아래의 그래프는 지난해 7월 밀워드브라운미디어리서치가 RDD Random Digit Dialing 방식으로 실시한 전화조사 응답률 관련 자료를 소개합니다(허명회 외, 2008). 아시다시피 유선 전화번호부 리스트를 활용한 기존 전화조사는 낮은 등재율과 휴대전화만 가지고 있는 가구가 체계적으로 빠질 수밖에 없습니다. RDD는 이런 한계를 극복하기 위한 방법 중 하나이지만, 전화번호부에 비해 유효율, 즉 접촉률이 떨어지는 단점이 있습니다.

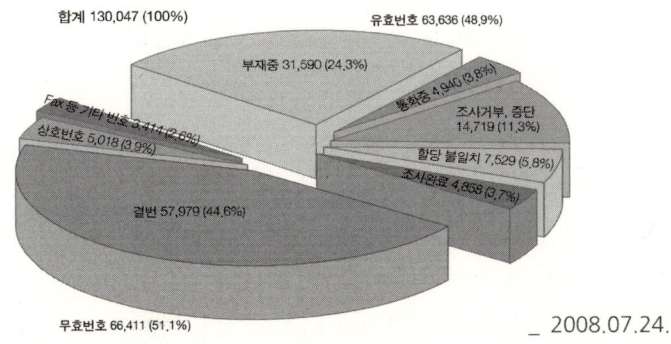

_ 2008.07.24.

질문항목도 조사결과도 중요하지 않다면

지금부터 1년 전쯤. 한나라당 대통령 후보 경선을 앞두고 이명박-박근혜 두 후보가 지지율 다툼을 벌이고 있었습니다. "대통령 후보로 누구를 더 선호하는가"라는 질문 대신 "투표 때 누굴 찍을 예정이냐"는 방식으로 물어야 한다는 주장이 제기됐습니다. 지지율에서 뒤진 박 후보 캠프 쪽이었죠. 어떤 질문항목으로 물어야 두 후보의 실제 지지율에 가까운 결과를 얻을 수 있는지 논쟁이 벌어지기도 했습니다.

질문항목 뿐이 아닙니다. 거의 동일한 시기에 실시되었음에도 불구하고 조사기관에 따라 두 후보 지지율이 달랐던 경우가 적지 않았습니다. 서로 자신에게 유리하게 나온 조사결과를 인용하고자 했습니다. 그러다보니 이명박 후보에게 유리한 조사결과를 내놓은 조사기관은 이 후보에게, 또 박근혜 후보에게 유리한 조사결과를 내놓은 조사기관은 박 후보에게 줄을 섰다는 소문이 돌았습니다. 어쩌다 조사결과가 거꾸로 나오면 하루아침에 상대방 후보에게 줄을 서는 꼴이 되곤 했죠.

그러나 선호도-지지도 중 어떤 질문항목이 적절한지 또 조사기관 별 조사결과 차이에 대한 논란에도 불구하고 한 가지 분명한 사실이 있었습니다. 적어도 일반 국민 여론조사에선 박 후보가 이 후보를 앞설 수 없었다는 점입니다. 경선에 임박해 10%포인트 이내로 줄었지만 경선 내내 15~20%포인트 전후의 지지율 격차가 꾸준히 유지됐습니다. 어떤 질문항목으로 물어봐도 그랬고 조사에 따라 그 격차가 일시적으로 줄어들긴 했더라도 말입니다.

대통령제-이원집정부제 선호도 수치 속에 담긴 민심

여론조사에 있어서 가장 중요한 두 가지 중 하나가 질문항목입니다(또 하나는 표본추출이고요). 여론조사라는 과정을 거쳐서 산출된 조사결과의 중요성이야 더 말할 나위가 없습니다. 두 후보의 지지율이란 수치는 여론조사를 실시한 목적 그 자체 아니겠습니까. 그럼에도 불구하고 질문항목과 조사결과보다 더 중요한 것이 있다는 말씀을 드리고자 합니다.

중앙일보 17일자 1면 개헌 여론조사를 예로 들겠습니다. '외치' 대통령과 '내치' 총리로 분권화된 혼합형(분권형 혹은 이원집정부제)을 가장 선호한다는 조사결과가 나왔습니다. 내각책임제가 그 다음이었고, 순수 대통령제는 상대적으로 가장 낮은 선호도를 보였습니다. "아니 4년 중임 대통령제가 1위 아니냐…"라는 것이 주변의 첫 반응이었습니다. "혹시 질문이 잘못된 것 아니냐…" "조사결과가 어째 좀 이상하다…" 등이 이어지는 느낌이었고요.

우선 질문항목이 달라졌습니다. '4년 중임 대통령제, 내각책임제, 이원집정부제' 중에서 선택토록 하는 것은 문제가 있습니다. 응답항목 포괄성에 위배되기 때문이죠. '대통령제 = 4년 중임 대통령제'가 아니지 않습니까. 결국 위의 질문항목에선 4년 중임 대통령제가 1위로 나올 수밖에 없습니다. 참고로 중앙일보 질문항목은 '대통령은 외치 총리는 내치를 맡는 혼합형, 대통령이 모든 권한을 행사하는 순수 대통령제, 내각이 국정을 운영하는 내각책임제' 중에서 선택하도록 했습니다.

개헌 관련 조사결과 추이는 조사시기와 질문항목 등 여러 가지 요인이 작용해 나타납니다. 그냥 조사결과만 보면 이해하기 힘든 구석이 너무 많습니다. 가령, 중앙일보 조사에서 나타난 순수 대통령제에 대한 선호 25.2%를 받아들일 수 있겠습니까. 과거 여론조사와 비교해서 말입니다. 그냥 대통령제 몇 %, 내각책임제 몇 %, 이원집정부제 몇 %라는 조사결과에만 주목하게 되면 바람직한 정부형태 혹은 권력구조에 대한 여론 흐름을 제대로 파악할 수 없기 때문에 드리는 말씀입니다.

개헌 시 우리 국민들이 선호하는 정부형태 여론조사에서 주목해야 할 점은 대통령의 독주를 견제해야 한다는 민심입니다. 국회나 야당을 통해서가 아니라 대통령 권력을 분담한 국무총리가 어떻겠느냐는 것입니다(현재의 한승수 총리에게 권력을 분담하라는 얘기냐고 되묻는 분은 없겠죠). 왜 기존의 질문항목과 다른 방식으로 물었느냐고 따질 일이 아니라고 봅니다. 또 이원집정부제 형태를 가장 선호하는 조사결과가 나왔다고 떠벌리고 다닐 일도 아니라고 생각합니다.

조사결과 수치만을 위한 여론조사 지양해야

제주도를 비롯한 지방자치단체에선 요즘 자주 여론조사를 하고 있더군요. 영리병원 도입 등 주요 정책 시행과 관련해서 말입니다. 워낙 이해가 얽혀있기 때문에 불가피한 측면이 없지 않겠죠. 그러나 질문항목에 따라 또 조사결과에 따라 이리저리 흔들리는 것보다 더 중요한 건 그 속에 담겨 있는 민심 파악입니다. 각종 정책 시행과 관련해 유사한 여론조사를 여러 차례 했을 텐데… 사사건건 조사결과에 의존해 정책 결정을 하겠다는 것은 예산 낭비이자 무사안일 책임회피에 해당한다고 봅니다.

4년 중임 대통령제든 이원집정부제든 국민들이 가장 원하는 정부형태로 바꾸는 것이 최선일까요. 여론조사를 통해 1%포인트라도 찬반이 높은 쪽으로 영리병원 도입 여부를 결정하는 것이 고객 제일주의일까요. 그런 분들은 나중에 혹시 제도나 정책에 문제가 있으면

"국민들이 원하지 않았느냐" "도민들이 원하는 대로 했는데 무슨 소리냐"고 반문할지 모릅니다.

　조사결과 수치 자체에 너무 연연하지 마십시오. 오차범위 내의 결과일 뿐이고 또 얼마든지 바뀔 수 있습니다. 그저 참고자료로 활용하는데 그쳐야 합니다. 대신 관련된 부속 질문과 동일 이슈에 대한 추가 조사를 통해 민심의 실체와 변화를 읽어내야 할 것입니다.

_ 2008.07.18.

이명박 대통령 "잘하고 있다"와 "잘할 것이다"

25일 이명박 대통령이 취임했습니다. 5년 임기에 대해 기대를 표명하는 사람이 있는가 하면, 벌써부터 걱정이 앞선다는 사람도 있는 것 같습니다. 이와 관련해 취임 다음 날인 26일 이명박 정부의 실세인 정두언 한나라당 의원이 자신의 홈페이지에 '뒤늦게 대선을 마무리하며'라는 글을 올려 화제입니다. "새 정부의 내각 인선과 한나라당 공천 작업이 아슬아슬하다"며 공개적으로 비판하고 있습니다. 또 "수도권 표밭이 요동치고 있다"면서 한나라당의 안일함에 대해 경고도 했습니다.

이런 흐름에 언론도 가세하고 있습니다. 내각 인선 잡음과 한나라당 공천 갈등에 대해 한결같이 걱정을 하고 있더군요. 일부 언론에선 새 대통령이 취임도 하기 전에 역대 최저의 국정수행 지지율을 나타냈다고 염려하고 있습니다. 김영삼(YS)·김대중(DJ) 전 대통령은 90%대였고, 노무현 전 대통령만 하더라도 84%였는데… 50%대 지지율이 뭐냐는 거죠.

의도는 조금씩 차이가 있겠지만 이들 의견에 대개 수긍하는 편입니다. 그러나 전 개인적으로 이런 걱정과 지적이 지나치다는 느낌을 받습니다. 우선 정 의원의 비판과 경고는 일리가 있음에도 불구하고 부자 몸조심에 가깝다고 봅니다. 새 정부 내각 인선에 대한 야당의 비판은 언제나 있어 왔습니다. 공천 갈등은 한나라당이 먼저 매를

맞고 있을 뿐입니다. 통합민주당이라고 갈등이 없겠습니까. 아마 더하면 더했지 덜하지 않을 것입니다.

한나라당 혹은 한나라당 총선 후보 지지율이 떨어지고 있다는 것도 근거가 명확치 않습니다. 실제 떨어진 것 같지도 않고 또 설사 떨어졌다고 해도 다른 정당이나 후보 지지율이 올라간 것도 아닙니다. 부동층에서 일부 빠졌을 뿐이고 일부는 한나라당에도 흡수되고 있습니다. 선거가 점점 가까워지고 있기 때문이죠. 최근 통합민주당 지지율이 다소 올라갔지만 한나라당에 비하면 아직도 한참 멀었습니다. 총선이 겨우 40일 정도 남았을 뿐인데 말입니다.

당선인 시절 지지도 조사는 이 대통령이 처음

이명박 대통령 지지율 50%대 역시 그렇게 비관할 일이 아닙니다. 잘못 알려진 측면도 있고요. 이와 관련해선 세 가지 이유를 말씀드리겠습니다. 첫째, 대통령 당선인 시절에 국정수행 지지도를 물은 경우는 이 대통령이 처음입니다. 역대 대통령 중 당선인 시절의 국정수행 지지도를 물은 경우는 한 번도 없었습니다. 대통령이 급하다고 언론도 급했을까요. 일부 언론에서 당선인의 국정수행 지지도를 물어 역대 대통령의 취임 이후 지지도와 비교한 것입니다. 결국 서로 다른 시기의 그리고 성격이 다른 국정수행 지지도를 비교했다는 얘기입니다.

둘째, "잘하고 있다"와 "잘할 것이다"를 비교하고 있습니다. 역대 대통령의 90%에 가까운 높은 지지율은 국정수행에 대한 평가가 아니라 향후 기대나 희망을 측정한 것입니다. YS, DJ, 노무현 전 대통령 모두 마찬가지입니다. 어떤 질문항목이든 현재에 비해 미래 평가는 늘 관대하기 마련입니다. 이 대통령의 경우도 앞으로 "잘할 것"이란 응답은 80%대로 나오고 있습니다. 결국 이 대통령에 대한 현재 평가와 역대 대통령의 미래 평가가 동일 차원에서 비교되는 것은 잘못이란 얘기입니다.

마지막으로 말씀드리고 싶은 것은 대통령 취임 초기의 국정수행 지지도에 너무 의미를 부여하지 말라는 겁니다. 당선인 시절은 말할 것도 없고 이제 막 취임한 대통령이 도대체 어떤 국정을 수행했다고 잘잘못을 평가할 수 있겠습니까. 과거 자료를 찾아보면 알겠지만, 전직 대통령들의 높은 국정수행 지지율은 대개 취임 직후인 3월에 조사한 것입니다. 심지어 2월에 조사한 경우도 있습니다. 몇몇 구호와 비전 그리고 이미지에 대해 막연하게 평가한 것이죠. 새 정부 장관 임명도 국정수행 아니냐고 하면 할 말이 없지만 말입니다. 그래서 저는 개인적으로 역대 대통령의 초기 국정수행 지지도가 높은 것에 대해 별로 의미를 부여하지 않습니다.

이명박 대통령과 한나라당을 옹호하는 쪽으로 흘렀지만… 전혀 본의가 아닙니다. 보다 세심한 여론조사 보도가 이루어지길 바라는 마음에서 몇 자 적었을 뿐입니다. 그렇지 않아도 각 당의 후보 공천과 총선 과정에서 여론조사가 중요하고 취급되고 있고, 이전에 비해 훨씬 늘어난 여론조사 이해 관계자들이 민감하게 반응하고 있다는 점도 고려했습니다.

_ 2008.02.26.

▎경마식 보도 대 '슬로Slow' 여론조사 ▎

　어디선가 "여론조사에 문제가 많다"는 얘기가 나오면 대통령 혹은
국회의원 선거가 다가온 것입니다. 관련 학회나 단체에서 '여론조사
의 문제점, 신뢰도 및 개선방안'과 비슷한 주제로 세미나가 열리고
이에 대한 보도가 나옵니다. 평소엔 문제가 없어서 잠잠했을까요.
그렇지 않습니다. 선거와 무관한 여론조사는 단지 이해가 걸려 있지
않았을 뿐이죠.

　이해 당사자가 분명한 여론조사는 늘 문제가 있기 마련입니다.
조사결과에 따라 손해 보는 사람이 있기 때문이죠. 당연한 얘기지만
이익을 보는 사람에게 여론조사는 전혀 문제가 되지 않습니다. 응답
률만 해도 그렇습니다. 우리나라에서 응답률이 문제가 된 것은 불과
4~5개월 전부터입니다. 이전까진 아무도 공개하지 않았기 때문에
알 수가 없었죠.

　20%에 미치지 못하는 응답률이 공표되면서 어떤 정치인이 갑자기
"미국에선 응답률 30% 미만이면 조사결과를 발표하지 않는다"고 얘
기했다고 합니다(2~3일에 걸쳐 확률적 표집방법을 통해 조사를 진행
하는 미국의 경우 평균 응답률은 30% 정도입니다. 응답률의 중요성
이 상대적으로 덜한 할당표집을 사용하는 한국과 상황이 다르다는
점이 간과되고 있습니다).

　왜 그런 문제제기를 했을까요. 평소 여론조사에 관심이 많았을까

요. 전혀 아닙니다. 자신에 대한 지지율 순위가 3위로 나왔기 때문입니다. 여론조사 믿을 수 없다는 얘기를 응답률로 대신 표현했을 뿐입니다. 자신이 1위를 했다면 전혀 문제가 되지 않았을 것입니다. 2002년 대선 때 노무현-정몽준 후보 단일화 여론조사 응답률도 30%를 넘지 않았습니다. 그 때에도 노무현 후보 쪽은 가만히 있었는데 반해, 정몽준 후보 쪽은 여론조사 조작설을 제기했었죠.

'경마식 보도', 어떤 대안이 있을까요

언론은 주로 개별 사례의 구체성과 진정성에 관심이 있습니다. 속보 경쟁이나 흥미 위주 보도가 특징이죠. 일반화된 지식을 추구하는 여론조사는 언론의 이런 특성을 따라잡지 못해 안팎으로 비판과 비난의 대상이 되고 있습니다. 그러나 여론조사 보도의 문제점을 지적하기 이전에 언론과 여론조사의 '태생적 불화'에 대해 어느 정도 이해가 필요합니다.

여론조사 보도에 있어서 가장 흔한 지적은 경마식 보도입니다. 왜 지지율만 보도하느냐는 것이죠. 정책 보도나 심층 보도를 하라고 합니다. 그런데 한 번 생각해 보십시오. 마치 경마경기를 중계하듯 보도해도 관심이 없는 상황이 계속되고 있습니다. 정책 여론조사를 하면 없었던 관심이 생길까요. 매니페스토Manifesto가 유권자의 주목을 받지 못하는 것이 과연 지지율 여론조사 때문일까요.

표적집단 인터뷰FGI 등 심층 보도 역시 마찬가지입니다. 정보의 왜곡 측면에서 경마식 보도보다 훨씬 위험하다고 봅니다. 표본의 대표성과 주관적 해석 문제도 만만치 않습니다. 미국과 유럽 등에서도 우리나라 못지않게 경마식 보도가 성행하고 있다고 합니다. 2007년 11월 16일자 어떤 신문이 '여론조사 덫에 걸린 대선'을 1면 톱으로 뽑았습니다. 후보들이 지지율 보도에 일희일비한다고 했습니다. 정책경쟁을 밀어내고 정당정치가 왜곡되고 있다고도 했습니다. 생각해 보십시오. 한국 정치에 있어서 정당 왜소화와 민주주의 위기가 여론조사 때문일까요.

'밴드웨곤 효과Bandwagon Effect'라는 것이 있습니다. 유권자들이 앞선 후보, 즉 1위를 달리고 있는 후보를 지지하고자 하는 경향을 말합니다. 한나라당 대통령 후보 경선 때 박근혜 전 대표 쪽의 안병훈 선대위원장은 "특정 언론이 조사결과를 너무 자주 발표해 불리했다"고 밝혔습니다. 조사결과가 선두주자의 위치를 강화하는데 사용될 가능성이 없는 것은 아닙니다. 그러나 최종 투표결과에 실질적으로 영향을 미치는 것은 또 다른 문제이며 입증도 쉽지 않습니다.

문화적 배경과 선거에 따라 효과가 다르게 나타납니다. 가령, 남부 출신이었던 지미 카터는 대통령 출마 1년 전부터 북부에서 선거운동을 했다고 합니다. 예비선거 초반에 1위를 하면 그 여세를 몰아 승리할 수 있다고 생각했기 때문이죠. 그 결과 민주당 후보에 이어 대통령에 당선됐습니다. 지난해 통합신당 경선 때 정동영 후보도 제주에서 같은 '수법'을 사용했습니다. 그러나 늘 그런 결과가 나오는 것은 아닙니다. 2년 가까이 대선후보 지지도 1위를 달렸던 고건 전 총리는 대선 판에서 사라졌습니다.

언론 발표 여론조사 읽는 법

언론이 발표하는 여론조사를 제대로 읽는 방법엔 왕도가 없습니다. 지면 제약 때문에 세 가지만 말씀드리고자 합니다. 첫째, 상식에 입각해 판단해야 합니다. 왜 이 조사를 했을까에 대해 의문을 가져야 합니다. 공짜로 조사를 해주겠다고 달려드는 회사도 간혹 있지만, 여론조사는 적지 않은 돈을 들여야 합니다. 주요 정당이나 메이저 언론, 대기업은 자주 조사를 하지만, 군소 정당이나 언론, 중소기업은 조사를 아예 못하는 경우가 많습니다. 돈을 쓰는 덴 반드시 목적이 있겠죠. 그것을 파악하면 조사결과를 제대로 읽는데 도움이 될 것입니다.

둘째, 언론 여론조사를 제대로 읽기 위해선 약간의 수고가 필요합니다. 제목만 보면 곤란합니다. 보도기사 전체를 살펴야 합니다. 표본오차를 고려해 조사결과를 읽는 습관을 가져야 합니다. 가령, 플러스마이너스 3%포인트라면 두 후보의 지지율이 6% 이상 차이가 나야 우열을 말할 수 있습니다. 설문내용이나 응답률 등 조사개요를 꼼꼼히 챙기는 것도 중요합니다.

셋째, '슬로푸드Slow Food'와 마찬가지로 'Slow Survey'에 높은 점수를 줘야 합니다. 언론에선 완벽하게 하는 것보다 부족하더라도 먼저 하는 것이 최고라는 인식이 있는 것 같습니다. 어떤 이슈나 기획이든 제대로 준비해서 철저히 하는 것보다 하루라도 빨리 내놔야 한다는 거죠. 특종을 제외한 나머지는 모두 2위이고 전혀 의미가 없습니다. 그런 법칙에도 불구하고 긴급 여론조사를 마다하는 것은 높이 평가되어야 합니다.

"여론조사 역사는 한편으로 여론조사에 반대해온 역사"라고 합니다. 이런저런 얘기가 많을 수밖에 없는 것이 여론조사입니다. 그러나 역기능보다 순기능이 더 많다는 것이 전문가들의 결론입니다. 정치권과 언론 등이 욕을 하면서도 굳이 활용하겠다고 하는 것을 봐도 그렇습니다. 조그비Zogby는 "여론조사의 실질적 능력을 합리적으로 예상하면서 정치 정보에 대해 건전한 비판정신을 갖추는 것"이 중요하다고 했습니다. 또 뉴포트Newport는 "사람들의 경험과 지혜를 모으고 이해하는 일엔 많은 시간과 노력이 필요하다. 그리고 그럴만한 가치가 충분히 있다"고 강조했습니다.

_ 2008.01.16.

II. 여론조사 보도에 대한 오해

정세균 민주당 대표의 '과학과 정답'

　자신들의 믿음과 다른 여론조사 결과에 대해 민주당이 불편한 심기를 드러내고 있더군요. 정세균 대표는 17일 선거대책위원회의를 주재하는 자리에서 "여론조사는 과학이라는 이야기를 들었는데 과학은 정답이 하나 아니냐"며 "그런데 정답이 너무 많고 정답과 오답의 오차가 너무 커서 오차범위를 훌쩍 뛰어넘는 여론조사가 있다"고 지적했습니다. 우상호 대변인의 경우 "작년 10월 국회의원 재·보선 때 수원 장안구에서 출마한 민주당 이찬열 후보가 (투표일 20여일 전에) 24%를 뒤지고도 7% 차이로 승리했다"며 여론조사의 정확성과 신뢰성에 의문을 표시했습니다.

　일부 보수언론의 17일자 시·도지사 여론조사 결과 때문인 것 같습니다. 특히 경기지사를 비롯한 수도권 세 곳의 지지율 격차가 자신들의 생각과 다르게 나왔는가 봅니다. "수도권 지역위원장의 말을 들어보면 그 어느 때보다 (민심이) 좋은데 여론조사 결과만 보면 다른 세상이 나오고 있기 때문"이라고 말했더군요. 한편으로 이해하지만… 다른 한편으로 공감할 수 없는 점이 있습니다. 자신들의 믿음과 다른 여론조사에 대해 불편한 생각을 가질 수 있듯이 두 분의 생각이나 주장과 다른 입장이 있다는 점을 말씀드리고 싶습니다.

　첫째, '여론조사라는 과학과 정답'에 대해서입니다. 우선 여론조사 관련 종사자의 한 사람으로 '여론조사=과학'이란 언급이 낯설군요.

과학이 아니란 얘기가 아니라 언제부터인지 여론조사가 과학이기를 포기했던 느낌을 가지고 있기 때문입니다.

여론조사를 과학이라고 할 경우 과연 정답이 하나일까요. 실제 득표율을 기준으로 하면 하나가 맞겠죠. 그러나 투표일 이전에 실시되는 여론조사 지지율은 정답이 하나가 아닙니다. 오차범위 내에 많은 정답이 있습니다. 아시다시피 한명숙 후보 지지율이 32%라면 (오차범위 ±3%포인트), 여론조사 당일 현재 한 후보 지지율은 29~35% 사이에 있을 가능성이 100번 중 95번이란 얘기입니다. 32%가 정답이 아니라 29~35% 사이에 있는 여러 가지 수치가 모두 정답일 수 있습니다. 이 범위를 벗어날 가능성 역시 5%가량 됩니다.

정 대표께서 말씀하신 정답과 오답은 어떤 의미입니까. 인용문을 보면 민주당 후보가 앞서거나 박빙을 펼쳐야 정답이고 민주당 후보가 열세인 결과는 오답으로 보는 것 같군요. 지금 현재로선 민주당 후보의 우세·박빙과 열세 중 어느 쪽이 정답이고 또 오답인지 아무도 알 수 없습니다. 해당 시·도 지역민 전체를 대상으로 조사를 하거나 투표를 하지 않는 한 말입니다. 나중에 실제 득표율과 비교해보자고 말씀하시겠죠. 다시 언급하겠지만 어느 한 쪽이 실제 득표율과 비슷하다고 그것이 정답인 것도 아닙니다.

여론조사 지지율과 실제 득표율의 차이

둘째, '지지율과 실제 득표율의 차이'에 대해서입니다. 선거 이전 여론조사에서의 지지율과 실제 득표율 간의 현격한 차이를 어떻게 설명할 수 있느냐는 것입니다. 그런 사례가 적지 않습니다. 2002년 노무현 민주당 대통령 후보는 한 해 전 경선 초반 때의 지지율이 3~4%에 불과했지만, 경선에서 1위를 차지했고 막판 여론조사 단일화를 거쳐 대통령으로 당선됐습니다. 나중에 후보를 사퇴한 고건 전 국무총리는 2005~2006년 2년에 걸쳐 차기 대선후보 지지율 1위를 유지했습니다.

대선 사례가 부적당하다고요. 다른 사례도 있습니다. 지금으로부터 4년 전 2006년 4월 중순 실시된 대전시장 여론조사에서 열린우리당 염홍철 후보는 44%였고, 한나라당 박성효 후보는 15%에 불과했습니다. 그러나 5월 31일 실시된 선거에서 박 후보가 당선됐습니다. 30%포인트 격차를 뒤집고 말입니다. 지난 2008년 총선 때 부산의 어떤 지역구에선 투표 한 달 전 불과 한 자릿수 지지율에 그쳤던 후보가 1위 후보(45%)와 2%포인트 차로 패배한 기록도 있습니다.

그래서 여론조사는 믿을 수 없는 것일까요. 불과 한 달 만에 20~30%에 달하는 유권자의 지지 변경을 어떻게 설명할 수 있을까요.

여론조사에 대한 믿음과 유권자의 변심을 파악할 수 있는 객관적 증거가 실제 득표율뿐이란 점이 불행이라면 불행입니다. 여론조사 시점의 객관적 지지율을 확인할 수 없기 때문에 여론조사에서 나타난 지지율이 당시 민심을 제대로 반영한 것인지에 대해 아무도 장담할 수 없습니다. 그래서 민주당 정 대표에게 묻고 싶군요. "바닥 민심이 좋다"는 수도권 지역위원장의 언급을 민주당 후보 경합 혹은 우세 근거로 믿어달라는 말씀인가요.

투표일 이전의 여론조사를 실제 득표율과 비교해 신뢰 여부를 따지는 것은 더욱 가당찮은 일입니다. 경기지사(김문수-유시민)를 예로 들어볼까요. 만약 현재의 민심이 민주당 주장대로 박빙이고 또 6월 2일 실제 득표율이 박빙으로 나온다면, 민주당이 믿고 있는 여론조사가 정확하고 믿을 만한가요. (민주당 주장처럼 김문수 지사가 우세한 것으로 나온) 보수언론과 방송사 여론조사는 부정확하고 믿을 수 없는 건가요. 결론은 아무도 모른다는 겁니다. 왜냐하면 보름 전 민심과 투표일의 민심은 같을 수도 있지만 다를 가능성이 더 많지 않을까요.

제 블로그 4월 2일자 '여론조사 결과가 실제 득표율과 다른 까닭'을 다시 인용하겠습니다. 아래 자료는 2006년 서울시장 선거 때 투표일 (5월 31일)을 한 달 앞둔 5월 초부터 24일까지 발표된 조사결과 중 일부를 옮긴 것입니다.

(단위: %)

	오세훈	강금실
MBC	51	31
중앙일보	47	29
동아일보	50	32
MBC	51	28
KBS-SBS	48	26
조선일보	52	25
중앙일보	51	25
한국리서치	51	20
평 균	50	27
실제 득표율	61	27

만약 5월 초에 어떤 조사기관이 '오세훈 61%, 강금실 27%'라는 조사결과를 발표했다면 어떤 일이 벌어졌을까요. 다른 모든 조사결과와 다르기 때문에, 즉 오 후보 지지율이 10%포인트 가량 높기 때문에 엉터리 혹은 신뢰할 수 없는 여론조사라고 욕을 얻어먹었겠죠. 당시 열린우리당 입장에선 한나라당에 편향적인 조사결과라고 비난했을지도 모르겠습니다.

그럼 투표일 이후엔 이 여론조사가 어떻게 평가될 수 있을까요. 만약 오 후보 지지율이 5월 초 이래 투표일까지 계속 60%를 유지했다면, 이 조사는 정확하고 믿을 만한 것으로 평가할 수 있겠죠. 그러나 누가 그것을 알겠습니까. 오 후보 지지율이 5월 내내 50%를 유지하다가 여론조사를 실시할 수 없는 막판 일주일 동안 10%포인트가 올랐는지, 아니면 진작부터 60%에 가까웠는데 여론조사가 그것을 잡아내지 못했는지 말입니다.

제법 길어졌죠. 이제 결론입니다. 투표일을 보름 혹은 20여일 앞두고 실시 발표된 여론조사를 놓고 "어떤 것이 더 정확하다" 혹은 "어떤 조사가 더 신뢰할 만하다"는 것은 별로 의미가 없습니다. 조사결과의 최빈치나 중간값이 상대적으로 더 정확한 것처럼 보일 뿐입니다. 투표 결과, 즉 실제 득표율과 비교해 이전 여론조사 결과의 정확성 및 신뢰성을 논의하는 것 역시 무용한 일입니다. 투표 당일 방송사들이 실시하는 출구조사 결과가 유일한 예외일 뿐입니다.

_ 2010.05.20.

▮MB 지지율은 매일 오르내릴까요▮

　이전에 말씀드린 적이 있지만… 자동응답방식을 주로 사용하는 R조사업체는 정치인이나 정당 그리고 기자들이 선호하는 조사기관입니다. 저렴한 비용으로 자주 조사를 실시해 발표하고 있기 때문입니다. 결국 하루에도 수차례 변화하는 정치 상황이나 이슈를 설명하기에 적합한 자료를 제공하고 있는 셈이죠. 다음은 이 조사기관이 가장 최근에 발표한 '천안함 침몰 후 급락했던 MB 지지율 반등' 보도자료에서 옮긴 글입니다. "천안함 침몰 사건의 충격으로 40% 초반까지 추락했던 이명박 대통령의 지지율이 다시 반등한 것으로 나타났다. 3월 29일~4월 2일 실시한 주간 정례 여론조사 결과, 이 대통령의 지지율은 천안함 침몰 직후인 주초 40%까지 하락했으나, 실종자 수색에 나선 고故 한주호 준위의 순직 보도와 대통령의 백령도 방문 이후 소폭 반등(42.5%)한 후 수요일(3월 31일)에는 48.2%까지 오른 것으로 나타났다. 그러나 사고 원인에 대한 혼선이 이어지면서 다시 지난 금요일(4월 2일)에는 42.2%까지 지지율이 하락해 주간 통합 지지율은 전주와 비슷한 수준인 44.9%를 기록했다."

　이 보도자료를 입수한 어떤 인터넷 매체에선 'MB 지지율, 매일같이 요동'이란 제목을 뽑았더군요. 그리고 그 아래 '천안함 사고 후 매일같이 요동쳐, 평균은 44.9%'라고 부제를 달았습니다. 어떻습니까. 이런 제목에 대해 얼마나 동의하십니까.

이슈마다 지지율이 반응한다면…

첫째, 매일 조사를 실시해 지지율 수치가 변화했다고 했는데… 어느 정도 수치가 오르내려야 그것을 변화라고 할 수 있을까요. 이번 조사의 경우 3월 29일부터 4월 2일까지의 5일간 MB 지지율은 40.0%, 42.5%, 48.2%, 45.6%, 42.2%로 변화한 것으로 나타났습니다. 제 생각엔 변화에 해당하는 수치 오르내림도 있지만 그렇지 않은 경우가 더 많다고 봅니다.

둘째, 설사 의미 있는 수치 변화가 있었다고 하더라도 이를 토대로 '매일 (지지율이) 요동치고 있다'고 할 수 있을까요. 천안함 사건이 MB 지지율에 어떤 형태로든 영향을 미친 것은 사실이겠죠. 그러나 추가 이슈와 대응에 따라 시시각각 지지율이 오르내릴 것이란 인식은 지나친 상상이라고 봅니다. 만약 그것이 지나치지 않다면 하루에도 몇 번씩 대통령 지지율이 오르내려야 하지 않겠습니까. 이와 관련해 어떤 이슈나 대응이 지지율에 미치는 영향력의 유효기간이 하루 혹은 이틀이란 전제는 어떤 근거나 자료에 입각한 것입니까. 또 유효기간엔 차이가 있어야 하지 않을까요.

셋째, 지지율 변화에 대한 사후 해석도 문제입니다. 가령, 한 준위 순직과 대통령의 백령도 방문이 지지율을 높이는데 기여했을까요. 만약 지지율이 내려갔다면 대통령의 백령도 방문이 역효과를 냈다고 해석했을지 모릅니다. 또 사고 원인에 대한 혼선이 지난 금요일(4월 2일)에 처음 불거진 것인가요. 그 이전에도 사고 원인은 불명이었습니다. 거꾸로 지지율이 올랐다면 사고 원인에 대한 혼선에도 불구하고 대통령의 지속적인 관심과 한 준위 조문 및 유가족 위로에 힘입은 것으로 분석했을지 모릅니다. 만에 하나 사후 해석이 아니라면… 유사 이슈나 대응이 발생한 직후의 지지율 오르내림을 예상할 수 있어야겠죠. 과연 그것이 가능할까요.

_ 2010.04.08.

▌세종시 논란과 박근혜 지지율 하락▐

　세종시 추진 논란이 국민투표 실시 여부로 비화하고 있습니다. "현재로선 국민투표를 검토하고 있지 않다"는 청와대의 부인에도 불구하고 말입니다. 중진협의체를 통해 계파간 조정을 시도키로 한 한나라당에서도 국민투표 진화에 부심하고 있더군요.

　이 와중에 40% 근처를 오르내리던 박근혜 전 대표의 지지율이 30% 밑으로 떨어졌다는 조사결과가 나와 관심을 끌고 있습니다. 이슈 피로감으로 인해 세종시 추진 관련 당사자가 피해를 본 셈일까요. 리얼미터 조사결과에 의하면, 정부가 세종시 수정안을 발표한 1월 11일 이후부터 지지율이 떨어지기 시작했다고 합니다. 아래 수치는 지난해 11월 초부터 올 2월 말까지의 한나라당 차기 대선주자 지지율 추이입니다(리얼미터 자료).

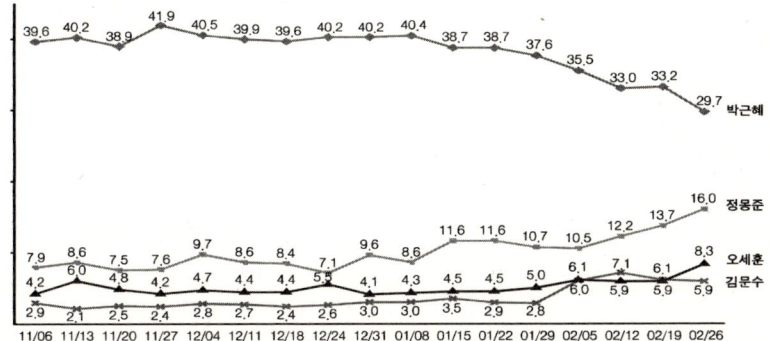

리얼미터 자료는 ARS_{자동응답시스템} 조사결과에도 불구하고 정치권과 언론으로부터 환영받고 있습니다. 잦은 조사를 통해 하나의 추이를 보여주고 있기 때문이죠. 위의 조사결과만 보더라도 박 전 대표의 지지율 하락과 함께 다른 주자들의 지지율이 조금씩 상승하고 있는 추세를 보여주고 있습니다.

무당파, 즉 '모름·무응답'이 너무 적다

그러나 이 조사결과는 일정한 한계를 가지고 있기 때문에 해석에 유의해야 합니다. ARS 조사가 갖는 근본적 문제점 외에 휴대폰으로 표본을 추가 확보하는 방식 등이 지적되어야 하지만… 여기선 생략하겠습니다.

이번 조사결과와 관련해선 한 가지만 말씀드리겠습니다. 차기 대선주자 선호도를 물을 경우 '모름·무응답' 혹은 '적합한 인물 없음' 응답이 일정 비율 나와야 합니다. 조사에 따라 차이가 있지만, 실제로 작게는 10% 내외, 많게는 40% 이상까지의 '없음·모름·무응답'이 나옵니다. 이런 응답 유무는 각 주자별 지지층의 상이한 충성도와 작용해 지지율 수치에 영향을 줄 수도 있습니다.

그런데 리얼미터 결과를 보면, 박 전 대표를 비롯한 차기 대선주자 8명의 전체 지지율이 92.1%에 달합니다. 한나라당 4명 외에 유시민(12.6%), 정동영(7.5%), 손학규(6.7%), 이회창(5.4%) 등이 포함되어 있습니다. 만약 이들 8명 외에 몇 명의 주자가 더 포함되어 있다면 100%에 가까운 지지율이 분배(?)될 수 있는데, 이는 지나치게 높은 것입니다. 참고로 박 전 대표 지지율의 경우 리얼미터 조사에서 40% 근처일 때 동일 시기의 다른 조사에선 30% 내외로 나오고 있습니다.

리얼미터 조사결과의 가치를 부정하는 것이 아닙니다. 나름의 가치에 대해선 다음 기회에 블로그를 통해 언급할 생각도 가지고 있습니다. 어떤 조사든 나름의 한계를 가질 수밖에 없다는 점을 강조하고 싶었습니다.

이 조사결과를 포함해 최근에 발표된 여론조사의 더 큰 문제는 따로 있습니다. 자료의 유효성에 비해 정치권이나 언론의 주목도가 지나치다고 봅니다. 차기 대선까지 아직 시간이 많이 남아 있고 또 예상되는 혹은 예상치 못한 변수가 즐비해 있습니다. 지금까지 나온 차기 대선주자 지지율과 그 추세의 의미가 생각보다 작을 수 있다는 뜻입니다.

_ 2010.03.04.

‘MB 지지도 낮은 이유’에 이유가 없다

　미디어오늘 1월 3일자에 ‘조선 여론조사에만 MB 지지도 낮은 이유’라는 기사가 있더군요. 언론사가 발표한 신년 특집 여론조사 중 이명박 대통령 지지도를 중심으로 비교 소개한 것입니다. 다들 50%에 가깝거나 그 이상으로 나왔는데… 유독 조선일보만 그렇지 못하다는 것을 강조하고 있습니다. 그게 그렇게 중요한 정보이고 또 제목으로 뽑을 만한 것인지 모르겠습니다.

　문제는 제목과 달리 기사 어디에도 MB 지지도가 낮게 나온 이유를 발견할 수 없다는 점입니다. 관련 내용으로 다음과 같은 부분이 소개되어 있더군요.

　조선일보 기사에선 지지도가 낮게 나온 이유에 대해 “아랍에미리트 UAE 원전 수주 발표(2009년 12월 28일) 직전인 26~27일 실시됐기 때문에 그 효과가 반영되지 않았다”고 했습니다. 이에 대해 미디어오늘은 “그러나 조선일보와 서울신문은 원전 수주 소식이 대대적으로 언론을 통해 알려지지 않았던 12월 26~27일 양일간 실시됐음에도 이 대통령에 대한 긍정-부정의 결과가 각각 달랐다”고 적었습니다. MB 지지도의 경우 조선일보는 44.2%, 서울신문은 49.6%였습니다.

　결국 “같은 날 실시된 서울신문을 포함해 다들 50% 근처 지지율을 나타냈는데, 조선일보만 그렇지 못하다”는 얘기입니다. 오히려 원전 수주 효과가 반영되지 않은 시기에 조사했음에도 불구하고 그 효과가 반영된 다른 언론사와 비슷하게 나온 서울신문 조사결과를 문제 삼아야 하지 않습니까.

MB 지지도 낮은 것은 '보통' 때문

마치 조사가 잘못됐기 때문에 지지도가 낮은 것처럼 뉘앙스를 주고 있지만… 그렇지 않습니다. 기사에 포함시켜 놓고도 그 이유를 모르고 있는 것 같아 안타깝습니다. 조선일보-한국갤럽의 대통령 국정수행 지지도 조사는 다른 언론사와 달리 (처음부터 그런 것은 아닙니다만) 중간 응답인 '보통이다'를 허용하고 있습니다. 여기에 7.1%의 응답자가 속해 있고요.

조선일보 조사에서 MB 지지도가 상대적으로 낮은 것은 이 때문입니다. 잘못된 조사가 아니라 나름 이유가 있었든 거죠. 비단 미디어오늘만의 문제가 아닙니다. 제가 이렇게 설명 드렸는데도 불구하고 여전히 "조선 여론조사에만 MB 지지도가 낮다"고 생각하는 사람이 적지 않을 것입니다.

_ 2010.01.06.

‘정운찬 부적격’ 제목 미리 뽑아놨다

어떤 여론조사든 어느 정도 감을 잡고 있는 상태에서 실시합니다. 예상하지 못했던 결과 때문에 당황하는 경우가 가끔 있지만 말입니다. 문제는 그것이 지나쳐 아예 제목을 잡아놓고 조사결과를 만들어내는 사례가 있다는 점입니다. 최근에 발표된 ‘여론답지 못한 여론’ 세 가지를 소개합니다.

한겨레신문–리서치플러스 ‘정운찬 총리 후보자 부적격 58.3%’
조사 의뢰자를 알면 조사결과가 보인다고 했습니까. 총리 후보자에 대한 여론조사 결과를 이미 예상할 수 있고 또 실제로 그렇게 나왔습니다. 아마 지금도 "정운찬이란 사람이 뭐하는 사람"인지 물어보면 잘 모르겠다는 응답이 적지 않을 것입니다. 그런 사람을 포함해 우리 국민에게 정운찬이란 사람이 이렇게 나쁜 사람인데 총리직을 수행하기에 적합하냐고 물어봤습니다. 적격이라고 대답하기가 곤란한 질문을 제시한 것이죠. 질문내용을 그대로 옮겼습니다.

문 : 며칠 전 정운찬 국무총리 후보자에 대한 국회 인사청문회가 끝났습니다. 정 후보자는 청문회 과정에서 위장전입, 소득세 탈세, 기업체로부터 돈을 받은 사실 등이 드러나 야권의 사퇴압력을 받고 있습니다. 귀하께서는 정운찬 총리 후보자에 대한 다음 두 가지 의견 중 어느 쪽에 조금이라도 더 동의하십니까?

1. 청문회에서 밝혀진 것들은 사소한 것들이므로 총리직을 수행하지 못할 정도의 흠결은 아니다

2. 청문회에서 밝혀진 것들은 충분히 부도덕한 위법행위이므로 총리직을 수행하기에 적합하지 않다

행정안전부–한국갤럽 '국민 62% 공무원노조 민노총 가입 반대'

행정안전부가 왜 이런 조사를 의뢰했을까요. 아마 통합공무원노조의 민노총 가입에 대해 우리 국민들이 긍정적으로 생각하지 않을 것이란 자신감이 있었겠죠. 예상대로 혹은 원하는 대로 조사결과가 나왔습니다. 연합뉴스 보도의 앞부분을 옮겨 적었습니다.

"국민 10명 중 6명꼴로 통합공무원노조의 민노총 가입에 부정적으로 생각하는 것으로 나타났다. 행정안전부는 한국갤럽에 의뢰해 지난 26일부터 이틀간 전국 성인남녀 1천명의 여론을 조사한 결과 통합노조의 민노총 가입에 대해 '바람직하지 않다'는 의견이 61.5%로 나타났다고 30일 밝혔다. '바람직하다'는 의견은 31.8%, '모름·무응답' 6.7%로 집계됐다."

문화일보–디오피니언 '적당한 대통령감 아직 없다 25.5%'

"추석 민심 여론조사 결과 차기 대통령을 묻는 질문에 대해 모른다거나 무응답을 보인 응답자가 37.4%가 나왔으며 '적당한 대통령감이 없다'는 응답자도 25.5%가 나와 전체 응답자의 62.9%가 이른바 부동층으로 분류되는 것으로 분석됐다. 예시된 항목을 주지 않고 '차기 대통령으로 누가 가장 적합하다고 생각하십니까'라는 설문을 던져 응답자의 주관적 생각을 듣는 방식으로 진행된 설문항목에서 각종 여론조사에서 지지도 1위를 달리고 있는 박근혜 전 한나라당 대표는 19.1%로 나타났다."

30일자 문화일보 기사를 옮긴 것입니다. 응답자에게 대통령 후보

로 거론되고 있는 인물을 제시하지 않을 경우(非보조 질문방식이라고 합니다) 상당수가 '모름·무응답'을 포함해 부동층으로 분류된다는 점은 익히 알려져 있습니다. 소위 주관식 질문은 어떤 주제든 응답을 받아내기가 쉽지 않습니다. 그럼에도 '차기 대선구도 아직 유동적', '박근혜 대세론이 자리잡지 못하고 있다는 방증', '새로운 인물을 갈망하고 있다'는 등의 분석을 남발하고 있더군요. 글쎄요. 이것도 추석 민심 여론인지 잘 모르겠습니다.

_ 2009.09.30.

▌대통령 지지도 급등락 아니다▐

"2~3주간 잇따른 서민정책 드라이브로 이 대통령 국정 지지도가 일부 조사에서 40%선을 넘어섰다." (7월 초)

"미디어법 강행 처리로 인해 이 대통령 국정 지지도가 20%대로 급락했다." (7월 말)

"이 대통령 국정 지지도가 지난해 촛불사태 이후 처음으로 40%대에 진입했다." (8월 초)

한 달 사이에 이명박 대통령의 국정수행 지지도가 급등락했다는 보도 중 일부를 모은 것입니다. 결론부터 말씀드리면 대통령 지지도는 급등 혹은 급락하는 것이 아닙니다. 물론 대통령의 국정수행을 꼼꼼히 따져 지지 여부를 수시로 바꾸는 국민이 있겠죠. 그래서 기존 지지를 철회하거나 새롭게 지지 의사를 표명하는 사람도 있을 것입니다. 그러나 대다수 국민들은 기존 지지 여부를 쉽게 변경하지 않는다는 것이 대체적인 견해입니다.

그럼에도 불구하고 위와 같은 보도가 남발되는 것은 조사결과를 잘못 읽었기 때문입니다. 서로 다른 조사기관이 수행한 국정 지지도를 한데 섞어 기사를 작성하다보니 급등과 급락이 반복되는 것처럼 보입니다. 6월 하순부터 최근까지 대통령 국정수행 지지도를 정기적으로 조사해 발표하는 조사기관의 결과입니다.

	조사기관	%
06.20.	한국리서치	34.8
06.22.	한국사회여론연구소	25.3
06.24.	리얼미터	20.7
07.07.	리서치앤리서치	36.4
07.13.	한국사회여론연구소	31.9
07.14.	리얼미터	27.1
07.25.	한국리서치	30.5
07.29.	리얼미터	24.7
08.06.	리서치앤리서치	40.5
08.11.	리얼미터	30.3

　전체적으로 보면 급등락이 반복되고 있습니다. 20%대 초반부터 40%에 이르기까지 말입니다. 그러나 동일 조사기관만 놓고 보면 상대적으로 대통령 지지도에 큰 변화가 없음을 알 수 있습니다. 가령, 매월 초 조사결과를 발표하고 있는 리서치앤리서치R&R의 경우 30%대 후반의 지지율을 꾸준히 보여주고 있습니다. 노무현 전 대통령 서거 직후였던 6월 초 지지율도 마찬가지입니다. 이에 반해 리얼미터는 지속적으로 20%대 지지율을 나타내고 있고요. 결국 잘못된 여론조사 보도 때문에 급등락하는 것처럼 보였을 뿐입니다.

　특이한 것은 오히려 미국입니다. 동일 조사기관은 물론 서로 다른 조사기관이 발표하는 대통령 국정 지지도를 한데 모아놔도 급등락이 나타나지 않고 있습니다. 오바마 대통령의 최근 지지율을 참고하십시오.

	조사기관	%
6.23.~29.	Quinnipiac University	57
6.26.~28.	CNN	61
7.09.~12.	CBS	57
7.15.~18.	ABC/WP	59
7.19.~23.	GWU Battleground	53
7.21.~22.	Fox/OpinDynamics	54
7.22.~26.	NPR	53
7.24.~28.	CBS/NYT	58
7.27.~28.	Time/Abt SRBI	56

_ 2009.08.12.

중국인 "정치인보다 매춘부 더 신뢰"

"중국인은 정치인이나 과학자보다 매춘부를 더 신뢰하는 것으로 중국 잡지 〈인사이트 차이나〉가 실시한 여론조사 결과 나타났다고 영국 BBC 인터넷판이 4일(현지시간) 보도했다. 여론조사에서 중국인은 전체 응답자 가운데 7.9%가 매춘부를 믿을 수 있다고 대답했다. 이는 농부와 종교인에 이어 세 번째로 높은 것이다. 반면 정치인을 신뢰할 수 있다는 응답은 매춘부보다 훨씬 낮았으며 과학자, 교사와 비슷한 수준이었다. 〈인사이트 차이나〉는 지난 6월과 7월에 걸쳐 3,376명을 대상으로 여론조사를 실시했다.

중국 관영 차이나 데일리는 사설을 통해 "이 같은 여론조사 결과는 매우 놀랍고 당혹스러운 것"이라고 말했다. 차이나 데일리는 이어 이처럼 매춘부들이 높은 신뢰를 얻는 것은 사실 비정상적이라고 덧붙였다. 사설은 또 정치인이 부동산 개발업자나 비서, 연예 종사자 등 가장 믿을 수 없는 집단에 포함되지 않은 것이 그나마 다행이라고 말했다. 한편 군인은 매춘부에 이어 4위를 차지한 것으로 나타났다."

뉴시스 5일자 기사를 그대로 옮긴 것입니다. 전 세계가 중국 경제의 성장 잠재력을 주목하고 있지만, 사회의 신뢰 측면에선 부족한 점이 많다는 반증이겠죠. 부패한 정치인이나 관료에 비해 매춘부를 더 믿을 수 있다는 결과에 동의할 수도 있습니다. 그러나 이 기사가 좀 더 신뢰성을 획득하기 위해선 원자료 입수를 통한 검증과 조사방법에 대한 검토 등 엄정한 분석이 추가 보완되어야 한다고 봅니다.

먼저 여론조사 자체로 문제가 있습니다. 그냥 여론조사라고 했는데… 실제로는 온라인 조사입니다. 여러 가지 형태가 있기 때문에 구체적으로 어떤 방식의 온라인인지 모르겠지만, 만약 해당 잡지의 홈페이지를 통해 이루어진 조사라면 대표성 측면에서 상당히 문제가 많은 조사로 볼 수 있습니다. 3,376명을 조사하는데 2개월이 소요됐다는 것도 조사결과의 신뢰성을 떨어뜨리는데 기여하고 있습니다. 상하이에서 건물 붕괴 사고가 일어났던 직후, 즉 6월에 실시된 것도 조사 시기 측면에서 흠입니다. 정치인과 공무원 등에 대한 부정적 인식이 고조된 시점이었기 때문이죠. 그러나 무엇보다 가장 큰 문제점은 어디에서도 조사 원자료를 입수할 수 없다는 것입니다. 조사에 어떤 문제가 있었는지 확인할 길이 없습니다.

이처럼 문제 소지가 많은 조사결과를 아무런 검증 없이 보도한 것이 더 유감입니다. 영국 BBC 인터넷판을 그대로 번역 보도했기 때문에 온라인 조사였다는 점은 밝힐 수도 없었습니다. BBC가 그런 사실을 보도하지 않았기 때문이죠. 조사기관의 경우에도 '인사이트 차이나'가 아니라 중국의 관영 잡지 'Xiaokang小康리서치센터'가 실시한 것이더군요. BBC 보도를 그대로 인용했기 때문에 더 이상 자세한 내용을 알 수 없는 것도 문제입니다. "7.9%가 매춘부를 믿을 수 있다"고 했는데… 개별 직업별로 신뢰 여부를 물은 것이 아니라 신뢰도 순으로 49개 직업을 서열화한 것이더군요. 1~2위를 차지한 농부와 종교인은 몇 %가 믿는다고 했는지 또 가장 믿을 수 없는 직업으로 꼽힌 부동산 개발업자나 비서, 연예 종사자 등은 몇 %인지… 그래서 각 직업별 신뢰 응답에 얼마나 차이가 있는지 전혀 알 수가 없습니다.

_ 2009.08.05.

▮ 여론조사 욕되게 하는 민주당 ▮

민주당 산하 민주정책연구원이 실시 발표하는 여론조사가 가관입니다. 여론조사가 아니라 차라리 대변인 성명이라고 해야 할 것 같습니다. 최근 언론을 통해 발표된 조사결과입니다. 민주당의 평소 주장을 그대로 옮긴 것과 무엇이 다른지 한번 확인해 보십시오.

비정규직보호법 현행대로 시행해야… 71.1%
신문사 방송 진출은 언론 다양성 훼손… 73.2%
미디어 관련법은 회기 관계없이 여야간 충분한 논의 거쳐 합의 처리해야… 68.1%
국회의장 직권 상정을 엄격히 제한해야… '약 60%'
천성관 검찰총장 후보 부적절… 74.2%

모두 자동응답시스템ARS으로 조사한 것입니다. ARS의 한계와 오용 가능성에 대해선 여러 차례 지적했기 때문에 다시 언급하지 않겠습니다. 각각의 질문에 어떤 문제점이 있는지에 대해서도 몇 차례 다루었기 때문에 생략하겠습니다. '국회의장 직권 상정', '천 검찰총장 후보' 등 최근 조사의 문제점에 대한 구구절절한 지적 역시 생략합니다. 만약 민주당 질문지에 대해 공개 토론이 필요하다면 언제든 응할 용의가 있습니다.

민주당 여론조사의 가장 큰 문제는 질문내용을 포함해 조사자료를 전혀 공개하지 않는데 있습니다. 그냥 우리가 조사했는데 이렇게 결과가 나왔다는 주장입니다. 어떤 조사든 공정성을 획득하고 타당한 근거로 활용되기 위해선 일체의 자료가 공개되어야 합니다. 그래서 누구나 그것을 검증할 수 있어야 합니다. 가장 기본적인 질문내용조차 밝히지 못하면서 "우리 국민 10명 중 8명" 운운하는 것은 일방적 주장에 불과합니다.

　　민주당은 더 이상 여론조사를 사칭해선 안 될 것입니다. 여론조사라는 이름으로 자신들의 일방적 주장을 펼치는 것은 범죄행위에 가깝습니다. 2005년 5월 '병풍' 주인공 김대업과 그의 거짓 제보를 보도한 오마이뉴스, 일요시사 등이 처벌을 받았습니다. 죄목은 "대통령 선거에 영향을 주겠다는 피고 측의 악의가 의심된다"는 거였습니다. 잘못된 여론조사와 김대업의 죄를 비교하는 것에 무리가 있는 줄 압니다. 그러나 그런 여론조사를 악용하는 나쁜 관행은 반드시 바로 잡혀야 할 것입니다. 여야를 불문하고 말입니다.

_ 2009.07.13.

'언론-본인-MB 순'이라는 노 대통령 서거 책임

모 언론사가 9일 여론조사 결과를 토대로 '노 전 대통령 서거 책임, 언론-본인과 가족-MB 순 많아'라는 제목의 기사를 내보냈습니다. 그리고 "국민들은 노무현 전 대통령 서거의 가장 큰 책임을 언론 탓으로 돌렸다"고 했습니다.

"노 전 대통령 서거 책임을 놓고 2개의 복수응답을 받아 합산한 결과, 언론이 40.3%로 가장 많았고 근소한 차이로 노 전 대통령 자신과 가족(38.2%), 이명박 대통령(36.6%), 검찰(31.8%)이 뒤를 이었다"고 전하면서 "정치적 이해관계와 검찰의 밀어붙이기식 수사, 언론의 무차별 보도 그리고 노 전 대통령의 사적인 문제가 뒤얽힌 결과로 받아들이고 있다는 얘기"라고 분석했습니다. 서거의 가장 큰 책임이 무엇인지 한 가지만 선택하도록 질문한 경우에는 노 전 대통령 자신과 가족이 31.6%로 가장 많았고, 이어 이명박 대통령 22.5%, 언론 20%, 검찰 10% 순으로 나타났다고 했더군요.

언론 탓인가, 아님 여러 문제 뒤얽힌 결과인가

타사 보도에 대해 논평할 자격은 없지만… 여론조사 보도라는 점에서 참을 수 없었고 또 안타까운 마음에서 몇 가지 지적코자 합니다.

첫째, 노 전 대통령 서거의 가장 큰 책임이 언론에게 있다는 해석은 잘못입니다. 책임을 묻는 단수응답에선 '노 전 대통령 자신과 가족'이

31.6%로 가장 높았습니다. 복수응답을 기준으로 하더라도 '언론'(40.3%)과 '노 전 대통령 자신과 가족'(38.2%) 그리고 '이명박 대통령'(36.6%)에게 공동 책임이 있는 것으로 해석해야 합니다. "(네 가지) 문제가 뒤얽힌 결과로 받아들이고 있다는 얘기"라고 언급하면서 왜 "가장 큰 책임을 언론 탓"이라고 했는지 이해할 수 없군요.

둘째, 책임소재의 우선순위 파악이 목적이라면 단수응답을 기준으로 해야 합니다. 만약 2개의 복수응답을 선택하게 할 경우 '우선순위를 매기는 것'과 '그냥 두 개를 고르는 것'을 구별해야 합니다. 위의 복수응답 분석은 우선순위를 매겨 달라고 해놓고 (가중치 없이) 단순히 두 개를 선택한 것으로 처리했습니다. 1순위와 2순위는 강도强度, Intensity가 다릅니다. 그런 점을 고려해 가중치를 부여했다면 노 전 대통령 서거의 가장 큰 책임소재가 언론에게 있다는 분석이 나올 수 없을 것입니다.

사소한 것 같지만 이해하기 힘든 부분도 있더군요. 복수응답에 대한 해석 말입니다. 응답률에 차이가 있는데… 응답률 순위와 무관하게 '대통령—검찰—언론—노 전 대통령' 순으로 배치했습니다. 또 '검찰=밀어붙이기식 수사', '언론=무차별 보도'라고 해석하고 있으면서 '노 전 대통령 자신과 가족=사적인 문제', '이명박 대통령=정치적 이해관계'라고 표현했더군요. 검찰과 언론에 대해선 가혹하게, 노 전 대통령과 이 대통령에 대해선 호의적이어야 할 까닭이 있었을까요.

_ 2009.06.10.

한나라당 지지층도 미디어법 처리 반대?

3일 민주당은 여야 원내대표 간에 합의됐던 미디어법 처리 백지화를 선언했습니다. 노영민 대변인은 "그간 한나라당은 민주당의 여론조사 요구에 대해 미디어 관련법 전문성이 없기 때문에 국민을 상대로 한 여론조사의 의미가 없다는 명분으로 반대해 왔다"면서 언론인 81%, 언론학자 70%가 반대한 조사결과를 인용했습니다. (국민이 아니라) 전문성 있는 사람들이 반대한다는 거죠. 지난해 말 질문내용을 유도해 미디어법 반대 여론을 높였던 기자협회와 PD연합회가 이번에도 조사주체였습니다.

6월 임시국회에서 처리하기로 한 미디어법 합의를 하루아침에 백지화하는데 있어서 이 조사결과만으로 부족했나 봅니다. 그래서 만들어낸 국민 여론이 "한나라당 지지층까지 '충분한 논의 후 합의 처리해야'라고 답했다"는 조사결과입니다. 미디어오늘 보도에 의하면, 한국사회여론연구소(이하에선 KSOI로 표기) 윤희웅 정치사회조사팀장은 "민주당 지지층 이외에 한나라당 지지층에서도 '충분한 논의 후 합의 처리' 의견이 우세했다"며 "6월 임시국회에서 표결처리를 해야 한다고 밝힌 지지층이 43.1%였던 반면 '충분한 논의 후 합의 처리해야' 한다고 밝힌 지지층은 56.9%였다"고 말했답니다.

KSOI가 3일 내놓은 'Weekly Opinion'에 따르면 지난 1일 전국 19세 이상 성인남녀 1,000명을 대상으로 자동응답시스템ARS 조사를 실시한 결과, "신문방송 겸영을 골자로 하는 미디어법의 개정을 어떻게 해야 한다고 보느냐"는 질문에 대해 75.5%가 '반대 여론을 감안해 충분한 논의 후에 합의 처리해야 한다'고 응답했답니다. '합의한 대로 6월 임시국회에서 표결처리를 해야 한다'는 응답은 24.5%에 그쳤고요.

한국사회여론연구소, 민주당 산하 연구기관 역할 자임

KSOI의 전형적인 질문기법에 힘입은 왜곡된 조사결과라고 생각합니다. 미디어법 처리 관련 두 개의 응답 중 자신들이 선호하는 쪽에 바람직한 내용이 포함되도록 구성한 것입니다. 어떤 법안 처리든 "반대 여론을 감안"하는 것은 좋은 일입니다. 그렇지 않으면 반대 여론을 무시하는 것인데 동의할 수 있겠습니까. "충분히 논의를 하는 것" 역시 늘 바람직합니다. 이것을 선택하지 않으면 졸속 처리가 되는데 용납할 수 있겠습니까.

(양쪽 응답에 모두 포함된 '합의'란 표현을 빼고) "6월 임시국회에서 표결처리해야"란 무미건조한 응답과 비교하면 현격한 차이가 있습니다. 결국 당연하고 바람직한 방향으로 답변을 유도한 꼴입니다. 가령, 한나라당과 민주당 간의 합의를 강조하면서 표결처리 당위성을 강조하는 응답과 합의 위반을 부각하면서 다시 논의해야 한다는 응답 중에서 선택하도록 했다면 어떤 결과가 나왔을까요.

2003년 설립 이래 어느 한 쪽에 치우치지 않는 불편부당한 여론을 지향했고, 최근엔 "진보 보수 어느 세력이 봐도 그 자체로 받아들이도록 조사의 신뢰성을 더욱 높일 것"이라던 KSOI. 기대가 컸던 만큼 비판과 지적을 하면서도 성원을 아끼지 않던 곳이었습니다. 그런데 이제 노골적으로 민주당 산하 연구기관 역할을 자임하고 있군요. 민주당 산하에 민주정책연구원이 엄연히 있음에도 불구하고 말입니다.

_ 2009.06.04.

▌"0.6%포인트 앞선다"는 한나라당 ▌

노무현 전 대통령 서거 이후 정국 추이와 관련해 이명박 대통령 국정운영 및 정당 지지도 변화가 관심사로 떠오르고 있습니다. 특히 민주당 지지도가 한나라당을 추월했다는 뉴스가 화제입니다. 주초에 발표된 몇몇 여론조사에서 민주당이 오차범위를 넘어 한나라당을 앞선 것으로 나타났더군요.

31일 실시한 여의도연구소의 조사결과 인용이 이에 대한 한나라당의 반응입니다. 26.4%란 지지율로 민주당(25.8%)을 앞서고 있다는 것입니다(도대체 이게 앞선 수치입니까). 아직도 1위임을 자랑하고 싶었을까요. 아님 안도의 한숨일까요. 가령, 민주당이 0.6%포인트 앞선 것으로 나왔다면 어떤 반응을 보였을지 참으로 궁금합니다.

정국 수습방안을 내놔도 모자랄 판에 도토리 키 재기도 아니고… 지지율 역전이 그렇게 충격이었을까요. 대한민국 여당인 한나라당의 옹졸하고 구차한 모습이라니… 참으로 어이가 없습니다. 0.6%포인트 지지율 격차의 의미에 대한 설명은 생략하겠습니다. 여론이란 올랐다가 또 내렸다가 하는 것입니다. 너무 무시해도 곤란하지만 그렇다고 너무 의미를 부여할 필요도 없습니다.

지지율 넘어선 고민과 통찰 필요

노 전 대통령 서거 이후의 민심을 기꺼이 받아들이고 이에 성숙하게 대응하는 모습은 한나라당에게 있어서 지나친 기대였을까요. 지지율 역전과 관련해 큰 기대를 한 것은 아닙니다. 이 정도의 논평은 어땠을까요. "최근 한나라당과 민주당 지지율이 오차범위 내로 좁혀 졌습니다. 한나라당은 지지율이 하락한 대신 민주당은 상승했기 때 문입니다. 우리 당은 국민들의 지지를 회복하기 위해 뼈를 깎는 반성 과 쇄신에 나설 것을 약속드립니다."

중앙일보 6월 2일자 송호근 서울대 교수의 칼럼 마지막 부분입니 다. "그 생명공양의 대가로 우리는 한국 정치를 직조하는 '운명의 형식'에 대해 눈을 번쩍 뜨게 되는 것이다. 유별한 싸움꾼이자 독설가 였던 저돌적 정치인, 차별 없는 세상과 도덕정치를 꿈꿨던 통치자가 내몰렸던 마지막 벼랑, 그 벼랑에서 맞닥뜨렸던 운명이 어떤 것이었 는지를 사람들은 그를 묻고 돌아선 다음 들여다보기 시작했다."

한나라당 쇄신특위 등의 활동에 대해선 보도를 통해 알고 있습니 다. 그러나 적어도 지지율 논평은 아니더군요. 전임 대통령 유서의 화두 '운명이다'라는 마지막 구절이 응축하고 응시한 것을 들여다보 는데 있어 집권여당 한나라당은 마치 예외처럼 느껴졌습니다. 전혀 아닌데 말입니다. 당장의 지지율 오르내림을 넘어선 고민과 통찰. 너무 과한 요구인가요.

_ 2009.06.02.

쇼를 하거나… 당연하거나

요즘 기업하는 사람들이 특히 힘들다고 하더군요. 그래서 안면 있는 조사기관 사람을 만나면 "어렵지 않냐"고 인사를 건네곤 합니다. 그런데 여론조사기관, 그 중에서도 메이저급 조사기관은 "견딜 만하다"고 하더군요. 그래서일까요. 여전히 여론조사가 쏟아지고 있습니다.

매일같이 조사결과를 검색하면서 가끔 "이 조사는 왜 했을까"하고 의문이 들 때가 있습니다. 여론조사를 통해 자신의 입장이나 주장을 강화하고자 하는, 소위 '쇼를 하는' 경우가 있는가 하면, 너무 당연한 내용이라 조사를 하지 않더라도 충분히 결과가 예상되는 경우가 있기 때문이죠.

'자백'을 통한 쇼

#1. 한국사회여론연구소KSOI가 6일 1,000명을 대상으로 '청와대 행정관들의 성매매 파문'에 대해 ARS 방식으로 조사한 결과가 있더군요. '고위 권력기관의 심각한 기강 해이를 보여주는 사건' 80.0%, '청와대 직원들의 우발적 탈선이 빚어낸 사건' 10.8%였답니다.

조사 주체의 의도가 확연히 드러나고 있습니다. '청와대 행정관 성매매 파문'은 그 자체로 비난 받아 마땅합니다. 누가 봐도 용납할 수 없고 '우발적 탈선'으로 쉽게 관용할 수 없는 사안이죠. '고위 권력기관의 심각한 기강 해이'란 표현도 적절하고요. 현 정부의 문제점을 지적하고 싶은 쪽에선 이만한 호재가 없고 또 의미를 부여하고 싶었을 것입니다. 그 결과 예상한 수준의 수치가 나왔습니다.

뭐가 문제냐고요. 조사하기 전에 이미 예상된 여론은 여론이긴 하지만 여론이 아닙니다. 조사할 만한 사안이 아니거나 굳이 조사할 필요가 없기 때문이죠. 그럼에도 왜 KSOI가 이런 조사결과를 내놓았을까요. 최근 조직개편을 통해 새로 취임한 김미현 KSOI 소장이 한겨레와의 인터뷰에서 다음과 같이 말했더군요. "여론조사 공정성을 둘러싼 논란이 있어왔다. 진보 보수 어느 세력이 봐도 그 자체로 받아들이도록 조사의 신뢰성을 더욱 높일 것이다." 과연 청와대 행정관 성매매 파문 조사결과가 신뢰성 있는 조사로 받아들여질까요. 만약 향후 발표할 조사결과에서도 KSOI 정체성이 드러난다면 공정성 논란은 계속될 것입니다.

#2. MBC가 최근 코리아리서치센터KRC에 의뢰해 1,000명을 대상으로 조사한 결과에 의하면, "(광우병 보도) 담당 PD를 체포까지 한 것은 지나친 처사"라는 응답이 72.3%였다고 합니다.

#3. 민주당 산하 민주정책연구원이 1일 전주 덕진 지역민 639명을 대상으로 "정동영 전 장관을 전주 덕진구에 공천하지 않겠다는 결정을 한다면, 정 전 장관은 어떻게 해야 한다고 생각하느냐"고 물었습니다. '당 결정에 따라야 한다' 45.5%, '당 결정에 따를 필요가 없다' 37.2%였답니다.

'체포까지'란 표현에 대해 어떻게 생각하십니까. (조사는 할 수 있겠지만) "굳이 그렇게까지 할 필요가 있느냐"는 뜻을 담고 있습니다. 응답자를 끌어 모으기 위한 표현이죠. '지나친 처사' 역시 마찬가지입니다. 자신의 이해가 걸린 조사를 의뢰했는데… 그 이해에 어긋난 조사결과가 나올 가능성이 희박한 것은 어쩌면 당연하겠죠.

　정당 산하 연구기관이 내놓는 조사결과 역시 예외가 없습니다. 무소속으로 출마하더라도 정 전 장관을 찍겠다는 지역민이 훨씬 많은데… 어떻게 "당 결정을 따라야 한다"는 응답이 많이 나왔는지 이해하기 어렵습니다. 오마이뉴스가 전주 덕진구를 현장 취재한 기사에서도 민주정책연구원 조사결과를 이해할 수 없다고 썼더군요. 소위 '자뻑' 여론조사를 통해 쇼를 하고 있다고 봐야 합니다. 당장은 재미있다고 보고 있겠지만 나중엔 욕을 얻어먹겠죠.

당연한 질문에 당연한 결과

#4. 통일부가 리서치앤리서치R&R에 의뢰해 5일 1,000명을 대상으로 실시한 '북한 로켓 발사가 우리 경제에 미치는 영향' 조사결과입니다. '영향을 미친다' 70.9%(매우 큰 영향 18.4%, 다소 영향 52.5%), '영향을 미치지 않는다' 25.9%(별로 21.7%, 전혀 4.2%)였답니다.

#5. 한국갤럽이 지난달 24일 1,020명을 대상으로 WBCWorld Baseball Classic로 인한 행복 여부를 조사한 결과입니다. '행복하다' 72.9%, '그렇지 않다' 18.8%, 모름·무응답 8.3%로 나왔습니다.

　한 번 생각해 보십시오. 북한을 잘 모르고 우리 경제에 둔감한 국민에게 물었다고 합시다. 북한 로켓 발사가 우리 경제에 영향을 미친다고 할까요. 그렇지 않다고 대답할까요. 당연히 (나쁜 쪽으로) 영향을 미치는 쪽 아니겠습니까. 전쟁 상황까지 갈 수 있다고 생각하면 90% 이상의 국민이 영향을 미친다고 하겠죠. 그런데 얼마나 영향을 미칠지 아는 사람이 별로 없습니다. 그래서 70~75% 정도가 영향을 미친다고 한 것입니다.

WBC로 인한 행복 여부도 비슷합니다. 많은 국민이 시청했겠지만 안 본 사람도 있습니다. 좋은 게 좋다는 질문에 해당되기도 합니다. 굳이 행복하지 않다고 할 이유가 없습니다. 이런 질문은 대개 좋은 쪽과 나쁜 쪽 응답률이 7 : 3 아니면 8 : 2 구도로 나옵니다. 너무나 당연한 질문은 9 : 1이고요. 이런 경우는 갤럽 보도자료에도 나와 있지만, 독일 월드컵 때의 행복도 77.9%와 비슷하거나 조금 미치지 못했다는 분석이 오히려 의미가 있지 않을까요.

_ 2009.04.09.

KBS가 패널로 지지율 조사한 까닭

23일은 이명박 대통령 취임 1주년 여론조사 보도의 날이었습니다. 많은 신문과 방송이 동시에 출동해 국정수행 지지율 등을 발표했습니다. 이 중 특이한 것이 하나 있었는데, 바로 KBS-미디어리서치가 15~16일 실시해 이 날 발표한 여론조사입니다. 2007년 대선 국민패널 2,300명을 조사대상으로 했고 이 중 1,061명이 답했다고 하더군요 (이런 조사도 표본오차 표기가 가능한가요).

- 이 대통령 국정수행 지지도 36.3%
- 향후 대통령이 국정운영을 잘할 것 58.7%, 잘못할 것 38.4%
- 정당 지지도: 한나라당 43.8%, 민주당 18.4%, 지지 정당 없음(모름·무응답) 15.6%

우선 패널조사에 대해 언급해야겠습니다. 흔히 실시되는 1회성 전화여론조사('Ad hoc' 조사라고 하는데, '임시로' '특별한' 등의 뜻을 가진 라틴어입니다)와 달리 패널조사는 지지율을 측정하기에 부적합한 방식입니다. 일반 국민에 비해 정치적 관여도가 높은 사람들로 패널이 구성되고, 또 반복 조사를 통해 구성원들이 학습효과를 가지고 있기 때문이죠. 결국 대표성 결여로 인해 일반 국민을 대상으로 한 국정수행 및 정당 지지율과 다른 결과가 나올 수 있습니다.

패널조사는 변화 이유 파악 때 사용하는 방식

상당한 비용과 시간을 들여 실시되는 패널조사는 지지율 변화의 주체를 구분하고 그 이유를 파악 대응하는데 유용한 방식입니다. 가령, 이 대통령 지지 여부가 바뀐 사람(대선 때 대통령을 지지했다가 지금은 지지하지 않는 사람과 당시엔 지지하지 않았다가 현재 지지하는 사람 등)을 구별해 내고 왜 그렇게 변화했는지 알아낼 수 있습니다.

취임 1주년 여론조사를 통해 KBS가 패널의 이런 특성을 살린 흔적은 발견할 수 없더군요. 오히려 일반 국민의 그것과 다를 수밖에 없는 국정운영 및 정당 지지율만 발표하고 있습니다. 1회성 전화여론조사를 실시한 취임 100일 때(29.0%)와 비교해 지지율이 상승했다는 것도 문제가 있고, "고연령층과 영남 보수층 상승폭이 상대적으로 높아 지난 대선 때 이 대통령 지지층이 결집하는 양상을 나타냈다"는 분석도 잘못된 근거에 바탕하고 있습니다.

타당성 없는 조사방식을 채택하다보니 엉뚱한 결과가 나오기도 합니다. 패널조사 응답률 46.1%를 어떻게 이해해야 할까요. 과문한 탓일 수 있지만, 지금까지 제가 관찰한 패널조사에서 이런 유지율은 처음 봅니다. 적어도 80% 이상의 패널 유지율을 지녀야만 하는 것으로 알고 있습니다.

결론적으로 대통령 취임 1주년 여론조사를 패널로 실시할 이유가 딱히 없었다고 봅니다. 그렇다면 왜 했을까요. 공영방송 KBS가 비정상적인 여론조사를 실시할 수밖에 없었던 말 못할 고충이 있었을까요. 그냥 추정할 뿐입니다만… 패널 응답자의 특성을 고려했다는 의심이 듭니다. 대선 당시의 응답경향을 살펴봤을 것이고 패널 중 어떤 사람이 탈락할 것인가도 고려했겠죠.

한나라당 지지율 43.8%는 '무당파' 낮았기 때문

조사방식을 바꾸면서까지 애를 썼는데… 결과가 그저 그렇군요.

각 언론에서 발표된 국정수행 지지율이 32~34%였는데, 겨우 2~4%
포인트 올려놨을 뿐입니다. 지지율이 30%대 초반에 그치고 있는데,
앞으로 잘할 것이란 전망이 58.7%면 이게 높다고 안심할 수 있는
수치입니까. 또 한나라당(43.8%)과 민주당(18.4%) 지지율이 동반
상승했다고 오해하는 일이 없었으면 합니다. '무당파'가 15.6%로 턱
없이 낮았기 때문에 나타난 특이한 결과일 뿐입니다.

지금까지 '국민의 방송', '가장 영향력 높은 언론', '신뢰도 1위'를
자랑하는 KBS가 어제 발표한 대통령 취임 1주년 여론조사에 대해
말씀드렸습니다.

_ 2009.02.24.

‘무법국회’ 꾸짖어야 하지만

"수탉이 매일 아침 울고 나면 그 다음에 해가 솟는다. 그렇다고 자신이 울기 때문에 해가 솟아오른다고 믿는다면 그것은 대단히 잘못된 생각이다. 즉 인과관계와 상관관계를 혼동한 것이다. 또 스칸디나비아 도시에 대한 한 연구에서 황새 숫자와 그 도시의 유아 출생률이 연관되어 있는 것으로 나타났다. 황새가 많이 있는 도시에서는 출생률이 높았고 반대로 황새가 적은 곳에선 출생률이 낮았다. 그렇다고 황새와 출생률 사이에 인과관계가 있다고 할 수 있을까."

〈여론조사 보도와 실제〉(한국언론재단, 1995)에 나와 있는 내용 중 일부를 옮겨 적었습니다. 인과관계에 대한 언급이나 주장을 아무 생각 없이 보도하는 경우가 가끔 있는데… 그런 일이 발생하지 않도록 당부할 때 흔히 인용되는 사례입니다.

상관관계를 인과관계로 오해하지 않으려면

‘무법국회 싸우는 사이 서민들은 전과자 됐다.’ 7일자 주요 일간지 1면 톱기사의 제목입니다. 현재 국회엔 서민과 자영업자들이 범하기 쉬운 경미한 생계형 법 위반 행위 151건에 대해 처벌 수위를 낮춰주는 법 개정안 93건이 제출되어 있다고 합니다. 국회가 파행되지 않았다면 가벼운 처벌로 끝났을 텐데 처리가 지연되어 선의의 전과자가 양산되고 있답니다. 국회 다툼을 막연하게 꾸짖는 기사가 많은데…

차별화된 괜찮은 기사라고 생각합니다.

그런데 제목이 문제입니다. (명백히 적시하지 않았지만) 국회 싸움 때문에 전과자가 늘었다는, 즉 인과관계를 상정하고 있습니다. 국회가 정상 운영되어 법 개정안이 통과되었다면 선의의 전과자가 줄었을 것이란 내용이니까요.

그러나 국회 파행이 전과자 양산의 원인이라고 어떻게 증명할 수 있습니까. 국회가 정상 운영되면 서민 전과자가 줄어들까요(개정안 통과로 인해 일시적으로 그럴 순 있겠죠). 서민들이 전과자나 범죄자가 되는 이유는 생물학적 심리적 가정적 원인에서부터 정치사회적 경제적 원인에 이르기까지 매우 다양합니다. 최근엔 경제문제가 주요 원인 아닐까요.

국회 싸움이 전과자 증가 원인이 되기 위해선 다른 요인을 통제한 상태에서 인과관계 여부에 대한 실험적 연구가 이루어져야 합니다. 그런 학술적 과정을 거쳐 상관 혹은 인과관계 기사를 쓸 수야 없겠죠. 당장은 〈여론조사 보도와 실제〉에서 언급하고 있듯이 기사 작성자가 조심하는 방법 밖에 없을 것 같습니다. 인과관계로 오인되지 않도록 제목이나 기사의 문장 표현 때 최대한 신중을 기해야겠죠. '무법국회'를 꾸짖을 수 있겠지만 그것이 모든 사태의 유일 원인은 아니지 않습니까.

_ 2009.01.07.

▮신문방송 겸영 반대 유도하는 방법▮

질문지 작성자에게 들려주는 경구 중 "아 다르고 어 다르다"는 말이 있습니다. 조사결과에 영향을 줄 수 있기 때문에 단어 하나도 신중하게 골라 써야 한다는 주문입니다. 그런 점에서 한국기자협회 등이 한길리서치에 의뢰해 18~20일 실시한 '언론 현안에 대한 국민 여론조사' 질문내용은 문제점이 적지 않습니다.

"조선 중앙 동아 등 신문이 KBS MBC와 같은 방송사를 소유하고 방송뉴스까지 하도록 허용하는 것에 대해 어떻게 생각하십니까?"

신문사의 방송 겸영 찬반을 묻고 있는데, 반대를 이끌어내기 위해 애쓴 흔적이 너무 노골적입니다. 우선, "조선 중앙 동아"라는 특정 신문만 굳이 언급한 것을 지적할 수 있습니다. 응답자들이 우리나라에 어떤 신문이 있는지 모를 때 사용하는 질문형태입니다. 질문내용과 관계없이 '조중동'이란 단어를 통해 반대를 유도하고 있습니다. '조중동' 말고 방송을 겸영할 만한 신문사가 없다는 것은 조사자의 주관적 판단일 뿐이고요.

"KBS MBC와 같은 방송사"란 언급은 마치 공영방송 KBS까지 소유하고자 한다는 부정적 인식을 심어주고 있습니다. 공영방송 형태를 띠고 있으면서 실제론 민영방송처럼 운영되고 있는 MBC라면 몰라도… KBS까지 소유해 방송뉴스를 독점하는 것은 너무하다는 느낌을 주기 위해서입니다. 스크린쿼터 '축소'를 마치 '폐지' 법안처럼 질문해 반대를 유도하는 것과 다를 바 없습니다.

"방송뉴스까지"란 표현도 잘못입니다. 신문, 다시 말해 조중동의 욕심이 과하다는 인상을 심어주고 있습니다. 방송사를 소유하고자 하는 것도 나쁜데, 방송뉴스까지 하는 것을 어떻게 허용할 수 있겠느냐는 것이죠. 어디 방송뉴스만 문제겠습니까. 시사기획물, 토론 프로그램에다 다큐멘터리까지 질문내용에 포함시키지 그랬습니까….

제대로 조사해야 여론

민감하고 첨예한 이슈일수록 부연 설명을 최소화하고 가급적 평이한 문장을 사용해야 합니다. "신문사가 방송을 함께 운영할 수 있도록 하는 (한나라당의 미디어 관련) 법안에 대해 어떻게 생각하십니까"라고 물어보면 충분하지 않을까요. 신문사라고 하면 조중동을 먼저 생각할 것입니다. 방송이라고 하면 KBS MBC SBS를 먼저 떠올릴 것이고요. 방송을 함께 운영하면 뉴스뿐 아니라 여러 프로그램을 방영할 수 있지 않습니까.

누가 조사를 하더라도 신문방송 겸영에 대해선 반대가 더 많을 것 같습니다. 그러나 한국기자협회 등이 의뢰하고 한길리서치가 실시한 여론조사처럼 찬반 응답(찬성 18.4%, 반대 63.1%)이 3.4배까지 차이가 날 순 없다고 봅니다. 그냥 반대가 더 많다는 것과 보다 정확한 조사를 통해 실제에 가깝게 찬반 비율을 보도하는 것은 명백히 다르겠죠. 아무나 또 아무렇게나 조사해서 그것을 여론이라고 할 순 없지 않겠습니까.

_ 2008.12.26.

▎4년 전엔 고건, 지금은 반기문▎

2004년 9월 고건 전 총리가 차기 대통령 선호도에서 1위를 차지한 조사결과가 보도됐습니다. 노무현 전 대통령 탄핵 파동으로 인해 정치권에 대한 불신이 매우 높았을 때였죠. 대통령 권한 대행을 무사히 끝낸 뒤 일선에서 물러나 있었기 때문에 정치권의 차기 후보들에 비해 신선하고 믿음을 주는 후보였습니다.

한국언론인연합회와 (사)한국여성유권자연맹이 의뢰하고 비전코리아라는 곳이 18일 실시한 여론조사가 화제입니다. 반기문 유엔 사무총장(21%)이 차기 대통령 적합도에서 박근혜 전 한나라당 대표(35%)에 이어 2위를 차지했기 때문입니다. 4년 전과 마찬가지로 정치권에 대한 불신이 높은 시기에 발표된 여론조사라 느낌이 남다르군요.

'2위 반기문'의 한계와 우려

어떤 여론조사든 부족한 부분이 있습니다. 조사결과 보고서를 보면 '컴퓨터를 이용한 전화면접'이라고 되어 있는데, ARS자동응답시스템로 실시한 것입니다. 그 결과 표본 구성이 상당히 훼손되어 있는 등 ARS 조사의 문제점이 고스란히 드러나 있더군요. 20~30대는 실제보다 비중이 작은 반면 50~60대 이상은 훨씬 많았습니다. 직업에선 자영업과 무직 및 기타가 상대적으로 많았고요. 게다가 오후 6시 이전 응답자가 전체 900명 중 766명으로 85%에 달했습니다. 저녁에 집중적으로 조사가 이루어져야 하는데, 겨우 134명만 6시 이후에 응답했답니다.

4년 전 조사 때는 정치권 후보가 너무 많이 포함되어 문제였습니다. 정치권 인사 30여명을 후보에 포함시켰습니다. 그런데 이번 조사에선 너무 적은 후보를 대상으로 했습니다. 가나다 순으로 박근혜 반기문 이회창 정동영 정몽준 5명만 제시했더군요. 어떤 기준으로 이들만 포함시켰는지 궁금합니다. 응답이 예상되는 모든 후보를 항목에 포함시켜야 한다는 '응답의 포괄성'을 명백히 위배하고 있습니다(후보를 모두 열거하기 곤란할 경우 '기타'라는 항목을 넣어야 합니다).

반 총장은 앞으로 차기 대선후보 지지도를 묻는 여론조사에 계속 포함될 것입니다. 고 전 총리처럼 지지도 상위를 오르내리겠죠. 유엔 사무총장은 대개 연임을 하기 때문에 차기 대선에 출마하기 힘들 것이란 얘기에서부터 본인 의지나 주변 인사들의 얘기를 보도하는 기사가 나올 것입니다. 심지어 '반 총장 사람'을 자처하는 정치권 인사가 나타날 수도 있고요. 한국언론인연합회와 (사)한국여성유권자연맹 그리고 비전코리아가 평소 어떤 활동을 하는 곳인지 잘 모르겠습니다. 당연히 반 총장과 무관한 곳이겠죠. 그러나 이들 세 기관이 '차기 대선후보 반기문'에 기여한 것은 분명합니다.

사람의 일을 어떻게 알 수 있겠습니까. 반 총장이 후보를 넘어서는 상황이 전개될지 말입니다. 그러나 지금 당장은 이번 조사결과 때문에 반 총장이 피해를 입거나 활동을 방해받는 일이 없었으면 좋겠습니다. (한 때 어떤 기대를 가졌는지 모르겠지만) 고 전 총리의 경우도 결과적으로 피해자 아니겠습니까. 괜한 여론조사 때문에 말입니다.

_ 2008.12.22.

‖ '무당파 58%'에 대한 다른 해석 ‖

최근 발표된 모 신문사 여론조사가 화제입니다. 지지 정당을 물었더니 기존 정당 대신 "없다"고 답한 비율이 56.3%에 달했다고 합니다. 우리 국민 10명 중 5~6명이 소위 '무당파無黨派'인 셈입니다. 또한 MB 정부 1년 동안 우리나라 민주주의가 후퇴했다는 응답이 63.3%, 진전됐다는 응답이 29.3%였답니다. 조사결과만 보면 어떤 신문사가 발표한 것인지 대략 맞출 수 있겠죠.

정치권에 대한 불신이 매우 높아졌음을 실증적으로 보여주고 있습니다. 이명박 대통령을 비롯해 한나라당(20.1%), 민주당(9.4%) 등 정치권 전반에 대한 실망에다 최근의 경제위기로 인해 바닥 민심이 나빠졌기 때문이겠죠. 정치 현상에 대한 분석은 생략하고 여론조사 측면에서만 한두 가지 말씀드리겠습니다.

결론적으로 무당파 56%가 과하다는 생각입니다. 앞서 언급했듯이 정치권에 대한 불신이 혐오 수준에 이르렀다는 점에 대해선 충분히 공감합니다. 그러나 최근 실시된 여론조사에서 나타난 '지지 정당 없음' 혹은 '무응답', 즉 무당파 비율은 대략 20~30% 내외입니다.

무당파 비율이 두 배 이상 차이가 난 가장 큰 이유는 조사방법 때문일 것입니다. 정당 지지 여부를 그냥 한 번 물어보는 것과 '없음 혹은 무응답'을 대상으로 "조금이라도 더 선호하는 정당을 말씀해 달라"고 간곡히 부탁하는 것엔 커다란 차이가 있습니다. 장담컨대 지지 정당이 없다거나 무응답자를 대상으로 1~2회 추가질문을 했다면 무당파가 56%까지 나올 수 없다고 봅니다(정당 지지도의 추가질문 여부에 대해선 별도 논의가 필요할 것입니다). 아시다시피 무당파가 줄어들면 각 정당 지지도가 올라가고 무당파가 늘어나면 지지도가 떨어집니다.

진실은 많은 여론조사들 사이에

민주주의 진전 혹은 후퇴 여부에 대해서도 다른 해석이 가능합니다. 과연 응답자들이 어떤 측면을 고려해 평가했을까요. '민주주의 진전 혹은 후퇴'라는 개념을 쉽게 평가할 수 있는 수준으로 끌어내려 (학술적 용어로 '조작화'라고 합니다) 응답할 수 있도록 해야 합니다.

조사결과를 살펴보면 '언론자유' '인권' '사회적 평등' '시민권리' 등이 하위요소였는데, 민주주의 진전 혹은 후퇴를 평가하는 요소로 얼마나 적절할까요. 민주주의가 진전되었다고 응답한 사람들은 어떤 점에서 그렇게 평가했을까요. 제 생각엔 민주주의 진전 혹은 후퇴 여부는 0을 중심으로 한 양방향 평가가 아니라 0에서 출발한 일방향 평가가 더 적합한 질문방식이었다고 봅니다. 가령, MB 정부 출범 이전엔 민주주의 진전 정도가 80점이었는데 출범 이후 50점 이하로 크게 떨어졌다고 말입니다. 민주주의 진전(29.3%) 혹은 후퇴(63.3%) 응답률이 MB 국정수행 혹은 MB 정부에 대한 지지도 조사결과와 비슷한 것은 우연일까요.

진실은 어느 하나의 여론조사에만 있는 것이 아닙니다. 결국 많은 여론조사 사이에 진실이 있다는 얘기죠. '무당파 56%'와 '민주주의 후퇴 63%'라는 조사결과가 관심을 끌고 있지만, 진실이 아닐 가능성이 훨씬 많습니다. 다른 조사결과도 마찬가지고요.

_ 2008.12.16.

▮국감에 등장한 '자백' 여론조사 ▮

 '국정감사'라는 말을 들으면 어떤 생각이 떠오릅니까. 장관 등 공무원을 상대로 일방적 주장과 호통이 난무하고 이에 질세라 답변자까지 덩달아 핏대를 올리고… 기존 국정감사의 특징 중 하나였죠. 기자들의 얘기를 들어보면 요즘도 그런 행태가 상당 부분 남아 있다고 합니다.

 국감에서 여론조사가 등장한 것은 그런 점에서 신선한 측면이 있습니다. 과학적 방법에 의해 만들어진 객관적 자료를 토대로 생산적 논의가 가능하기 때문이죠. 그러나 입맛에 맞는 유리한 조사결과를 생산해 자신의 질의나 주장을 합리화하는 것까지 평가할 순 없겠죠. 그런 여론조사는 '일방적 주장과 호통'에 봉사하는 들러리에 불과할 뿐입니다.

 #1. "서울 강남북 격차 더욱 커질 것"
 민주당 최규식 의원이 한국사회여론연구소KSOI에 의뢰해 29세 이상 서울시민 700명을 대상으로 조사를 실시했습니다. 조사결과를 토대로 최 의원은 "대다수 시민과 도시 균형발전을 위해, 서울시는 정부에 종부세 개편안 철회를 요청해야 한다"고 주장했답니다. 앞으로 강남북 격차가 더욱 커질 것으로 우려하고 있는 서울시민이 많다는 것을 근거로 댔습니다.

그런데 조사결과를 살펴보니 '더욱 커질 것' 36.5%, '줄어들 것' 20%, '현재와 비슷할 것' 42%였습니다. 강남북 격차가 줄어들 것이란 응답에 비해 더욱 커질 것이란 의견이 더 많긴 하지만, 그런 의견은 전체 서울시민 중 37%에 그치고 있습니다. 강남북 격차가 현재 수준과 비슷할 것이란 응답이 더 커질 것이란 응답보다 더 많았고요.

#2. "종부세 강화해야" 84%

민주당 이용섭 의원이 경실련과 함께 한길리서치에 의뢰해 1,000명 대상으로 조사한 것을 볼까요. "부동산을 많이 소유한 사람에게 더 많은 세금을 내는 방향으로 가야 한다"는데 대해 의견을 물었습니다. 소위 '사회적으로 바람직한 방향Social Desirability'을 묻는 질문입니다.

응답자 대다수는 부동산을 많이 소유하고 있는 사람들이 아닙니다. 이들은 부동산 과다 소유자가 세금을 더 많이 내는 것에 대해 전혀 부담을 느끼지 않을 것입니다. 부동산을 많이 소유한 부자가 세금을 좀 더 내는 것이 한편으로 당연하다는 생각도 했겠죠. 그 결과 그런 방향에 대해 83.7%가 찬성했습니다. 반대는 12.9%에 그쳤고요. 결과적으로 응답을 유도한 측면이 있다고 봐야 합니다.

#3. "MB 등장 후 교육환경 나빠져"

민주노동당 권영길 의원이 KSOI에 의뢰해 서울지역 30~54세 학부모 800명을 대상으로 조사한 결과입니다. 이 정부 등장 이후 교육환경 변화에 대해 질문한 결과 응답자 60.2%가 "부정적으로 변했다"고 답했답니다. 긍정적으로 변했다는 의견은 29.4%였고요. MB 취임이래 7개월 동안 우리 교육환경이 구체적으로 어떻게 변화되었습니까. 이처럼 짧은 기간 동안 교육환경 변화가 가능하기는 한 것인가요. 학부모들은 과연 그런 변화상을 얼마나 알고 응답했을까요. 겨우 서울시교육감 선거가 실시되었을 뿐 아닌가요. 결국 교육환경 변화를 물은 것이 아니라 MB 지지 여부를 물어본 꼴입니다.

#4. "사이버모욕죄 2배 이상 여론 지지"

한나라당 홍준표 원내대표가 여의도연구소 조사결과를 인용했습니다. 사이버모욕죄 도입에 대해 60.7%가 찬성한데 비해 반대는 29%에 그쳤다고 합니다. 또 인터넷 실명제 강화에 대해서도 59.5%가 찬성했다고 합니다. '모욕죄 도입' '실명제 강화' 등은 단어 자체가 주는 선입관 때문에 질문을 신중하게 해야 합니다. 질문에 따라 응답 결과가 달리 나올 수 있기 때문이죠. '팔이 안으로 굽는' 한나라당 부설 연구소에서 조사했기 때문에 어떤 방식으로 질문했는지 알 수도 없습니다.

#5. "대구시민은 행복해"… 7대 도시 주거행복지수 조사

한나라당 장제원 의원이 KSOI에 의뢰한 서울과 6대 광역시 주거만족도 여론조사는 상식적으로 납득하기 어려운 결과를 보여주고 있습니다. 지역내총생산GRDP 1위인 울산이 주거행복지수가 가장 낮고, GRDP 최하위인 대구의 주거만족도가 가장 높았다고 합니다. 공교육을 포함한 교육여건 만족도에서 부산이 1위라는 것도 전혀 이해할 수 없습니다. 부산 사상구 출신 장 의원이 조사를 의뢰했기 때문에 부산의 주거만족도가 높으면 곤란했을까요. 그는 "시민들이 불만족스럽게 생각하는 부문을 우선적으로 정책 반영토록 노력하겠다"고 했답니다.

적지 않은 돈을 들여 실시한 여론조사가 조사주체에게 유리하게 나오지 않으면 오히려 이상하겠죠. 누가 자신에게 불리한 그런 조사를 하겠습니까. 그러나 아무리 그렇다 하더라도 자기 자신의 조사결과에 취해 정신을 못 차리는 일은 지양되어야 하지 않을까요. 소위

'자뻑' 여론조사 말입니다. 네이버 국어사전에 이렇게 나와 있더군요. "스스로 '自'라는 한자와 강렬한 자극으로 정신을 못 차린다는 의미의 속어 '뻑'이 합성된 신조어. 자기 자신에게 도취되어 정신을 못 차린다 혹은 제 정신이 아니다는 의미로 사용된다."

기왕 여론조사를 실시해 활용키로 했으면 제대로 하라는 말씀을 드리고 싶습니다. 그렇지 않으면 차라리 안 하는 것이 낫겠죠. '여론조사란 늘 조사주체에게 유리한 것'이란 잘못된 선입견으로 인한 폐해가 만연하는 상황에 기여한 인물로 기억되지 않으려면 말입니다.

_ 2008.10.09.

▌여론조사 기사 늘리기 혹은 과잉 친절▌

 CBS 노컷뉴스가 리얼미터 조사결과(8.26~27, 700명)를 토대로 여론조사 기사를 작성 보도했습니다. 이명박 대통령의 국정수행과 정당 지지율을 다루고 있더군요. 대통령 지지율의 경우 지난주에 비해 6.1%포인트 떨어진 29.1%를 기록했다고 합니다.

 그런데 지지율만으로 기사가 부족했는지 아니면 계층별 분석이 필요하다고 생각했는지… 표본 수가 적은 지역별 지지율 수치에 대해 의미를 부여하고 있더군요. "지역별로는 전북(26.0%p)과 대전·충청(21.8%p)에서 지지율이 큰 폭으로 하락했다"고 썼습니다. 보통 전국 표본의 10%가량인 광주·전남·전북을 합쳐서 지역별 분석을 하는데, 굳이 전북을 분리해 보여줄 필요가 있었을까요. 참고로 전북 표본은 700명 중 3.8%, 즉 27명쯤입니다.

 게다가 종교는 물어보지도 않았는데, (대통령 지지율 하락 이유로) "불교 지지층 이탈한 듯"이란 제목을 달았더군요. '올림픽 효과'가 사라졌기 때문이라고 덧붙이면 더 그럴듯하지 않습니까. 가령, 지난주와 비슷한 지지율이 나왔으면 "불교 시위에도 불구하고… 혹은 올림픽 효과 건재"라고 기사를 썼을까요. 아무런 근거도 없이 지지율 증감 이유를 이렇게 편하게 써도 되는 건지 모르겠습니다.

계층별 지지율 보도 가급적 자제해야

대통령 국정수행과 정당 지지율을 다루고 있는 정기 여론조사는 그 자체로 매우 의미 있는 작업입니다. 현재 한국사회여론연구소 KSOI, 리얼미터, 리서치앤리서치R&R 등이 매주 혹은 매월 단위로 정기 여론조사 결과를 내놓고 있습니다(청와대나 정당에서도 정기 여론조사를 실시하고 있지만 공표하지 않고 있습니다. 자신들에게 유리한 조사결과가 나올 경우 예외도 있습니다만).

보도하는 입장에서 지지율 조사결과가 마냥 기사거리는 아닙니다. 특히 이전 조사와 비교해 지지율이 정체 상태일 경우 기사 작성 및 보도가 여의치 않습니다. 그래서 일단 기자들은 지지율이 크게 오르거나 내리는 것을 환영합니다. 그래야 소위 '얘기'가 되니까요. 그렇지 않을 경우엔 어떻게 할까요. 가장 수월한 방법으로 계층별 지지율 증감에 관심을 가집니다.

거의 매주 조사결과를 발표하는 한국사회여론연구소는 친절하게도 계층별 지지율과 이에 대한 분석을 제공하고 있습니다. 연구소가 발간하는 '오피니언포커스Weekly Opinion Focus'에 '계층별 국정운영 지지도 추이 분석'이란 이름으로 해당 조사결과표를 게재하고 있습니다. 가장 최근의 지역별 지지도(긍정평가) 증감 추이를 예로 들겠습니다.

	8.12 ⇒ 8.19	8.19 ⇒ 8.25
서울	−2.6	9.2
인천 · 경기	6.2	3.0
대전 · 충청	1.9	−1.9
광주 · 전라	3.9	−1.6
대구 · 경북	−8.4	12.8
부산 · 울산 · 경남	0.3	4.2
강원 · 제주	13.0	−4.2

한 번 살펴보십시오. 적당한 '먹잇감'이 보일 것입니다. 우선 대구·경북의 국정수행 지지율 증감이 좋은 기사거리가 되겠죠. 8월 19일 1주일 만에 8.4%포인트 지지율이 하락했다가 25일 다시 12.8%포인트 상승했으니까요. 도대체 대구·경북에서 무슨 일이 있었길래 1주일 간격으로 이런 지지율 증감이 나타났을까요. 13.0%포인트 올랐다가 4.2%포인트 떨어진 강원·제주, 2.6%포인트 내렸다가 9.2%포인트 오른 서울 역시 마찬가지입니다.

지역별 분석은 표본 수가 적기 때문에 1주일 단위로 지지율 부침이 빈번할 뿐 아니라 수치 증감이 크게 나타날 가능성이 있습니다. 물론 실제 변화 여부에 대해선 아무도 장담할 수 없겠죠. 그러나 상식적으로 납득하기 어려운 지지율 추이가 나타날 수 있기 때문에 가급적 자제해야 한다는 것입니다. 조사결과대로 기사를 작성했을 뿐이라고 하면 달리 할 말은 없지만 말입니다.

_ 2008.08.29.

정연주 KBS 사장과 여론조사

KBS 정연주 사장의 진퇴를 놓고 열띤 공방전이 벌어지고 있습니다. 감사원의 해임 요구 결정에 대해 정 사장은 6일 사퇴 의사가 없음을 거듭 밝혔다고 합니다. 아시다시피 정 사장 해임 여부에는 KBS 안팎 언론계, 보수-진보 진영, 여야 정치권 등의 첨예한 이해가 걸려 있습니다. 정 사장 경영 성과를 둘러싼 이들 간의 논리 대결역시 치열합니다. 여기에 여론조사 결과도 한 몫 하고 있고요.

어제 정 사장은 취임 이래 5년간 KBS가 언론사 중 영향력과 신뢰도에서 줄곧 1위였다는 조사결과를 내세웠습니다. 정 사장을 해임해야 한다는 쪽에선 2006년 KBS 노조가 내부 구성원을 대상으로 사장연임 여부를 물었을 때 82.4%가 반대했다는 조사결과를 인용했더군요. 두 가지 여론조사에 특별히 문제가 있다는 것이 아닙니다. 어떤 여론조사든 나름의 한계가 있기 때문에 해당 수치를 너무 절대화해선 곤란하다는 말씀을 드리고 싶습니다.

KBS가 1위라는 결과만 하더라도 언론사 중 예산과 인력 측면에서 가장 규모가 크고 잘 알려져 있는 곳이란 의미에 가깝습니다. 긍정적 측면 대신 부정적 측면이 우세한 곳, 가령 규모에 비해 역할을 제대로 수행하지 못하고 있는 언론사 1위도 KBS가 차지할 수 있다는 거죠. 가장 좋아하는 정치인과 가장 싫어하는 정치인이 동일 인물일 가능성이 높고, 또 가장 좋아하는 정치인 톱10과 가장 싫어하는 정치인

톱10 중 7~8명이 동일 인물인 것과 비슷한 이치입니다.

KBS 노조의 여론조사 역시 한계가 있습니다. 그들의 조사결과는 대개 노조 집행부 입장과 비슷합니다. 수신료는 올려야 한다는 입장이고, 부당한 외압에 대해선 단호히 대응해야 한다는 조사결과를 발표하곤 합니다. 2006년 정 사장 연임 여부에 대한 압도적 반대는 노조 혹은 KBS 내부의 어떤 사정에 기인했을 것입니다. 지금은 또 다른 사연으로 인해 정 사장 해임에 대한 반대가 높을 수도 있겠죠.

여론조사 결과만으로 판단해선 안 돼

여론조사를 자주 실시하고 이를 활용하는 것은 언제나 권장되어야 마땅합니다. 그러나 어디까지나 참고사항일 뿐입니다. 여론조사 결과 때문에 해임해야 한다거나 그것 때문에 해임이 곤란하다는 것은 억지입니다. 가끔 언급했듯이 여론조사를 둘러싼 전후맥락을 두루 살펴서 결정을 내려야 합니다. 다음은 요즘 읽고 있는 〈A Journalist's Guide to Public Opinion Polls〉(1994, 15장, p.111-118)에 나와 있는 내용 중 일부를 옮겨 적은 것입니다. 각 문장 속에 담긴 맥락을 음미하시기 바랍니다.

All polls are not done equally well.
All poll results are not equally accurate.

Text, without context, is pretext.
Public opinion surveys do not stand alone.

_ 2008.08.07.

▮민주당 27.3%와 '지지 정당 없음' 응답률▮

민주당이 실로 오랜 만에 30%에 가까운 지지율을 나타냈다고 합니다. 이처럼 높은 지지율을 기록한 것이 2년 전쯤 되었다는군요. "국회에서의 긴급 현안 질의와 국정조사 특위를 통해 정부 실정을 강하게 문책하는 등의 활약과 정세균 대표 체제가 안정화된데 따른 것"이란 그럴 듯한 분석도 곁들이고 있습니다.

특정 정당의 지지율 높낮이를 제대로 파악하기 위해선 지지율 추이와 함께 '무당파 혹은 지지 정당 없음'을 포함한 다른 정당의 지지율도 함께 살펴야 합니다. 그리고 동일한 조사결과가 적어도 2~3회 정도 비슷하게 반복되어야 설득력을 가질 수 있습니다. 리얼미터의 22~23일 여론조사에서 나타난 정당 지지율은 다음과 같습니다.

(단위: %)

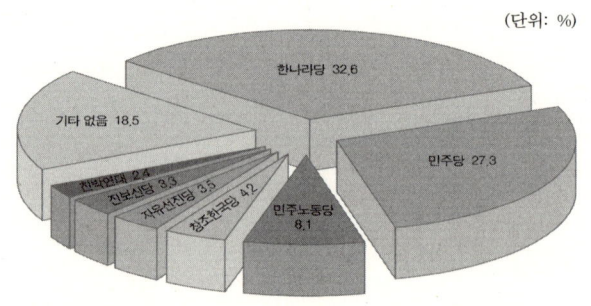

언뜻 봐선 다른 여론조사 결과와 비슷해 보이지만, '지지 정당 없

음'(이하에선 '무당파'로 표기)에 해당하는 '기타 없음' 응답률이 다른 조사에 비해 상당히 낮습니다. 7월 중순에 실시된 4개 언론사 조사결과에서 나타난 민주당 지지율과 무당파 응답률은 다음과 같습니다.

(단위: %)

	민주당	지지 정당 없음
중앙일보	12.9	38.2
한겨레	14.3	34.8
문화일보	14.2	40.6
서울신문	14.7	31.6

다른 조사에 비해 '무당파' 응답 너무 낮다

물론 서로 다른 조사결과를 1 : 1로 직접 비교할 순 없습니다. 그러나 리얼미터와 4개 언론사 조사결과에 너무 현격한 차이가 있습니다. 민주당 지지율은 대략 12~15%포인트 높아진 대신 무당파는 13~22%포인트 낮아졌습니다. 어떤 여론조사가 더 정확하다는 얘기를 하는 것이 아닙니다. 민주당 지지율이 높아질 수 있습니다. 무당파 응답 역시 줄어들 수 있고요. 단지 최근의 정치 상황을 고려할 때 무당파가 너무 적다는 느낌을 받습니다. 최소한 30%는 될 것으로 보고 있습니다. 정치 상황과 조사결과를 지속적으로 관찰하고 있는 입장에서 말입니다. 참고로, 한겨레 여론조사의 경우 정당 지지도를 묻는 최초 질문에선 '지지 정당 없음'이 55.3%였습니다. 이때의 민주당 지지율은 9.1%였고요.

조사방법 차이로 인해 그럴 수도 있겠지만 20% 이하로 나타난 무당파 응답률은 납득하기 어렵습니다. 민주당 지지율 27.3%는 이런 관점과 한계 내에서 수용되어야 할 것입니다. 그런 점에서 "지지율이 올라도 너무 튀지 말자"는 민주당 분위기는 오히려 당연해 보이는군요.

_ 2008.07.27.

▎MBC가 신뢰하는 한겨레의 '촛불민심' 모르쇠▎

MBC 시사보도 프로그램 '뉴스후'가 5일 저녁 '조중동 대 네티즌'이란 보도를 내보냈습니다. 제목에서 알 수 있듯이 방송내용 대부분을 조중동과 네티즌 편가르기에 할애하고 있습니다. 네티즌 쪽에 서 있는 MBC 입장에선 조중동을 반대하면 모두 자기편이고 또 선善으로 보는 것 같습니다. 가령, 조중동 여론조사와 대비되는 한겨레신문 여론조사가 그렇습니다.

'뉴스후'에 의하면, 중앙SUNDAY 6월 22일 조사에서 '촛불 꺼야' 58%, '촛불 켜야' 38%였고, 동아일보의 이틀 후 조사에서 '촛불집회 그만해야' 58.5%, '계속되어야' 35.5%였다고 합니다. 그런데 한겨레 신문 6월 26일 조사에선 정반대의 결과가 나왔다고 했습니다. '쇠고기 협상에 대해 여전히 불만이므로 재협상 벌여야'가 74.2%라는 것입니다. 전혀 다른 조사내용을 동원해 비교하면서 마치 조중동 조사 결과가 잘못된 것처럼 보도하고 있습니다. 결국 조중동과 대비되는 한겨레 여론조사는 제대로 된 것이라는 얘기겠죠.

'촛불 공감하지만 중단되어야 44%' ⇒ '촛불 중단해야 66%'

MBC가 그토록 신뢰를 보내고 있는 한겨레 여론조사가 과연 제대로 보도되고 있을까요. 유감스럽게도 그렇지 못합니다. 7일자 한겨레 1면 여론조사 보도를 예로 들겠습니다. '촛불 공감하지만 중단되어야 44%'가 제목입니다. 44%를 제외한 나머지, 즉 우리 국민 56%가 '촛불이 계속되어야' 한다고 답한 것처럼 처리했습니다.

촛불집회에 대한 한겨레의 실제 조사결과는 아래와 같습니다.

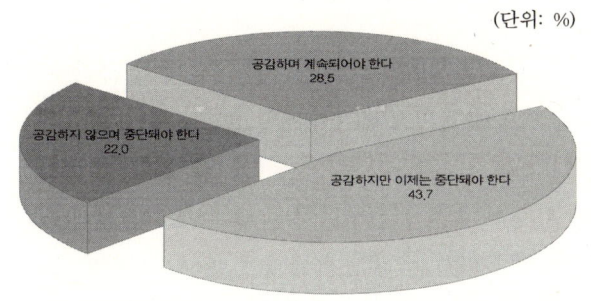

(단위: %)

공감하며 계속되어야 한다
28.5

공감하지 않으며 중단돼야 한다
22.0

공감하지만 이제는 중단돼야 한다
43.7

결국 한겨레 여론조사의 제목 혹은 메인 기사는 '촛불집회 중단해야 65.7%, 계속해야 28.5%'입니다. 6월 하순 중앙SUNDAY 및 동아일보 조사 때에 비해 촛불집회를 중단해야 한다는 의견이 더 높아진 대신 계속해야 한다는 의견은 낮아졌습니다. 객관적인 여론조사를 통해 민심을 확인하고도… 그런 제목을 달기가 쉽지 않았겠죠. 그래서 조사결과 전체 중 일부만 강조한 제목을 뽑은 것입니다.

한겨레 7일자 1면 톱기사 제목은 '촛불민심 모르쇠'… '청와대 또 강경몰이'입니다. (한겨레 여론조사에서) 촛불집회를 중단해야 한다는 민심이 과연 몇 %라고 보십니까. 한겨레 기사처럼 44%입니까, 제 설명처럼 66%입니까. 어느 쪽이 촛불민심 모르쇠입니까.

_ 2008.07.07.

중고교생에게 전화로 6.25를 물어본 경우

'청소년 안보의식 혼란스럽다'는 제목의 행정안전부 보도자료가 언론에 배포되어 24일 일제히 보도됐습니다. 13일부터 16일까지 4일간 여론조사 전문기관인 리서치앤리서치에 의뢰해 전국 중고교생 1,016명을 대상으로 안보 안전의식 실태조사를 한 것입니다.

"6.25전쟁은 몇 년도에 일어났는지 아십니까"가 첫 번째 질문이었습니다. '안다' 43.2%, '모른다' 56.8%. 우리나라 청소년 과반 이상이 6.25 발발년도를 모르고 있다는 점을 염려하고 있더군요. 하지만 이런 사실이 처음 확인된 것은 아닙니다. 몇 년 전 중앙일보 조사에서도 우리나라 20대의 경우 6.25가 일어난 시기를 정확히 알고 있는 비율이 46%에 그친 적이 있습니다.

오늘 제가 말씀드릴 것은 조사결과 혹은 그 정확성이 아니라 조사방법에 대해서입니다. 중고교생을 대상으로 한 조사를 집 전화로 하는 것이 맞을까요.

중고교생 대상은 유선전화 조사 부적합

유선전화 조사는 대개 오후 2시 혹은 3시부터 시작해 저녁 9시 전후에 종료합니다. 일반 국민을 대상으로 할 경우 가정주부와 고령자 응답자가 많은 시간대입니다. 이에 반해 젊은 직장인이나 대학생들과 통화하기가 어렵습니다. 물론 이 시간대에 중고교생이 집에 전혀 없다는 것은 아니지만 대부분 학교나 학원에 있지 않습니까. 중학교 3학년이나 고등학생은 더욱 더 그렇겠죠.

결국 행정안전부−리서치앤리서치 조사의 경우 우리나라 중고교생을 대표할 수 있도록 표본이 선정되었는지 의문을 가지게 됩니다. 오후와 저녁시간대 집에 있는 조사대상이 우리나라 전체 중고교생이란 모집단을 대표할 수 있다고 보기엔 무리가 있지 않을까요.

이와 관련 중고교생은 조사 허락을 받았을 경우 일반 국민에 비해 쉽게 응답을 받아낼 수 있습니다. 보통 하루 혹은 이틀 정도면 조사할 수 있는 응답자 1,016명을 4일 동안 조사한 것도 조사시간대에 중고교생이 집에 없었기 때문이라고 봅니다. 또한 고등학생의 경우 인문계와 실업계를 구분하지 않았던 점도 지적되어야 할 것입니다.

중고교생 대상 조사는 집 전화 대신 대면 집합방식으로 해야 합니다. 표본으로 선정된 학교에 협조를 요청하고 조사원이 직접 방문해 응답을 받아오는 방식이 더 적합하죠. 그러나 까다로운 절차에다 협조 요청이 쉽게 받아들여지지 않기 때문에 조사전문기관이 대표성을 확보한 채 중고교생 조사를 실시하기가 만만치 않은 실정입니다.

사족 하나. "북한이 개발한 대포동 미사일의 사정거리는 어디까지인지 아십니까"란 질문은 질문이 아니라 시험문제로 보이는군요.

_ 2008.06.24.

‘호남보다 낮은…’ 아니라 ‘호남과 비슷’

‘대통령 지지율 12%에 흥분한 사람들’ 속편에 해당합니다. 내일신문-한길리서치는 지지율을 조사할 때 4점 척도와 5점 척도 둘로 묻습니다. 대통령 국정수행에 대해 ‘매우 잘하고 있다’ ‘잘하고 있는 편이다’ ‘잘못하고 있는 편이다’ ‘매우 잘못하고 있다’ 중에서 응답토록 하는 것이 4점 척도, 그 중간에 ‘그저 그렇다’는 중간 응답을 추가할 경우 5점 척도라고 합니다. 5점 척도로 물으면 중간 응답 때문에 긍정과 부정 응답이 줄어드는 경향이 있습니다.

호남보다 낮은 3% 지지도 ‘서울의 반란’

어떤 언론이 뽑은 기사 제목입니다. 대통령 지지율을 5점 척도를 물었을 때 서울에서 3.1%, 호남에서 3.5%로 나왔다는 것입니다(참고로 4점 척도로 물었을 때는 서울 9.6%, 호남 9.8%).

이처럼 미세한 차이를 놓고 어느 한 쪽이 높다거나 낮다고 주장하는 것을 방지하기 위해 오차범위라는 것을 밝힙니다. 내일신문-한길리서치의 경우 표본이 800명이므로 최대 허용 표본오차는 ±3.5%포인트입니다(사실 이러한 오차범위는 전체 표본을 대상으로 한 것이기 때문에 지역 단위로 세분화된 표본에선 오차범위가 더 커집니다). 결국 두 수치의 차이가 7%포인트 이내이면 통계적으로 우열을 말할 수 없다는 얘기입니다. 그런데 불과 0.4% 차이로 서울이 호남보다 낮다고 표현하고 있습니다(4점 척도 역시 서울과 호남의 지지율 차이로 우열을 말할 수 없습니다).

호남에서 3.5% 지지율이 어떤 의미인지 생각해 보셨습니까. 전체 표본 중 호남 비율은 대략 10.5% 전후입니다. 이번 조사의 경우 800명이 전체 표본이므로 호남은 조사대상이 84명입니다. 이 중 3.5%가 대통령을 지지한다고 했다면 3명이 그렇게 응답했다는 것입니다. 그런데 호남에서 3명이 아니라 4명이 대통령을 지지한다고 했다면 몇 %일까요. 지지율이 4.8%로 높아집니다. 다시 강조하지만 1~2명의 응답결과에 따라 지지율이 크게 좌우되고 또 그런 내용이 보도되지 못하도록 하기 위해 오차범위라는 것을 표시합니다.

이 대통령의 텃밭에 해당하는 서울에서 국정수행 지지율이 크게 떨어진 것을 강조하고 싶은 마음은 이해합니다. 그러나 객관적 수치를 과장하면서까지 그렇게 할 필요가 있었을까요. 호남에서 이 대통령이나 한나라당 지지율이 10%를 넘으면 여전히 새로운 뉴스로 취급됩니다. 서울에서의 이 대통령 지지율이 호남과 비슷하다고 해도 얼마든지 놀랄만한 뉴스 아닐까요.

_ 2008.06.18.

대통령 지지율 12%에 흥분한 사람들

쇠고기 파문과 촛불집회 여파로 이명박 대통령의 국정수행 지지율이 급기야 10%대 초반으로 떨어졌습니다. 14~15일 실시된 내일신문-한길리서치 800명 조사에서 12.1%를 기록했더군요. 어떤 인터넷 언론에선 "최악이란 표현이 무색하다. 절망이란 단어가 더 어울리는 수치"라고 했습니다. 또 기사 마지막엔 "네티즌 피플파워가 이미 이기고 있다"고 적었더군요.

대통령 국정수행 지지율 증감은 어떤 원인 때문일까요. 다양한 원인이 지지율이란 종속변인에 미친 영향력 크기는 어느 정도일까요. 아무리 엄밀한 통계적 모형을 동원하더라도 명백히 구분해 수치화하기가 쉽지 않습니다. 그런데도 언론은 지지율 증감이 있을 때마다 너무나 쉽게 또 자신 있게 그 원인을 내놓고 있습니다.

때론 정치평론가나 정당 관계자 코멘트를 인용하기도 하고 정치부 기자의 감각을 동원하기도 합니다. 그러나 어떤 분석이나 해석도 과학적으로 입증된 적이 없습니다. 가령, 집값 폭등 때문에 노무현 전 대통령의 집권 4년차(2006년 11월) 지지율이 17.7%로 하락했다거나 노동법 날치기 처리 때문에 김영삼 전 대통령의 집권 5년차(1997년 1월) 지지율이 9.8%(5점 척도)로 떨어졌다는 것은 '한 편의 소설'에 가깝다고 봐야 합니다. 어떤 단일 요인에 의해 지지율 증감 전부가 좌우되지 않기 때문이죠. 네티즌 피플파워 역시 마찬가지입니다. 이 대통령 지지율 하락에 기여한 요인 중 하나임에 틀림없지만 그것 때문이란 것은 지나친 확대 해석으로 봐야 합니다.

김성훈 한나라당 디지털정당위원장 "인터넷 여론이 국민 여론"

최근의 여론에 대해 그리고 여론조사에 대해 아전인수 해석을 일삼는 사람이 또 있습니다. 김성훈 한나라당 디지털정당위원장입니다. 김 위원장은 17일 한 라디오 인터뷰에서 "인터넷 여론이 국민 여론의 표본이 되고 있다"며 그 근거로 "다음 아고라 상단 메인에 올라와 있는 1위부터 10위까지의 글을 보면 이명박 대통령의 지지율과 비슷한 포인트로 간다"고 말했습니다. 그는 "이 대통령의 지지율이 30%였을 땐 찬반 의견이 3대 7이었는데 지지율이 10%로 떨어지니까 찬반 비율이 1대 9로 나왔다"고 덧붙였습니다.

소위 '디지털'정당위원장이란 분이 어쩜 이렇게 아날로그 사고방식을 가지고 있는지 놀라울 뿐입니다. 이제라도 네티즌 피플파워를 존중하겠다는 생각이 좀 과하게 표현된 것으로 이해해야 할까요. 촛불집회를 촉발시켰고 이로 인해 다음 트래픽이 늘어났다는 점은 인정합니다. 그러나 아고라 메인 글 순위를 통해 국민 여론을 읽겠다는 것은 나가도 너무 나간 것 아닙니까. 그런 주장을 펼치기 위해선 이 대통령 지지율이 50%였을 때 아고라에 올라와 있던 (이 대통령) 찬반 의견 비율이 5대 5였는지부터 확인해야 할 것입니다.

소설가 이문열 '지지율 여론조사 조작설'

촛불집회를 '디지털 포퓰리즘'으로 규정했던 소설가 이문열씨도 대통령 지지율 하락에 열을 받았나 봅니다. 이씨 역시 17일 한 라디오 인터뷰에서 10%대로 추락한 이명박 대통령의 지지율에 대해 "믿지 않는다"고 말했더군요. 그는 "이 대통령의 성급함, 부주의함, 말과 의욕이 앞서는 것이 지지율 하락의 한 원인이 되겠지만, 사회적 여론조작도 개입되어 있다고 본다"며 지지율 여론조사 조작설을 주장했습니다.

도대체 어떤 근거로 이런 조작설을 주장하는지 어이가 없습니다. '사회적 여론 조작'이란 도대체 어떤 의미로 사용한 것일까요. 내일신문 조사를 맡은 한길리서치의 경우 야당이나 진보 언론, 노동 관련 단체들이 주로 이용하는 조사기관이긴 합니다. 그러나 어디까지나 다른 조사기관에 비해 상대적으로 그렇다는 뜻입니다. 아무리 수용하기 힘든 지지율이라 하더라도 어떤 명백한 근거나 확인 없이 이런 무책임한 주장을 펼치는 것은 '베스트셀러 소설가'답지 않은 행동으로 보입니다.

'대통령 지지율 12%'라는 수치가 화제에 오르는 것은 자연스럽습니다. 흔하게 볼 수 있는 현상이 아니기 때문이죠. 그러나 가까운 사람이나 직장 동료들과 술자리에서나 할 수 있는 주장과 해석을 공식적인 자리에서 함부로 펼치는 일은 자제되어야 할 것입니다.

_ 2008.06.17.

III. 선거여론조사 보도 읽는 법

1. 5회 지방선거
▌여론조사 없을 때의 판세 읽기 ▌

5월 27일 이후 실시된 여론조사는 선거법에 따라 투표 마감 때까지 발표할 수 없습니다. 그래서 D-7일 이후의 선거를 '깜깜이'라고 표현하는 사람이 있습니다. 객관적 증거 없이 서로 자기가 우세하다고 주장해도 뭐라 나무랄 수 없기 때문이죠. 그렇다고 진짜 깜깜이는 아닙니다. 틈새가 있는 법이죠. 판세 관련 언론 보도의 행간을 살피는 방법이 있습니다. 비슷한 방식으로 각 정당이 주장하는 자체 판세를 참고할 수도 있고요.

아래 내용은 31일 오전, 그러니까 선거를 이틀 앞두고 주요 정당이 자체적으로 분석한 시·도지사 판세입니다. 아시다시피 여론조사 공표 금지 기간에도 각 정당은 발표만 하지 않을 뿐 계속 조사를 실시합니다. 이 시기의 판세 분석엔 그런 조사결과까지 반영됐다고 봐야 합니다.

◇ 한나라당
• 우세 : 서울, 부산, 대구, 인천, 울산, 경기, 강원, 충북, 경북,
　　　　경남 (10곳)
• 경합 : 대전 (1곳)
◇ 민주당
• 우세 : 광주, 전북, 전남, 충남 (4곳)

- 경합 : 서울, 인천, 경기, 강원, 인천, 충북 (5곳)
◇ 자유선진당
- 우세 : 대전, 충남 (2곳)

대개 정당이 주장하는 판세는 자신들에게 우호적입니다. 가령, 실제로 '경합열세'일 경우 '경합'이라고 주장할 가능성이 있고, '경합우세'이면 '우세'로 부풀리는 경향이 있습니다. 이런 가능성을 토대로 여론조사 공표 금지 때에도 시·도지사 판세를 간편하게 읽을 수 있습니다.

정당이 주장하는 판세 교차분석

일단 '경합'은 무시해도 됩니다. 가령, 한나라당은 대전에서 열세라고 봐도 될 것입니다. 마찬가지로 서울·경기·인천 등에선 민주당이 열세겠죠. 결국 '우세'끼리 계산해야 대략의 판세가 나온다는 얘기입니다. 세 당이 주장하는 우세 지역 중 서로 겹치지 않는 곳은 모두 13곳(한나라당 9곳, 민주당 3곳, 자유선진당 1곳)입니다. 나머지 세 곳 싸움이 남은 셈이죠. 경남에서 한나라당(이달곤)과 무소속(김두관), 충남에서 민주당(안희정)과 자유선진당(박상돈), 제주에서 무소속(우근민·현명관).

여론조사 공표 금지 이전에 발표됐던 언론사 여론조사 판세와 비교해 큰 변화가 없다는 결론입니다. 투표 당일인 2일 방송사 예측조사 역시 이런 판세에서 크게 벗어나지 않을 것으로 예상됩니다. 막대한 비용을 들였는데… 이 정도의 판세보다 얼마나 더 자세히 그리고 차별화된 예측이 가능할지 한 번 지켜보시기 바랍니다.

_ 2010.05.31.

▮한나라당과 민주당 둘 다 틀렸다▮

　지방선거 D-7일, 즉 26일까지 실시한 여론조사 결과만 발표가
가능합니다. 그래서 몇몇 언론사가 수도권 '빅3'에서의 한나라당 우
세를 비롯한 조사결과를 마지막으로 내놨습니다. 한 달 전과 마찬가
지로 여야 반응은 한결 같습니다. "좀처럼 마음을 놓을 수 없다"(정병
국 사무총장)는 한나라당은 그래도 불안하다고 합니다. "천안함 때문
에 지지율이 왜곡됐다"(우상호 대변인)는 민주당은 충분히 따라잡을
수 있다고 자신합니다(28일엔 "절박하다" "견제할 힘이 필요하다"고
했더군요).

　진심인지 혹은 연막인지 잘 모르겠습니다. 민주당은 한나라당 우
세로 나온 여론조사 결과 공표가 '밴드웨곤 효과'를 유발할 것으로
우려하고 있더군요. '언더독 효과'라는 것도 있는데. 어떤 근거로 그
런 주장을 하는지… 역시 모르겠습니다. 이런 인식의 연장선상에서
27일 이후 여론조사 결과 공표가 금지되기 때문에, 즉 더 이상 밴드웨
곤 효과가 유발되지 않기 때문에 자신들에게 유리한 환경이 조성될
것으로 기대하고 있더군요.

'숨어 있는 야당 표' 성격 변화

　그래도 불안하다는 한나라당과 따라잡을 수 있다는 민주당 둘 다
틀렸다고 봅니다. 물론 정부 여당에 대해 쌓였던 불만과 경고를 투표

소에서 표출할 수 있고, 돌발 변수로 인해 막판 판세가 변할 수도 있습니다. 그러나 최근의 여론조사 결과는 액면 그대로 받아들여야 한다고 생각합니다. (특히 수도권 시·도지사 선거에서의) 한나라당 우세라는 사실 말입니다. 다음 세 가지 이유 때문입니다.

첫째, 여론조사 결과의 특성 때문입니다. 아시다시피 여론조사 결과는 전체 인구비가 고스란히 반영되어 있습니다. 가령, 서울의 경우 20대 표본은 (조사기관에 따라 조금씩 차이가 있지만) 20%대 초반 정도의 비율이 포함됩니다. 전체 서울 인구 중 20대 인구 구성비에 따라서 말입니다.

문제는 이들의 투표율이 다르다는 것입니다. 50대 이상 연령층은 20대에 비해 대략 두 배에 가까운 투표율을 기록하고 있습니다. 그럼에도 현재의 여론조사 결과에선 20대나 50대 이상이나 동일한 투표율을 나타낼 것으로 가정하고 있습니다. 저연령대 지지자가 많은 민주당이 여론조사 지지율에서 오히려 이득을 보고 있는 셈이죠. 이런 점을 감안해서도 현재처럼 지지율 격차가 나는 것은 한나라당이 확실히 우세하다는 뜻입니다.

둘째, '숨어 있는 야당 표'의 성격이 달라졌습니다. DJ와 노무현 정권 때 고연령대 중심의 보수층이 숨어 있는 야당 표로 위력을 발휘했지만, 지금은 그 때와 상황이 달라졌습니다. 오늘 오전 정치학 교수 한 분에게 자문을 구했더니… 지난 2008년 총선을 설명할 수 없다는 점 그리고 야당 지지자의 경우 여론조사에 적극적으로 응답하지 않는 속성이 있다는 점 등을 지적하더군요(추후 연구과제로 삼겠습니다).

5060세대의 여당 결집은 2006년과 비슷

셋째, 투표율이 높은 5060세대의 여당 결집 현상 때문입니다. 전체 투표 확실층은 물론 고연령대 투표 확실층 비율이 2006년 지방선거 때보다 높아졌습니다. 2006년 전체 투표 확실층은 65.3%, 50대 이상 투표 확실층은 74.8%였는데 비해, 2010년 전체 투표 확실층은 70.6%, 50대 투표 확실층은 74.1%, 60대 이상 투표 확실층은 84.2% 입니다.

5060세대의 여당 결집 현상은 지난 2006년과 비슷한 수준입니다. 노무현 정권 말기에 고연령대의 불만과 불신이 높았던 점을 감안하면, (천안함 사건이 변수로 작용하긴 했지만) 현재의 고연령대가 여당 지지로 결집하는 현상은 이례적입니다. 참고로 2006년 여론조사에서 오세훈–강금실 후보의 전체 지지율 격차(51.2% 대 24.7%) 대비 50대 이상 지지율 격차(62.8% 대 11.9%)는 2.55배였습니다. 2010년 여론조사에서 오세훈–한명숙 후보의 전체 지지율 격차(46.7% 대 30.5%) 대비 50대 지지율 격차(64.2% 대 20.9%)와 60대 이상 지지율 격차(70.7% 대 18.1%)는 각각 2.01배와 2.56배입니다.

다른 한편으로 저연령대 결집 현상도 주목할 필요가 있습니다. 오전에 어떤 자료를 보니 막판까지 지지 후보를 고수하겠다는 응답이 매우 높더군요. 고연령대는 물론 저연령대까지도 말입니다. 내일 신문에도 관련 기사가 있더군요. 천안함 사건을 지나치게 정치적으로 이용한다는 생각이 퍼질 경우 투표장에 가지 않을 20~40대 부동층이 움직일 가능성이 있다고요. 그럼에도 불구하고 야당 지지 성향의 숨은 표가 실제 득표율에 반영될 가능성이 다른 선거에 비해 적을 것이란 것이 제 소견입니다.

_ 2010.05.28.

▌지지율 격차에도 유행이 있다▐

　　지방선거 후보 등록 첫 날이던 지난 13일. 국민참여당 유시민 경기 지사 후보가 민주당 김진표 후보를 물리치고 야권의 단일 후보로 선출됐습니다(진보신당 심상정 후보가 빠졌지만 말입니다). '유시민'이란 상품성으로 인해 여야 모두 그 영향력을 가늠하기에 분주했죠. 경기지사는 물론 서울시장과 인천시장, 소위 수도권 빅3 여야 후보 간 지지율 격차가 어떻게 변화할 것인가에 대해서였죠. 주말에 여론조사가 실시됐고, 그 결과는 17일 발표됐습니다. 이때의 유행은 한나라당 후보와 민주당을 비롯한 야당 후보 간의 지지율 격차가 적은 여론조사였습니다.

　　그 이후 천안함 사건에 대한 정부 발표가 임박한 시점에도 어김없이 여론조사가 실시됐습니다. 21~23일 사이에 실시된 조사결과는 24일 전후 발표됐고요. 이때는 또 달랐습니다. 한나라당 후보와 야당 후보 간의 지지율 격차가 많은 여론조사가 유행한 것입니다. 이런 유행에 둔감한 조사는 '왕따'가 불가피했죠. 심지어 조사가 잘못됐다거나 신뢰할 수 없다는 낙인을 감수해야 했습니다.

　　정치권의 비과학적 시나리오와 잘못된 사후 해석 때문

　　왜 이런 유행이 생겨났을까요. 여러 가지 이유가 있겠지만… 다음 두 가지 점에 주목하고자 합니다. 첫째, 여론조사가 실시되기도 전에 하나의 가설이 설정되어 통용됐기 때문입니다. 정치권과 그 근처에 있는 사람들이 비과학적인 시나리오를 배포했기 때문이죠. 가령 이런 식입니다. 유시민 후보로의 단일화 경우, 여당에선 이를 경계해야 한다는 경고가 진작부터 나왔습니다. 반면 야당에선 이에 기반해 지지율 격차를 좁혀야 한다는 희망이 표출됐고요. 여당의 경고와 야당의 희망이 알게 모르게 조사기관과 일반 국민에게 전파됩니다. (전체 조사가 아니라) 일부 조사에서 그런 경향이 나타나면 "그것 봐라"는 식의 기사가 확산됩니다. 비과학적 시나리오 작성에 직간접적으로 관여한 사람들의 자기 확신이 더욱 깊어지는 것은 말할 것도 없고요.

둘째, 조사결과 발표 이후의 잘못된 해석 때문이기도 합니다. 여러 가지 조사결과, 즉 두 후보의 지지율 격차 중 가장 빈도가 높게 나타나는 조사 혹은 가장 중앙에 위치하고 있는 조사가 더 나을 것이란 잘못된 믿음이 있습니다. 가령, 오세훈–한명숙 두 후보의 지지율 격차가 대부분 20%포인트 근처이고 한두 조사가 10%포인트 근처라면, 새로 실시 발표된 조사의 지지율 격차가 20%포인트 근처이면 안심이고 10%포인트 근처이면 불안한 거죠. 그리고 만약 10~30%포인트까지 지지율 격차가 분포되어 있을 경우 지지율 격차가 중간쯤에 위치하면 대충 맞을 것이란 생각이 들고 10% 혹은 30%포인트 근처로 나오면 "혹시 조사가 잘못 됐을까"라는 의심이 드는 거죠. 결국 최빈치 혹은 중간값에 해당하는 지지율 격차가 하나의 유행이 되는 것입니다.

한 번의 조사결과로 당선 보장되는 것 아니다

중앙일보 25일자를 보면 김종수 논설위원의 '경쟁력 지수가 경쟁력이 아니다'란 글이 있습니다. 각종 (국가)경쟁력 지수가 발표될 때마다 일희일비할 필요가 없다는 점을 강조하고 있더군요. 그래서

"한 번의 결과로 낙심하거나 우쭐댈 게 아니라 다음 번 경쟁에 참고 자료로 삼으면 그만"이라고 권하고 있습니다. 여론조사도 마찬가지 입니다. 한 번의 조사결과로 당선이 보장되는 것이 아닙니다. 투표일 때까지 참고자료로 활용하는데 그쳐야 합니다.

한국의 국가 경쟁력이 거의 모든 지수에서 상승하는 경우가 있겠죠. 또 대부분의 여론조사에서 오세훈-한명숙 두 후보의 지지율 격차가 20%포인트 가량인 경우가 있겠죠. 둘 다 "상당수 사람들이 일정 기간 사회적으로 광범위하게 동조하는 현상", 즉 유행으로 자리를 잡게 될 것입니다. 그래서 한국을 선진국이라고 할 수 있습니까. 또 오세훈 후보의 서울시장 당선을 보장할 수 있습니까.

유행과 무관한 현상은 늘 존재합니다. 또 기존 유행은 일정 기간 이후 약화되거나 사라집니다. 그럼에도 불구하고 유행을 고집하거나 따라야 한다고 주장하는 사람들이 적지 않더군요. 일전에 야당 대표가 '여론조사=과학'이라고 했는데… 과학적 여론조사 결과에도 유행이 있을까요.

_ 2010.05.27.

▌오세훈-한명숙의 또 다른 지지율▐

'여론조사 결과가 실제 득표율과 다른 까닭'에서 이미 말씀드렸지만, 선거를 한 달 정도 앞두고 발표되는 여론조사는 실제 득표율과 다릅니다. 선거에 임박해선 그런 현상이 다소 줄어들지만, 여론조사 결과와 실제 득표율 간 괴리는 늘 존재할 수밖에 없습니다. 투표일과 여론조사 실시 일자가 다르기 때문에… 어떻게 보면 달라야 당연한 것이겠죠. 이 둘 간의 차이를 메울 수 있는 방법이 있을까요.

중앙일보 5월 5일자 1면과 8면에 나와 있는 '오세훈 47.5%, 한명숙 25.9%' '오세훈, 한명숙에게 20%p 계속 앞서'를 예로 들겠습니다. 물론 투표 때까지 남은 기간 동안 나타날 각종 변수(서울시정 4년에 대한 네거티브 공세, 노무현 전 대통령 1주기에 즈음한 정권 심판론 등)의 영향력은 가늠하기가 쉽지 않습니다. 그런 변수를 무시하더라도 이 수치가 내달 6월 2일 서울시장 선거의 최종 득표율이 될 가능성은 매우 낮습니다. 실제 득표율에 가까운 수치를 얻어낼 수 있는 방법으로 어떤 것이 있을까요.

'투표 확실층' 지지율과 '모름·무응답' 배분

첫째, 가장 수월한 방법은 '투표 확실층' 지지율을 살피는 것입니다. 아시다시피 '오세훈 47.5% 한명숙 25.9%'란 지지율이 실제 득표율과 다를 수밖에 없는 것은 연령대별 투표율이 고려되지 않았기 때문입니다. 이 수치에는 투표할 생각이 없는 저연령대 일부의 지지율이 반영되어 있습니다. 투표 의향이 없거나 낮은 유권자의 지지율 응답을 제외해야 실제 득표율에 가까운 수치라고 할 수 있겠죠. 그래서 '투표 확실층' 지지율을 살피라고 하는 것이고요. 이번 중앙일보 여론조사의 경우 투표 확실층 지지율은 오세훈 50.2%, 한명숙 27.4%였습니다.

둘째, '그 때 가봐야' '모름·무응답' '투표하지 않을 것' 등을 제외한 후보 지지율 백분율을 계산하거나 이들 응답을 후보에게 적절히 배분하는 방식이 있습니다. 가령, 이번 조사에서 이들 응답은 20.7%였습니다. 5명의 후보가 획득한 유효 지지율 79.3%를 백분율로 다시 계산하면, 오세훈 59.9%, 한명숙 32.7%로 나옵니다.

유보 응답을 후보에게 배분하는 방식으로 '판별분석'이란 것이 있습니다. 지지를 표명한 유권자의 성·연령별 비율을 파악해 동일 성·연령대의 유보 응답자가 (비록 지지 후보를 표명하지 않았지만) 동일한 지지 성향을 나타낼 것으로 가정해 배분하는 방식을 말합니다. 후보별 단순 지지율을 백분율로 환산한 위의 방식에 비해 나은 것으로 평가할 수 있겠죠.

지지 후보 미결정자… '후보의 정책 및 공약' 고려해 결정

셋째, 간접적 질문을 활용해 후보별 유·불리를 분석하는 방식이 있습니다. 가령, 중앙일보 4차 여론조사에선 '지지 후보 결정 여부'와 '결정에 영향을 미쳤거나 미칠 요인'을 추가했습니다. "반드시 투표할 것"(58.9%) "가급적 할 것"(25.8%)을 합쳐 투표 의향층은 84.7%였습니다(하지만 실제 투표율은 60% 전후가 될 것입니다). 이들 중 지지 후보를 "이미 결정했다" 40.2%, "아직 결정하지 못했다" 59.8%였습니다. 이미 결정한 유권자는 '후보자 개인'(42.4%) '후보자 소속 정당'(29.6%) 등을 중시했지만, 지지 후보를 결정하지 못한 유권자는

'후보의 정책 및 공약'(49.7%) '후보자 개인'(28.7%) 순으로 중시해 결정하겠다고 답했습니다.

지지 후보를 이미 결정했다는 유권자의 오세훈 대 한명숙 지지율은 59.2% 대 31.6%, 미결정 유권자의 지지율은 41.5% 대 25.2%였습니다. 결국 지지 후보 결정 유무와 후보 결정에 영향을 미쳤거나 미칠 요인을 교차 분석할 경우 민주당 한명숙 후보가 여론조사 결과보다 다소 높은 득표율을 기록할 것으로 예상됩니다. 중앙일보가 5월 4일 실시한 여론조사 결과를 토대로 할 경우 그렇다는 얘기입니다.

_ 2010.05.07.

▌수도권 '백중열세' 따져보니 ▌

　　지난 25일 한나라당 정두언 지방선거기획위원장이 기자 간담회를 가졌습니다. 서울시장과 경기지사, 인천시장 등 수도권 빅3 지역을 '백중열세'로 분류했습니다. 서울과 경기에선 한나라당 후보가 각각 6%, 3%포인트 앞서고 있고(여론조사에서 10%포인트 앞서야 안심할 수 있답니다), 인천에선 2%포인트 뒤지고 있다는 것이 자체 여론조사 결과라는 겁니다. 최근 여론조사 결과와 상이한데 대해 "엄살떠는 게 아니다"고 했다는군요. 이를 놓고 연합뉴스는 다음과 같은 분석 기사를 내놨습니다.

　　"선거 막판으로 접어들수록 정권에 대한 견제 심리가 확산되고 숨어있는 야권 지지표를 감안할 때 안심할 수 없다는 것이다. 실제로 2006년 지방선거에서도 선거 종반 야당 표가 결집했다. 당시 공식 선거전 개시 직후 여론조사에서 서울의 경우 한나라당 오세훈 후보와 열린우리당 강금실 후보의 차이는 20%포인트를 웃도는 수준이었으나 투표함을 연 결과 34%포인트의 차로 오 후보가 당선됐다. 경기와 인천도 마찬가지다. 당시 야당이었던 한나라당 후보는 각각 17%, 31%포인트의 초반 우위를 선거 당일 29%, 39%포인트로 격차를 더욱 벌렸다."

　　정두언 위원장의 분석인지 연합뉴스의 분석 기사인지 확인하지 못했습니다만, "선거 막판의 정권 견제 심리와 숨어있는 야권 지지표"란 표현이 틀린 얘기는 아닙니다. 4년 전과 마찬가지로 이번 지방선거에서도 그런 현상이 재현될 수 있습니다.

'정권 견제 심리'에서 '정권'이, '야권 지지표'에서 '야권'이 바뀌었다

그러나 한 가지 중요한 점을 놓치고 있더군요. 4년 전인 2006년은 노무현 정권이었고 한나라당이 야당이었지만, 지금은 이명박 정권이고 민주당이 야당입니다. 만약 현재가 민주당 정권이고 야당이 한나라당이라면, 위의 분석이 반복될 가능성이 높다고 봅니다.

주지하다시피 "선거 막판으로 접어들수록 정권에 대한 견제 심리가 확산"되는 것은 낮은 지지율에도 불구하고 민심에 귀를 기울이지 않을 때 생기는 현상입니다. 4년 전이 그랬습니다. 이런 상황에선 유권자의 유보적 판단을 바꿀 수 있는 핑계거리로 소위 '정권심판론'이 작용할 수 있습니다. 2010년 현재의 민심에 대한 판단은 다를 수 있습니다. 그러나 대통령과 한나라당 지지율이 강세를 보여주고 있는 것은 지난 지방선거와 명백히 상이한 환경입니다.

"숨어있는 야권 지지표"의 위력 역시 DJ와 노무현 정권 때 두드러졌습니다. 고연령 중심의 보수층이 여론조사에 적극적으로 참여하지 않거나 지지 후보를 밝히는데 소극적인 대신 투표 참여가 높았던 까닭에 실제 득표에서 당시 야당인 한나라당이 여론조사 지지율보다 더 우세했던 것입니다. 고연령층이 여론조사에 대해 소극적인 것은 정권과 무관하게 계속되고 있습니다. 그러나 한나라당 지지 성향이 한층 강화된 이들은 이번 선거에서도 높은 투표율을 보여줄 것입니다.

'여론조사 앞서도 한나라당 안절부절 왜'(중앙일보 4월 27일자) 분석은 상당히 설득력이 있습니다. 여당 지지층의 낮은 결속력이란 근본적 문제 외에 '스폰서 검찰' 파문과 종교계의 4대강 사업 비판, 노무현 전 대통령 1주기에 즈음한 정권 심판론 공세, 막판 야권 후보 단일화 등등. 투표일까지의 한 달 남짓 동안 예상되는 한나라당 쪽 악재는 모두 짚고 있습니다. 그러나 적어도 4년 전 지방선거 경험에 입각한 '정권 견제 심리 확산과 숨어있는 야권 지지표 돌출'은 그 가능성이 낮다고 봅니다. '숨어있는 야권 지지표'는 특히 그렇습니다.   _ 2010.04.29.

▎서울시장 1~2차 여론조사 비교했더니 ▎

중앙일보의 서울시장 가상대결 1~2차 여론조사는 지난 3월 18일 (1,044명)과 4월 12일(750명) 각각 실시됐습니다. 주관적이란 비판과 불필요한 오해 소지가 있기 때문에 조사결과에 대한 지나친 해석은 삼가야 합니다. 그럼에도 불구하고 주목할 만한 점은 민주당 지지층 결집 현상입니다. 두 가지 근거가 있습니다.

민주당 지지층의 투표 의향 강화

첫째, 민주당 지지층의 투표 의향이 강화됐습니다. 4년 전 서울시장 선거 때 오세훈 한나라당 후보를 찍었던 응답자 중 이번 선거에서 "반드시 투표할 것"이란 투표 확실층은 1차 때 55.6%였는데 2차 때는 49.4%로 줄었습니다. 이에 반해 당시 강금실 열린우리당 후보를 찍었던 응답자 중 투표 확실층은 1차 때 51.2%에서 2차 때 60.8%로 늘었습니다. 1차 땐 한나라당 지지자 중 투표 확실층이 많았는데, 2차 땐 민주당 지지자의 투표 확실층이 더 많아진 것입니다.

1차 조사 때 없었지만 2차 조사 때 포함된 질문이 하나 있습니다. "후보에 관계없이 정당만 보고 서울시장을 고를 경우 어떤 정당 후보에게 투표하시겠습니까"란 것입니다. 정당 지지도에 해당됩니다. 정당 지지도별 투표 의향에서도 민주당 지지층 결집 현상이 확인됐습니다. 한나라당 지지자 중 투표 확실층은 45.9%인데 비해 민주당 지지자 중 투표 확실층은 52.4%였습니다. 물론 "반드시 할 것"이라고 답해 놓고, 어떤 사람은 그것을 지키는 반면 또 어떤 사람은 그렇지 못한 경우가 있겠지만 말입니다.

투표 확실층에서 한 전 총리 지지율 상승

둘째, 전체 지지율에선 여전히 격차를 보여주고 있지만, 투표 확실층에선 오 시장과 한 전 총리 지지율이 좁혀졌습니다. 1차 때 두 예비후보의 지지율은 49.1% 대 27.4%였습니다. 투표 확실층에선 격차가 더 벌어져 54.9% 대 27.9%였습니다. 통상 고연령층은 투표 참여 의사가 높고 보수 성향의 한나라당 후보 지지세가 강합니다. 투표 확실층 지지율에서 한나라당 후보가 더 유리하게 나오는 이유입니다.

그런데 지금까지 전혀 볼 수 없었던 결과가 2차 조사에서 나타났습니다. 전체 지지율은 1차 때와 비슷하지만 투표 확실층에선 격차가 크게 줄어든 것입니다. 두 예비후보의 지지율은 50.0% 대 31.3%로 1차 때와 거의 유사합니다. 오 시장은 비슷하고 한 전 총리는 3.9%포인트 올랐습니다. 그러나 투표 확실층에선 45.0% 대 39.5%로 격차가 5.5%포인트에 불과합니다. 강력한 투표 의사를 새롭게 표명한 유권자 중 민주당 지지자들이 상대적으로 많아졌기 때문입니다. 한 전 총리의 뇌물수수 혐의에 대한 1심 무죄 선고 영향 탓이겠죠.

성급한 결론은 무리가 있습니다. 천안함 사건으로 후보들의 활동이 제약됐고 여론 형성이 충분치 못합니다. 당내 경선이 예정되어 있는데다 선거 역시 50일 가량 남았다는 한계가 있습니다. 민주당 지지층 결집이 얼마나 지속될 수 있을지, 또 상대적으로 저연령인 이들이 응답한 만큼 실제로 투표하러 갈지도 장담하기 어렵겠죠. 당장은 다른 조사결과에서도 이런 현상이 감지되고 있는지 확인이 필요할 것입니다.

_ 2010.04.15.

▌여론조사 결과가 실제 득표율과 다른 까닭▐

지난 2006년 5월 31일은 4회 지방선거 투표일이었습니다. 그 때나 지금이나 가장 관심을 끄는 곳은 서울시장 선거입니다. 투표를 한 달 앞둔 5월 초부터 많은 언론사─조사기관이 여론조사 결과를 경쟁적으로 발표했습니다. 아래는 그 중 일부입니다. 한나라당 오세훈 후보와 열린우리당 강금실 후보의 지지율과 그 격차를 정리한 것입니다(조사시기와 표본크기 등은 생략했고, 소수점 이하는 사사오입했습니다).

(단위: %)

	오세훈	강금실	격차
MBC	51	31	20
중앙일보	47	29	18
동아일보	50	32	18
MBC	51	28	23
KBS─SBS	48	26	22
조선일보	52	25	27
중앙일보	51	25	26
HRC	51	20	29
평균	50	27	23
실제 득표율	61	27	34

8개의 개별 조사결과는 물론 이들을 합쳐 평균한 수치 역시 최종

득표율에 근접하지 못하고 있습니다. 특히 오 후보의 지지율은 득표율과 비교해 10%포인트 가량 '구조적' 차이를 보여주고 있습니다. 강 후보의 평균 지지율과 득표율은 공교롭게도 일치했습니다만, 조사기관별로 편차가 있고 또 두 후보의 지지율 격차와 실제 득표율 격차 간에 차이가 있습니다.

후보 간 격차가 워낙 커 순위가 뒤바뀔 가능성이 없어서 그렇지… 두 후보가 경합 중이라면 얘기가 달라질 수 있었겠죠. 또 선거 전의 여론조사 결과와 실제 득표율 간의 괴리를 제대로 따져보는 기자나 전문가가 없는 것이 다행이지… 만약 그런 분석이 이루어졌다면 여론조사 결과는 늘 실제 득표율과 차이가 있는 것이란 '불행한' 인식이 팽배했을지도 모릅니다.

부동층 빼면 실제 득표율과 격차 불가피

왜 이런 구조적 현상이 벌어졌을까요. 눈치 챈 분들이 있겠지만, 10~20% 내외의 '모름·무응답' 즉 부동층 때문입니다. 여론조사에선 이들을 포함해 지지율을 산출해야 합니다. 그러나 실제 투표에선 이들을 제외하고 집계하기 때문에 여론조사 결과보다 평균적으로 높은 지지율을 얻게 됩니다. 위의 서울시장 경우를 보더라도 여론조사에서 얻은 두 후보의 지지율 합계가 80% 혹은 이에 미치지 못하지만, 실제 득표율은 90%에 가깝습니다.

결국 어떤 형태로든 부동층 응답자를 지지율에 배분 포함시켜야 한다는 얘기입니다. 그렇지 않으면 아무리 정교하게 설계된 여론조사라도 실제 득표율과 유사한 수치를 내놓을 수 없습니다. 조사 당시 부동층이라고 견해를 표명한 응답자를 강제 배분하는 것에 대해선 논란의 여지가 있습니다. 그렇다고 실제 득표율과 괴리가 있는 조사 결과를 발표한 채 손 놓고 있을 일이 아니라고 보는데… 어떻게 생각하십니까?

한 가지 대안적 방법이 있긴 합니다. "반드시(혹은 꼭) 투표할 것"
이란 '투표 확실층' 지지율이 그것입니다. 위에서 인용한 8개 중 4개
조사결과의 투표 확실층 지지율 평균은 오세훈 57%, 강금실 24%였
습니다.

_ 2010.04.02.

지방선거 여론조사 읽는 법

"여론조사 역사는 한편으로 여론조사에 반대해온 역사"라고 합니다. 여론조사에 대해선 이러쿵저러쿵 얘기가 많을 수밖에 없다는 얘기입니다. 그러나 역기능보다 순기능이 많다는 것이 전문가들의 결론입니다. 정치권과 언론 등이 욕을 하면서도 굳이 활용하겠다고 나서는 것을 봐도 그렇습니다. 미국 갤럽의 편집장 Newport는 "사람들의 경험과 지혜를 모으고 이해하는 일엔 많은 시간과 노력이 필요하다. 그리고 그럴만한 가치가 충분히 있다"고 하였습니다.

이처럼 긍정적 기능을 가진 여론조사를 제대로 읽는 방법이 있을까요? 지극히 평범하지만, 우선 세 가지 기본적 시각을 가질 필요가 있습니다.

첫째, 상식에 입각해야 합니다. 왜 이 조사를 했을까에 대한 의문을 가져야 합니다. 공짜로 조사를 해주겠다고 덤벼드는 회사가 간혹 있지만, 여론조사는 적지 않은 돈을 들여야 합니다. 주요 정당이나 메이저 언론은 자주 조사를 하지만, 군소 정당이나 마이너 언론은 가끔 조사를 하거나 아예 못하고 있습니다. 비용을 지불할 경우 반드시 어떤 목적이 있을 것입니다. 그것을 파악하면 조사결과를 제대로 읽는데 도움을 받을 수 있습니다. 물론 조사자가 자신의 의도를 순순히 밝히지 않겠지만, 질문내용을 찬찬히 살펴보면 조사자의 목적이나 의도가 드러나는 경우가 있습니다.

둘째, 여론조사를 제대로 읽기 위해선 약간의 수고와 노력이 필요합니다. 가령, 제목만 보면 곤란합니다. 여론조사 보도기사 전체를 살펴야 합니다. 이와 관련해 '95% 신뢰수준에서 플러스마이너스…'라는 표본오차를 고려해 조사결과를 읽는 습관을 가져야 합니다. 가령, 플러스마이너스 3%포인트라면 두 후보의 지지율이 6%포인트 이상 차이가 나야 우열을 말할 수 있습니다. 설문내용이나 응답률 등 조사개요를 꼼꼼히 챙기는 것도 여론조사를 제대로 읽기 위한 최소한의 요건에 해당합니다.

셋째, '슬로푸드(Slow Food)'와 마찬가지로 'Slow Survey'에 높은 점수를 주어야 합니다. 언론은 그 특성상 완벽하게 보도하는 것보다 부족하더라도 먼저 하는 것이 좋다는 인식을 가지고 있습니다. 어떤 이슈나 기획이든 제대로 준비해서 철저히 하는 것보다 하루라도 빨리 내놔야 한다는 압박감 때문입니다. 특종을 제외한 나머지는 모두 2위이고 그 이하 순위는 의미가 없습니다. 숱한 비난에도 불구하고 경마식 보도가 성행하는 이유이기도 합니다. 어떤 후보가 앞섰다고 말하고 싶은 욕구를 가지고 있으며, 그렇게 하는 것이 간단명료하고 또 좋은 기사로 취급되는 경향이 있습니다. 그런 관행에도 불구하고 긴급 여론조사를 마다하는 것은 높이 평가되어야 합니다.

'전체'보다 '부분' 읽어야

앞서 언급한 여론조사 읽기의 세 가지 기본적 시각은 어떻게 보면 지극히 당연한 것입니다. 또 일반 여론조사에선 얼마든지 가능합니다. 그러나 선거 여론조사와 관련해선 얘기가 달라집니다. 한가하게 들릴 가능성이 있기 때문이죠. "선거에서 누가 승리할 것인가". 이 문제에 대한 대답은 '여론조사와 정치 그리고 언론 사이에서 벌어지는 로맨스의 핵심'입니다. 결국 선거 국면에서 보도되는 여론조사는 좀 더 세심한 읽기가 요구됩니다. 조사결과 '전체'보다 '부분'에 초점을 맞춰야 합니다.

첫째, 전체 지지율도 중요하지만 '투표 확실층' 지지율에 주목해야 합니다. 후보별 단순 지지율이 물론 중요합니다. 그러나 투표 확실층의 지지율이 실제 투표결과에 더 가깝습니다. 2002년 11월 발표된 중앙일보 여론조사에서 노무현-이회창 후보의 전체 지지율 격차는 7.5%포인트였습니다. 당시 투표 확실층의 지지율 격차는 5.9%포인트였으며, 실제 투표결과 지지율 격차는 2.3%포인트였습니다.

보수 성향에 가깝고 나이가 많은 유권자, 후보 충성도가 높은 지지층 중에서 투표 확실층이 많습니다. 이들로부터 지지를 받고 있는 후보가 실제 투표에서 유리한 결과를 얻을 수밖에 없습니다. 가령, 2007년 대선 때 이명박-이회창 두 후보는 전체 지지율보다 투표 확실층 지지율이 다소 높게 나온 반면, 정동영-문국현 두 후보는 투표 확실층 지지율이 다소 낮게 나왔습니다.

미국의 경우에도 4년마다 돌아오는 대통령 선거 때 투표에 참여하는 수고를 아끼지 않는 유권자가 겨우 과반 정도라고 합니다. 투표할 가능성이 있는 유권자를 가려내는 일이 그만큼 중요해집니다. 응답자에게 투표 등록을 했는지 물어보는 방법 외에도 정치와 관련된 과거 행위 및 현재 관심사에 대한 일련의 질문을 통해 투표하지 않을 사람을 가려내야 합니다. 선거일이 다가올수록 이들 투표 확실층을 대상으로 한 여론조사가 더욱 더 중요해짐은 당연합니다.

둘째, 지지율 추이는 동일 조사기관 자료를 토대로 하되 부동층 증감을 함께 고려해야 합니다. 가령, 지난 2007년 대선 한 달 전에 실시된 4개 여론조사에서 이명박 후보 지지율은 40.2%(한겨레-리서치플러스), 39.2%(조선-TNS코리아), 35.7%(동아-KRC), 28.8%(서울-KSDC)로 '다양하게' 나왔습니다.

그 결과 이 후보의 지지율은 1주일 전에 비해 올랐을까요 아니면 내렸을까요. 올랐다고 할 수도 있고 내렸다고 할 수도 있습니다.

2007년 11월 24일 실시된 동아일보 조사의 이 후보 지지율 37.1%를 기준으로 할 경우 한겨레 조사결과(40.2%)와 비교하면 3.1%포인트 올랐고 서울신문 조사결과(28.8%)와 비교하면 8.3%포인트 내렸습니다. 이 경우 동아-KRC 조사끼리 비교해야 합니다. 11월 24일 조사에서 37.1%였는데 12월 1일 조사에서 35.7%로 나왔으니까 이 후보 지지율은 1주일 사이에 1.4%포인트 하락했거나 거의 변함이 없다고 보면 됩니다.

그러나 이런 결론도 완벽한 것이 아닙니다. '모름·무응답', 즉 부동층에 차이가 있기 때문입니다. 동아-KRC 11월 24일 조사 때의 부동층은 16.7%였는데 비해 12월 1일 조사 땐 24.6%로 늘어났습니다. 지지율만 보면 걱정할 수 있겠지만 부동층이 늘어났기 때문에 그나마 '안심할 수 있는' 하락으로 치부할 수 있습니다.

더욱 더 중요한 것은 사람들의 태도가 시간이 지남에 따라 변할 수 있으며, 가끔 이런 변화가 선거결과를 바꿀 수도 있다는 점입니다. 지난 2006년 대전시장 선거를 예로 들 수 있습니다. 4월 중순에 실시된 여론조사였으니까 5월 31일 선거를 한 달 반 정도 앞둔 시점이었습니다. 열린우리당 염홍철 후보가 44%로 한나라당 박성효 후보(15%)를 크게 앞서고 있었지만, 최종 결과는 박 후보의 승리였습니다.

셋째, 극단적 혹은 특이한 사례 대신 전반적 추세에 관심을 가져야 합니다. 서울신문-KSDC 여론조사를 단적인 예로 들 수 있습니다. 40% 안팎인 한나라당 이명박 후보 지지율이 28.8%로 떨어졌는데, 전반적인 추세에서 벗어나 있기 때문에 별로 주목할 만한 가치가 없는 결과입니다. 부동층이 37.0%까지 비정상적으로 높아진 것도 특이한 결과를 이끌어낸 원인 중 하나입니다.

이와 관련해 비슷한 시기에 실시된 두 개 이상의 여론조사를 활용할 필요가 있습니다. 1993년 뉴욕타임스의 Kagay는 "진실은 하나의 여론조사에 있는 것이 아니라 여러 여론조사 사이에 있다는 말이 있다. 여론 동향을 자세히 살피고자 하는 사람은 두 개 이상의 여론조사를 비교해 그 중 다수가 보여주는 결과가 무엇이며, 공통적 사항이 무엇인지 찾아냄으로써 많을 것을 얻을 수 있다"고 했습니다.

문제는 두 개 이상의 여론조사 결과가 서로 다른 경우입니다. 미국에서 이루어진 연구결과에 의하면, 후보 선택이 달갑지 않을 때 이런 현상이 나타난다고 합니다. 가령, 출마 후보들이 마음에 들지 않고 그 중 하나를 선택하는 것이 달갑지 않으며 미국의 전반적 상황에 대해 불만을 갖고 있었다는 것입니다. 그 결과 실제 투표에서 드러난 미국민의 선택 양상이 놀랄 만큼 복잡했다고 합니다. 우리에게도 얼마든지 나타날 수 있는 현상입니다. 만약 여론조사의 기술적인 세부사항에 초점을 맞추게 되면 문제의 핵심을 놓치는 결과를 초래할 수 있음에 유의해야 합니다.

일부 언론에서 시도되고 있는 패널 여론조사 결과도 일반 여론조사와 동일한 잣대로 비교되어선 곤란합니다. 가령, 지난 대선 때 KBS는 패널조사 결과를 바탕으로 정동영 후보가 이회창 후보를 누르고 2위에 올라섰다고 했는데, 이것은 성급한 결론일 수 있습니다. 일반 여론조사와 패널 여론조사는 조사 설계와 방법에 차이가 있기 때문에 동일 차원으로 비교할 수 없습니다.

넷째, 하위표본 해석에 유의해야 하며, 특히 지역별 판세는 일정 규모 이상의 표본이 확보되어야 합니다. 일반 여론조사의 경우 전국 표본은 대개 1,000명, 많아야 1,500명입니다. 1,000명 조사 때 충청이나 호남 지역 표본은 100명 안팎이고, 이때의 오차범위는 플러스마이너스 10%포인트에 가깝습니다. 해당 지역에서 두 후보의 지지율 차이가 20% 이상 벌어져야 유의미한 격차로 볼 수 있다는 얘기입니다. 결국 지역별 판세를 확인하기 위해선 표본을 더 늘려야 합니다. 그렇지 않고 현재의 표본 규모를 고수할 경우 전국 판세를 확인하는데 그쳐야 할 것입니다.

출구조사의 관전 포인트

선거일 7일 전부터는 여론조사 결과 공표가 법적으로 금지됩니다. 그러다가 선거 당일엔 새로운 형태의 여론조사, 즉 출구조사를 제대로 읽어야 하는 과제가 주어집니다. 지금까지 우리나라에선 총선 출구조사에 비해 지방선거 출구조사가 수월한 편이었고 또 비교적 정확한 편이었습니다. 그러나 아직도 여론조사 선진국, 특히 미국에 비해 부족하고 배울 점이 많습니다. 출구조사와 관련해 우리가 배워야 할 점은 세 가지 정도로 요약할 수 있는데, 이는 곧 출구조사 관전 포인트에 해당합니다.

첫째, 미국은 언론사 합동으로 출구조사를 수행하고 있습니다. ABC, CNN, CBS, NBC, Fox 등 5대 방송사에다 AP통신까지 합쳐 전국선거합동조사단(NEP)이란 컨소시엄이 구성됩니다. 이처럼 출구조사는 함께 하더라도 분석과 예측은 각 언론사마다 얼마든지 다를 수 있습니다.

우리의 경우 방송사 두 곳이 함께 하는 경우가 있지만 대개 제각기 출구조사를 실시합니다. 최근엔 YTN까지 별도 조사를 수행하고 있습니다. 이처럼 여러 곳에서 출구조사를 하면 그 중 한두 곳은 맞춰야 하는데… 지금까지 네 번의 총선 출구조사는 한 번도 제대로 맞춘 적이 없습니다.

둘째, 두 번의 대선 실패를 교훈삼아 성급한 예측을 자제했습니다. 가령, CNN의 경우 투표 당일 오전 선거인단 확보에서 174명 대 49명으로 우세가 확실했지만 오바마가 승리했다는 언급을 삼가했다고 합니다.

우리의 경우 한결같이 투표가 끝나기 직전 카운트다운에 들어가 오후 6시 정각에 조사결과를 발표합니다. 출구조사에서 승리한 것으로 나타난 후보와 인터뷰를 했다가 나중에 정정하느라 촌극을 벌이는 일도 있습니다. 방송사끼리 속보 경쟁을 자제하기로 합의하는 일 자체가 쉽지 않다고 합니다.

셋째, 지지율 외에 지지 이유 등 추가 질문을 포함시켰습니다. 지난 대선 때에도 지지 후보에게 투표한 이유가 지지율보다 먼저 보도됐습니다. 투표자 62%가 '경제' 이슈를 고려해 지지 후보를 결정했다는 사실은 오바마 승리를 사전에 예측하는데 있어 매우 중요한 정보였음은 물론입니다. 이밖에도 30개 이상의 질문이 추가될 수 있으며, 설문지 작성을 거절한 투표자에 관한 정보를 수집하는 경우도 가끔 있다고 합니다.

우리는 어떨까요. 엄청난 인력과 비용을 들여 제각기 조사를 수행하면서 달랑 지지율 하나만 물어보고 맙니다. 누가 당선되느냐가 중요하지 이유는 알아서 뭐하느냐는 것일까요. 비용 대비 효율성 개념이 없고 추가적인 연구와 정보를 획득해 활용하겠다는 생각도 없는 것 같습니다.

세 가지 교훈을 한꺼번에 받아들일 수 있을까요. 당장 벤치마킹해야 한다고 보는데, 쉽지 않을 것 같습니다. 방송사의 공동 논의마저 어려운 상황이니 말입니다. 그러나 출구조사를 포함해 여론조사가 미치는 영향력과 불신이 점점 커지고 있는데 마냥 손 놓고 있을 일이 아니라고 봅니다.

신뢰할 만한 여론조사

선거 여론조사를 제대로 읽고자 하는 사람들이 가끔 묻는 질문이 있습니다. "어떤 조사결과 혹은 어떤 조사기관이 신뢰할 만한가"라고 말입니다. 여론조사 결과를 전달하는 언론의 문제도 있겠지만, 그것을 생산해 내는 조사기관에 문제가 있다면 그것을 사전에 제거하고 싶다는 뜻일 겁니다. 사실 응답하기가 쉽지 않습니다. 계량화된 수치로 비교할 수도 없습니다.

첫째, 지금까지 예측이 가장 많이 틀렸던 조사기관이 발표하는 여론조사가 그나마 신뢰할 수 있다고 봅니다. 조사기관의 예측이 틀렸다는 것은 자신들이 산출한 조사결과의 정확성을 지속적으로 검증해 왔다는 뜻입니다. 반복해서 틀리지 않기 위해 자체 연구와 노력을 경주하고 있다는 의미이기도 합니다.

2000년 미국 대선에서 Harris는 전화조사와 인터넷조사를 병행하고 성향가중모형을 사용해 거의 유일하게 부시 대통령의 당선 예측에 성공했습니다. 그러나 동일한 방식을 사용하고도 2004년엔 실패하고 말았습니다. Zogby 역시 같은 해 공화당의 부시 대통령과 민주당의 케리 두 후보가 '완벽하게 동률'로 나온 조사결과를 토대로 케리 후보의 당선을 예측했다가 쓰라린 패배를 맛보았습니다. 그럼에도 불구하고 Harris와 Zogby의 신뢰도를 의심하는 사람은 별로 없는 것 같습니다.

둘째, 관련된 자료를 모두 공개하는 기관에서 발표하는 여론조사는 그나마 믿을 만합니다. 자신들의 조사결과를 일반에게 공개하고 투명하게 관리하고 있다는 뜻입니다. 선거를 통해 검증이 이루어지는 조사결과의 공표는 발가벗고 대중 앞에 서는 것과 비슷합니다. 그런 위험을 감수하고 자신의 실력을 검증받겠다고 나서는 조사기관이라면 신뢰할 수 있지 않을까요.

여론조사 보도와 관련한 다음 법규, 즉 "누구든지 선거에 관한 여론조사의 결과를 공표 또는 보도할 때에는 조사의뢰자와 조사기관·단체명, 피조사자의 선정방법, 표본의 크기, 조사지역·일시·방법, 표본오차, 응답률, 질문내용 등을 함께 공표 또는 보도해야…"(공직선거법 제108조) 역시 마찬가지입니다. 여론조사의 신뢰성 확보를 위해선 최소한의 조사 관련 정보 공개가 전제되어야 한다는 뜻입니다. 이런 정보가 선거 여론조사를 제대로 읽는데 봉사함은 물론입니다.

_ 2010.03.30.

2. 18대 총선 여론조사
▌총선 예측 실패원인 분석했더니 ▌

　가장 역동적인 선거 과정과 결과를 보여주는 국회의원 선거(이하에 선 '총선'으로 표기). 총선 과정을 생생하게 기록하고 분석한 자료집이 나왔습니다. 한국갤럽이 최근 발간한 '제18대 국회의원 선거 투표행 태'가 그것입니다. 지금까지 연구소가 펴낸 선거연구 자료집 중 10번 째에 해당하고, 총선 연구 자료집으로는 15~17대에 이어 네 번째입 니다.

　보도자료에 의하면, 이번 자료집은 네 가지 특징을 보여주고 있습 니다. 첫째, 2008년 12월 17대 대선 이후 총선까지의 여론 흐름을 보여주고 있습니다. 18대 총선은 이명박 정부 출범 이후 불과 두 달 만에 치러진 선거였습니다. 새 정부에 대한 기대와 평가, 이에 대한 견제심리 등이 종합적으로 작용해 총선 결과에 영향을 미치기 때문입니다.

　둘째, 42개 관심 지역구에 대해 선거운동 기간 전후 진행된 조사결 과를 제시하고 있습니다. 최종 선거예측은 성공적인 곳도 있고 그렇 지 못한 곳도 있습니다. 비록 최종 예측이 빗나갔다 하더라도 해당 지역구 추세는 당시 여론 흐름을 파악하는데 여전히 유용하고 선거 예측 조사의 오차 양상을 연구하는데 도움이 될 것으로 판단했기 때문입니다.

　셋째, 사후 선거 조사After Election Poll 분석을 통해 선거과정을 입체적으로 분석하고 있습니다. 유권자의 최종 선택 뿐 아니라 선택 과정과 이유에 대한 단서를 찾아볼 수 있습니다.

넷째, 방송사별 선거 예측 오차를 객관적으로 분석하고 있습니다. 15대 총선부터 이번 총선까지의 방송사별 선거예측에선 계속 여당 의석수를 과다 추정하는 오류가 발생했습니다. 그러한 오류 원인을 객관적으로 분석하고 향후 예측조사에서의 극복방안과 개선점을 모색하고 있습니다.

정확성 제고와 함께 원인 분석 나아져

네 번의 예측 실패에도 불구하고 미세하게 보면 총선 여론조사의 정확성과 신뢰성이 조금씩 개선되고 있습니다. 이에 비례해 문제점 분석과 개선방안 역시 나아지고 있습니다. 가령, 한국갤럽이 발간하고 있는 역대 선거과정 분석 자료집은 나올 때마다 조금씩 발전하고 있습니다. 여기선 총선 투표행태 분석 자료집에 한정해 말씀드리겠습니다.

1996년 15대 총선 자료집만 하더라도 처음 예측을 시도했다는데 의미를 둔 그냥 자료집에 불과했습니다. 투표를 마치고 집에 있는 사람에게 전화해 지지 후보를 물어보는 '유사출구조사Pseudo Exit Poll' 방식을 취했었죠. 51개 지역 중 2곳을 제외한 49곳의 당선자를 적중시켰다는 점과 선거 1주일 전 선거판세가 대체로 선거결과와 비슷하게 나타났다는 점을 근거로 '한국갤럽의 4.11총선 예측과 적중'이란 소제목을 달기도 했더군요. 예측에 참가한 5개 조사기관 중 그나마 가장 적게 틀렸다는 뜻이었겠죠.

2000년 16대 총선 결과는 한나라당 112석, 민주당 96석이었습니다. MBC-한국갤럽 예측은 한나라당 100석, 민주당 107석이었고, KBS-SBS와 4개 조사기관 공동 예측은 한나라당 95석, 민주당 112석이었습니다. 1~2위 정당 예측이 빗나갔기 때문에 언론의 호된 비난을 받았죠. 자료집은 문제점 분석 대신 억울함을 호소하는데 주력하고 있습니다. "추정오차를 거론치 않고 3표, 11표 차이로 당락이 엇갈린 초경합 지역도 당선자를 맞춰야 한다고 생각한 듯하다(여론조사가들이 용한 점쟁이여야 한다는 기대와 착각을 한 것이다)." 지역별 표본수가 500명으로 적었고 막판 변화를 추적하기 어려웠으며 출구조사 역시 한계가 있다고 했습니다. 조사기관은 예측 실패와 관련해 별로 책임이 없다는 언급처럼 들리지 않습니까.

2004년 17대 총선 예측엔 한국갤럽이 참여하지 못했습니다. 그런 이유 때문이었을까요. 비교적 객관적 시각에서 방송3사 선거 예측을 평가하고 문제점을 지적하고 있습니다. 앞선 두 번의 총선 경험에 바탕해 여당 편파성향이 체계적으로 나타나고 있다는 점을 지적하고 있습니다. 이와 관련 한나라당의 잠재적 지지층인 50세 이상 연령층의 응답 거절률이 높았다는 점이 거론됐습니다. 출구조사의 문제점도 본격적으로 제기하고 있습니다. 대표성 있는 투표소 추출에 한계가 있고, 대규모 출구조사 진행에 있어서 관리상의 문제점 그리고 출구조사 거리 제한으로 인한 오차 발생 가능성 등이 두루 지적됐습니다.

한국갤럽은 2008년 18대 총선 예측에 다시 참여했지만 실패하고 말았습니다. 아마 남다른 감회가 있었을 것입니다. 그런 감회를 반영이라도 하듯 이번 18대 총선 투표행태 자료집은 문제점 분석과 개선방향 모색이 이전에 비해 크게 나아졌습니다. 먼저 총선 예측의 문제점은 높은 경합도와 지역 변수를 중심으로 한 선거구 특성, 전화조사와 출구조사 비교를 토대로 한 조사방법, 거절과 침묵 등 응답자 요인으로 구분해 분석했습니다. 개선방향 역시 진일보한 것으로 보입니다. 사전 경합도 판정, 조사방법 자체의 개선, 응답 거절자 성향 파악, 선거예측조사의 법적 문제점 해소 등이 필요하다고 봤습니다.

아쉬움이 없는 것은 아닙니다. 먼저 자료집 발간 시기를 대폭 앞당거 관심도를 높였으면 합니다. 여당 편향성, 응답 거절, 출구조사 등 이미 거론됐던 총선 예측 문제점에 대해선 학계의 연구결과를 적절히 반영했으면 좋았을 것입니다. 또 선거 역동성을 종합적으로 보여주기 위해선 참여관찰 패널 등 정성적 분석이 보완될 필요가 있습니다. 이를 위해 한국갤럽이 자체 생산한 자료에 국한하지 않는 방식으로 자료집을 만들 수도 있을 것입니다.

실패에 대한 무관심과 뻔뻔한 여론조사

이젠 총선 예측을 그만둬야 한다는 사람들이 있습니다. 그럴 순 없겠죠. 문제는 기존의 실패를 통해 시사점과 교훈을 얻기 위한 노력이 부족하다는데 있습니다. 자기반성은 물론 실패 원인에 천착하는 모습을 찾아보기가 어려웠습니다. 한국갤럽의 이번 자료집은 비록 관심을 끌지 못하고 있지만(홍보 초기 단계이므로 단정할 순 없습니다) 나름의 분석과 노력의 결과물이란 점에서 평가할 만합니다.

'완전히 빗나간 방송사 출구조사'라는 제목을 뽑으면서 총선 직후 비난을 퍼붓던 신문사들도 무덤덤하기만 합니다. 방송사와 조사기관 쪽에선 어떤 반성이 있었는지 궁금하군요. 선거 공백기를 틈타 '뻔뻔한', 즉 전문가는 물론 일반인의 상식에도 맞지 않은 쓰레기 같은 여론조사가 활개치고 있는 모습을 보고 있노라면… 다음 총선 예측에서도 실패가 반복되지 않을까 걱정이 앞섭니다.

_ 2009.02.06.

▌총선 예측조사 실패… 그 후 한 달▐

18대 총선이 언제였던가 까마득하다는 사람들이 많습니다. 겨우 한 달이 지났을 뿐인데. 미국 쇠고기 수입과 관련한 광우병 논란에다 중국 대지진이 총선을 쉽게 잊혀지게 한 측면이 없지 않습니다. 워낙에 좋지 않은 기억은 그것을 뛰어넘는 다른 이슈 그리고 세월이 특효약인 것 같습니다. 지금의 광우병 파동과 대지진 역시 그렇겠죠. 총선 예측조사 실패가 그랬던 것처럼 말입니다.

총선 예측조사 실패 원인분석과 대응방안에 대한 논의가 전혀 없었던 것은 아닙니다. 지난달 29일 프레스센터에서 열렸던 한국언론학회 긴급토론회를 비롯해 시민단체 등이 주관한 간담회 혹은 세미나 형식의 논의가 몇 차례 있었습니다. 이에 대한 학자들의 연구결과 발표는 다소 시간이 걸릴 수 있습니다. 그럼에도 불구하고 턱없이 부족하다는 느낌을 지울 수 없군요. 이번에도 그냥 이렇게 넘어갈 것 같은 '불길한' 예감이 듭니다.

예측조사 실패의 직접 당사자들은 이번에도 별다른 대응이 없습니다. 공중파 방송 3개사와 YTN 담당자들은 늘 그래 왔듯이 일상 업무로 복귀했습니다. 이들의 모습은 2010년 지방선거 때라야 다시 볼 수 있겠죠. 신문사도 마찬가지입니다. 심지어 여론조사 전문기자마저 다른 업무를 수행하고 있습니다.

여론조사를 실시한 조사기관들의 모임인 한국마케팅여론조사협회KOSOMAR 역시 아무런 반응이 없습니다. 더 긴급한 현안이 있는 것 같지도 않은데 말이죠. 선거 직후인 4월 15일 KOSOMAR 이사회에선 '6월 온라인 관련 세미나 기획안', '지식경제부 지식서비스과 시장조사사업 지원 요청', 'ESOMAR 신규규정 채택 결의', '2007년 회원사 매출자료 취합 및 연회비 청구' 등이 논의됐고, 29일 열린 사장단 및 이사회 회의에서도 비슷한 논의가 있었을 뿐입니다.

실패를 통해 어떤 교훈을 얻었는가

광우병 파동, 대지진과 같은 사건 사고도 그렇지만 실패 사례를 통해 시사점을 얻는 것이 중요합니다. 동일한 실패를 반복하지 않기 위해선 문제점 도출과 함께 다양한 해결방안이 검토 모색되어야 합니다. 여론조사도 마찬가지겠죠. 그런 점에서 1992년 총선 때 보수당 승리를 예상했다 실패한 영국 사례는 되새길 만합니다. 미국의 경우도 최근 두 차례의 대선 예측 실패를 통해 많은 교훈을 얻은 것으로 보고되고 있습니다.

한국언론학회 긴급토론회 발제자였던 충남대 조성겸 교수도 지적했지만 지금까지 우리는 총선 예측조사 실패 원인을 응답자에게 돌리는 경향이 있었습니다(조 교수는 이밖에 다른 실패 요인에 대해서도 충분히 할애하고 있습니다). 특히 고연령층 유권자들이 투표 후보를 제대로 밝히지 않았다고 했습니다. 그러나 그들이 숨기지 않고 제대로 응답했다고 하더라도 예측에 실패할 수밖에 없었다는 것이 조 교수의 결론입니다.

이번 총선의 경우 낮은 투표율 때문에 실패할 수밖에 없었다는 시각이 있습니다만, 이 또한 일종의 책임 회피로 볼 수 있습니다. 선진국 사례에서 알 수 있듯이 투표율은 앞으로도 높아질 가능성이 별로 없습니다. 캐나다만 하더라도 투표에 대한 유권자들의 헌신이 매우 약한 것으로 나와 있더군요. 늘 투표하겠다는 'Entrenched(강한 헌신)'가 5%에 불과했고, 'Average(약한 헌신)'에 해당하는 응답도 28%에 그쳤습니다.

언론과 조사기관은 더 늦기 전에 총선 여론조사 실패 원인분석과 해결방안 마련에 착수해야 합니다. 자신들에게 어떤 문제점이 있었는지 돌아보는 것도 꼭 필요합니다. 정치학, 통계학, 조사연구 등 관련 분야 학자들의 도움이 있어야 할 것입니다. 총선 때 지출했던 예산 중 극히 일부만 할애하면 가능하겠죠. "네 번씩이나 틀린 총선 예측조사를 다시 실시해야 하나"라고 회의를 표하는 사람들이 더욱 늘어났지만, 4년 후 총선 때도 동일한 조사가 실시 발표될 것입니다. 만약 이번에도 그냥 넘어가면 또 틀릴 수밖에 없겠죠.

_ 2008.05.16.

▌투표율 제고 위해선 '기록제' 도입해야▐

18대 총선 투표율이 전국선거 사상 최저인 46.1%를 기록했습니다. 대선 이후 넉 달만의 선거여서 주목도가 떨어지고 피로감이 생긴 탓이라고 합니다. 지난 2004년 17대 총선 때의 탄핵처럼 전국적인 이슈가 없었고 여야 공천이 늦어져 후보를 알릴 기회도 적었습니다. 그래서 지금 학계와 시민단체에선 대표성이 결여된 소수 지배가 현실화되어 대의민주주의 자체의 위기가 도래했다는 우려가 제기되고 있습니다.

문제는 그럼에도 불구하고 투표율을 올릴 수 있는 마땅한 대안이 없다는데 있습니다. 투표율 제고는 그 동안 두 가지 방식으로 논의되어 왔습니다. 투표 참여자를 우대하는 방향과 투표 참여를 강제 혹은 의무화하는 방향이 그것입니다. 특히 투표 참여자 인센티브는 법제화를 거쳐 이번 총선부터 실제로 적용됐습니다. 박물관이나 미술관 공영주차장 등의 입장료 면제 혹은 할인혜택에서 일부 지역이 제외되고 기간이 정해져 있는 등 유명무실하다는 비판이 나오고 있지만 말입니다.

이들 두 가지 방식이 구체적인 제도로 현실화되지 못한 것은 역설적으로 투표율 저하를 우려하고 있는 학계와 시민사회의 비판적 지적 때문입니다. 투표 참여자를 실질적으로 우대하자는 논의에 대해선 "참정권의 상품화", 투표 참여를 강제 혹은 의무화하겠다는 것에 대해선 "기권도 정치적 의사 표현"이란 비판을 제기하고 있습니다. 그래서 어떻게 하자는 대안도 없는 채 말입니다.

투표율 제고 주무부서인 선관위 활동도 기존 관행에서 크게 벗어나지 못하고 있습니다. 선관위는 그 동안 투표 편의성 제고, 투표 채널의 다원화, 유권자의 투표 의무감을 강조하는 홍보 및 교육 활동에 초점을 맞추어 왔습니다. 나름의 활동과 노력에도 불구하고 투표율 하락이 계속되고 있다는데 주목해야 합니다.

선관위 목표집단Target group이 전체 연령대라는 점을 지적할 필요가 있습니다. 정치 불신과 무관심 증대로 말미암아 전체 연령대에 영향을 주는 측면이 있지만, 투표율 하락은 대부분 저연령대에 한정된 것입니다. 가령, 50대 이상은 면제 또는 할인 혜택으로 인해 투표율이 더 높아질 여지가 별로 없습니다. 투표도 하나의 습관이란 점에서 투표권을 처음 행사하는 20대 대상의 특화된 대책이 마련되어야 하는데, 지금까지의 선관위 활동은 그렇지 못했던 것 같습니다.

20대 등 저연령층 투표율 제고에 초점 맞춰야

투표 참여 여부를 전산으로 기록 관리하는 제도를 도입하는 것이 어떨까요. 개인별 투표 참여 여부를 정부에서 누적 관리한다는 겁니다. 투표 참여자를 당장 우대하는 것이 아니므로 '참정권 상품화'란 비판에서 자유롭습니다. 투표 참여를 강제하거나 의무화하는 것이 아니기 때문에 '기권도 정치적 의사 표현'이란 지적도 온당치 않습니다. 다만 공직 등 특정 직종 진출을 희망하는 유권자에게 장차 불이익이 될 수 있다는 여지만 남겨 두자는 것입니다.

1987년 이후 18년 동안 전국단위 선거가 총 12번 실시됐다고 합니다. 평균 1년 6개월에 한 번씩 투표 기회가 있었던 셈이죠. 이를 기록해 뒀다고 가정해 봅시다. 가령, 12번 중 2~3회 정도 투표한 사람이 국회의원에 출마하겠다고 나설 수 있겠습니까. 공직 진출을 염두에 두고 있는 경우도 마찬가지라고 생각합니다. 요즘처럼 취업이 힘든 시기에 장차 어떤 불이익을 당할지 모르는 상황에서 기권하기가 쉽지 않을 것입니다. 부모 입장에서도 투표소로 자식의 등을 떠밀고 싶지 않을까요. 음주운전 3회 이상자를 국회의원 공천에서 배제하겠다는 원칙이 나올지 누가 알았겠습니까.

_ 2008.04.13.

▮언론사 공동 여론조사 실시해야▮

여기저기서 "여론조사에 문제가 많다"는 얘기가 나오면 대통령 혹은 국회의원 선거가 다가왔다고 보면 됩니다. 관련 학회나 단체에서 여론조사 보도의 문제점과 개선방안, 신뢰도 제고방안 등과 비슷한 주제로 세미나가 열리고 정치권에서도 예민한 반응을 보이기 시작합니다. 여론조사에 대한 관심과 이용자가 늘어나고 활용처가 많아지면서 여론조사 보도를 둘러싼 이해 관계자가 그만큼 많아졌다는 뜻입니다.

총선 여론조사 보도의 개선방안을 내놓기 위해선 우선 보도 실태와 문제점부터 살펴야 하고, 그 이전에 여론조사 보도 일반의 문제점을 검토해야 할 것입니다. 우리나라 선거 여론조사 보도의 문제점을 일목요연하게 정리하고 있는 가장 최근의 논문으로 양승찬 숙명여대 교수의 '한국의 선거 여론조사와 그 보도에 대한 이슈 고찰'(커뮤니케이션 이론 3(1): 83-119, 2007)을 꼽을 수 있습니다. 관련된 후속 분야 연구에서 자주 인용되고 있는 글들을 종합적으로 정리 분석하고 있기 때문에 여론조사 보도의 전반적 문제점을 쉽게 파악할 수 있습니다.

양 교수는 한국의 선거 여론조사 보도 문제점을 네 가지로 분류 정리하고 있습니다. 언론사 주관 여론조사 자체의 문제, 여론조사 관련 정보의 제공, 여론조사 결과 해석·제시에서의 잘못된 보도, 사회과학과 저널리즘의 갈등이 그것입니다. 여론조사 방법 자체의 문제를 조사기관 몫으로 제외하면 결국 여론조사 보도와 관련된 각종 문제점은 보도 행태와 조사결과의 영향력 두 가지로 요약할 수 있습니다. 그리고 이 두 가지 문제점은 양 교수가 제시한 마지막 문제점, 즉 여론조사 보도에 있어서 사회과학과 저널리즘의 갈등을 어떻게 해결할 수 있을 것인가로 귀착됩니다.

여론조사에 대한 사회과학과 저널리즘의 입장 차이는 조사의 주된 목적, 여론 형성에 대한 이해, 사실과 수에 대한 이해, 지향하는 가치 등 네 가지 측면에서 현격하게 대비되고 있습니다. 또 이러한 인식 차이와 간격은 좀처럼 좁혀지지 않고 있습니다. 거칠게 말해 '객관적 사실에 바탕한 학문적 엄밀성'을 강조하는 사회과학과 '주관적 해석에 입각한 실용적 융통성'에 주목하는 저널리즘은 '태생적 불화胎生的 不和' 가능성이 있기 때문에 그 간격을 좁히기가 매우 어렵습니다. 실제로 여러 학자와 관련 전문가들이 오랜 기간 이 점에 주목해 왔지만 아직 뚜렷한 해결방안을 내놓지 못하고 있는 실정입니다.

총선에선 여론조사 보도 이슈 감소

그나마 다행인 것은 총선에 한정할 경우 다른 선거에 비해 여론조사 보도 이슈가 줄어드는 특징이 있습니다. 여론조사 보도의 근본적 문제점이 사라진다는 것이 아니라 대선이나 지방선거에 비해 훨씬 이슈가 적다는 뜻입니다.

경마식 보도만 하더라도 총선에선 비교적 자유스럽습니다. 대선의 경우 전국이 하나의 선거구이므로 누구나 쉽게 그리고 자주 조사를 실시해 발표할 수 있습니다. 경마식 보도가 불가피한 환경에 처하게 됩니다. 그러나 전 지역구를 대상으로 하는 총선 여론조사는 기껏해야 1회 혹은 2회 정도 실시할 수 있습니다. 경마식 보도에 대한 비판 자체가 성립할 수 없습니다. 또한 조사결과 보도의 영향력 측면에서도 문제점이 줄어듭니다. 조사 횟수가 감소하기 때문에 밴드웨곤

Bandwagon 혹은 언더독Underdog 효과에 대한 이슈가 약화되면서 여론조사의 실질적 영향력이 대폭 줄어듭니다. 조사결과마다 왜 이렇게 차이가 있느냐는 불평이 제기될 소지가 거의 없습니다.

게다가 과다한 비용 때문에 중앙 언론사 몇 군데를 제외하면 본격적인 총선 보도가 어렵습니다. 245개 지역구 전체를 조사해야 하기 때문에 몇 억대의 비용을 감당할 수 있어야 합니다. 전국적인 판세 보도를 한 번 하기 위해 그만한 비용을 부담할 수 있는 언론사는 방송 3사를 제외하곤 없을 것입니다. 관심 혹은 격전 지역이란 명목으로 수십 개 안팎의 지역에 한정해 조사를 실시 보도하는 것도 이 때문입니다.

언론사 공동 여론조사 도입해야

다른 선거에 비해 총선 여론조사 보도 이슈가 적다는 것을 핑계삼아 한 가지 제안을 하고자 합니다. '언론사 공동 여론조사'가 그것입니다. 여론조사 방법 자체의 문제점을 개선할 수 있을 뿐 아니라 여론조사 보도 측면에서 남아 있는 문제점을 해결할 수 있는 방법입니다. 무엇보다 총선 여론조사 보도 측면에서 사회과학과 저널리즘의 갈등을 상당 부분 해소할 수 있을 것으로 기대됩니다.

4년마다 이루어지는 언론사의 총선 여론조사 보도는 구조적 한계점을 가지고 있습니다. 우선 조사기관 입장에선 '고생만 실컷 하고 남는 돈 없고 보람도 없는 구조'입니다. 대규모 표본을 조사하다보니 을의 입장에서 적정 단가를 요구할 수 없습니다. 조사기관끼리의 치열한 경쟁도 생각해야 합니다. 덤핑 수준의 용역금액을 감내할 수밖에 없고, 면접원의 일시적 충원과 관리를 비롯해 제대로 된 실사 Fieldwork 관리가 어렵게 됩니다. 설사 적정 금액을 받았다고 하더라도 시간적으로나 물량적으로 평소의 적정 조사 수용량Capacity을 초과하기 때문에 신뢰성 있는 조사결과 산출이 쉽지 않습니다.

언론사 입장에선 '큰 돈을 들여 조사를 시켜놓고도 찝찝해 하는 구조'입니다. 막대한 조사비용을 지불할 수 있는 언론사도 손을 꼽을 정도지만, 그나마 지출 가능한 용역금액이 조사기관 제시 요구액에 턱없이 부족하다는 것을 깨닫게 됩니다. 결국 표본을 줄이는 쪽으로 타협이 이루어질 수밖에 없습니다. 지역구별 표본이 적어 1~2위 후보의 지지율 격차가 10%포인트 이내일 경우 정확한 판세 예측이 곤란해집니다. 나중에 후보별 득표율과 비교해 상이한 결과를 기꺼이 감수해야 합니다.

총선 여론조사 보도를 이용하고 지켜보는 정치권과 유권자도 마찬가지입니다. '정보는 부족하고 믿음을 갖기 힘든 구조'에 빠져 있습니다. 정당별 후보 공천과정에선 아무런 정보가 주어지지 않고 있습니다. 여론조사 관련 소문과 주장이 난무할 뿐입니다. 대부분의 후보들이 자신이 우세한 것으로 나온 ARS자동응답시스템 여론조사 결과를 한두 가지씩 가지고 있습니다. 또한 선거에 임박해 1~2회 보도되는 언론사 여론조사는 시간적 요인으로 인해 막판 변수 반영이 미흡하고 적은 표본으로 많은 지역을 예측하다보니 번번이 틀려 신뢰를 받지 못하고 있습니다. 실제로 지난 세 번의 총선 여론조사 보도는 결과적으로 모두 실패한 것으로 드러났습니다.

그렇다면 언론사의 총선 공동 여론조사는 어떻게 해야 할까요? 간단합니다. 5개 언론사가 5개 조사기관에 1 : 1 개별적으로 조사를 맡겨 보도하는 방식 대신 5개 언론사가 공동으로 갑이 되고 5개 조사기관이 공동으로 을이 되는 것입니다. 설명의 편의를 위해 245개 지역별로 400명씩 1회 조사를 할 경우 전체 표본은 대략 100,000명이 됩니다. 표본 당 단가가 4,000원이면 4억이 소요됩니다. 그러나 만약 5개 언론사가 공동으로 조사할 경우 각 언론사는 절반인 2억만 지출해도 충분합니다. 모두 합치면 10억이 모아지기 때문입니다. 2~3회 조사가 가능할 뿐 아니라 지역구별로 표본 수를 늘려 표본오차를 훨씬 줄일 수도 있습니다.

조사기관 입장에서도 불리하지 않습니다. 1개 언론사와 4억으로 계약했다고 하더라도 현재의 구조로는 남는 것이 별로 없다고 합니다. 100,000명을 5개 조사기관이 나누면 20,000명만 조사하면 됩니다. "100,000명 조사하고 4억을 받겠는가, 20,000명 조사하고 2억을 받겠는가"라는 질문은 우문에 불과합니다. 실사관리가 충실해져 스스로 생산한 조사결과에 대해 자부심과 믿음을 가지는 것은 덤입니다. 만약 지방 언론사를 공동 조사에 포함시킬 경우 더욱 더 좋은 조건에서 여론조사가 이루어질 수 있습니다.

보도 행태와 영향력 문제점 대폭 줄어들 것

이처럼 언론사 공동 여론조사가 실시될 경우 총선 여론조사 보도의 문제점은 상당 부분 해소될 수 있습니다. 비용 절감을 제외한 여론조사 보도 측면에서 말입니다. 당장 여론조사 보도 문제점의 주요 부분을 차지하는 여론조사 방법 자체에서 상당한 개선효과가 있고 '사회과학'이 요구하는 바를 거의 수용할 수 있습니다. 가령, "속보 경쟁으로 인해 표본의 대표성을 담보하기 어렵다"거나 "언론사별 정당과 후보자 지지도를 상이한 질문방식으로 측정하고 있다"는 비판에서 벗어날 수 있습니다.

여론조사 보도 행태와 영향력 측면에서도 개선이 가능합니다. "왜곡 보도, 공정하지 않는 편파 보도, 후보자 간의 불균형을 야기하는 보도" 등의 문제점은 원천적으로 봉쇄되거나 자제될 수밖에 없습니다. 동일한 원자료가 제공된 상태에서 불공정·편향성·불균형 등을 감수하기가 쉽지 않을 것입니다. 공동 여론조사에 참여한 언론사끼리의 비교를 통해 잘못된 보도가 선명히 드러날 것이기 때문입니다.

여론조사 보도에 있어서 사회과학과 저널리즘의 갈등 부분도 해소할 수 있습니다. "지지도 변화에만 집중한다"는 비판에 대해선 공동 대응을 통해 소모적 경쟁을 줄이는 대신 유권자의 선택을 돕기 위한 활동에 집중할 수 있습니다. 여론 변화에 대한 풍부한 분석과 설명, 정책 관련 유권자의 평가 등에 초점을 맞출 수 있습니다. 적어도 총선과 관련해선 '긴급 여론조사'를 찾아보기 힘들 것이고, "단기적 관점에서의 비전문적 기획"에 치중한다는 비판에서 자유로울 수 있습니다. 또한 통계적으로 차이가 없는 수치에 대해 의미를 부여하고자 하는 시도 역시 자제될 수밖에 없을 것입니다.

이외에도 공동 여론조사를 실시하면 언론사끼리 또 조사기관 간의 정확성을 둘러싼 불필요한 경쟁을 예방할 수 있습니다. 또한 공동 여론조사는 여론조사 보도의 본래적 기능을 수행하는데 기여할 수 있습니다. 저마다 자신이 1위라는 후보별 조사의 잘못을 바로잡을 수 있는 기준점 역할을 합니다. 상대적으로 객관적인 조사결과를 구하기가 쉽지 않기 때문입니다. 미국의 저명한 조사기관 대표인 Zogby는 "언론 여론조사는 공개적이라는 점, 또 어떤 후보가 경선에서 앞서고 있는지 유권자에게 알려주는 것이 주 목적"이라고 했습니다.

당장 이런 조사가 이루어지기 힘든 점이 있을 것입니다. 기존의 관행에서 벗어난 일이기 때문입니다. 또 어떻게 모든 언론사가 동일한 내용으로 보도할 수 있단 말인가라는 불평이 나올 수 있습니다. 그렇지 않습니다. 얼마든지 달리 보도할 수 있습니다. 가령, 편집과 그래픽 차별화, 오차범위 내 결과해석 등에서 상이한 결론과 전문가적 분석이 가능합니다. 오히려 여론조사 보도의 질적 향상을 기할 수 있는 측면이 있습니다. 전 지역을 대상으로 한 후보별 지지율, 즉 판세만 공동으로 진행하는 것입니다. 중앙당 차원의 정책 대결이나 전국적인 이슈를 다루는 여론조사는 개별 언론사가 얼마든지 별도로 진행할 수 있고 또 그렇게 해야 합니다.

공동 여론조사 수행에 있어서 미처 생각하지 못했던 제약이나 애로사항이 있을 것으로 예상됩니다. 그러나 선거 때마다 반복적인 논의가 진행될 뿐 더 이상 앞으로 나아가지 못하고 있는 현실을 감안한 고육지책으로 이해하기 바랍니다. 언론사, 조사기관, 정치권과 학계 등 관계자들의 긍정적 검토와 결단이 필요하다고 봅니다.

_ 2008.03.26.

▌영호남 유권자는 각성하라 ▌

"기존 체제가 허용하는 범위 안에서 사회적 모순을 제거한다"는 의미의 '개혁'은 늘 좋은 것입니다. 혁명과 달리 기존 체제를 유지한 채 나쁜 것을 제거한다는 뜻이니 그 속에 어떤 내용물을 담든 반대하기가 어렵습니다. 그러나 좋은 것이라고 해서 누구나 쉽게 할 수 있는 것이 아닙니다. 개혁의 주체와 그것을 바라보는 사람이야 좋겠지만 그 대상이 되는 사람들에겐 크나큰 고통과 희생이 따르기 때문이죠.

18대 총선을 앞두고 한나라당과 통합민주당의 개혁 공천이 화제입니다. 특히 영호남 지역의 상당수 현역들은 개혁이란 단어 앞에서 하루아침에 물갈이 대상으로 전락할 처지에 놓였습니다. 새까맣게 타들어간 속을 드러내놓기도 조심스럽습니다. 본인 스스로 '사회적 모순'이란 점을 자인하는 꼴이니까요. 만약 무소속 출마라도 염두에 두고 있다면 역효과도 걱정해야 합니다.

개혁 공천과 지역주의 투표 행태

그런데 한 번 생각해 보십시오. 그 좋은 개혁의 과실은 한나라당과 통합민주당이 독차지하는데, 그 개혁의 대상이 누구인가를 말입니다. 물론 지역구 현역 의원이 일차적 대상이겠죠. 그러나 그런 물갈이 대상자를 한두 명도 아니고 수십 명씩 뽑아줬던 유권자는 어떻게 되는 것입니까.

성격이 다르다고 말하는 사람이 있지만 4년 전에도 또 8년 전에도 개혁 공천이 있었습니다. 이번과 마찬가지로 영호남 지역이 주요 대상이었고요. 중앙당에선 개혁을 했으니 뽑아달라고 호소했을 테고, 영호남 유권자들은 전폭적인 지지를 보냈습니다. 개혁을 넘어 혁명에 가까운 공천을 했다고 하니 믿고 찍을 수밖에 없었겠죠.

문제는 개혁 공천에 대한 지지가 지역주의 투표 행태로 나타났다는 점입니다. 개혁 공천과 지역주의 투표의 인과관계에 대해선 잘 모르겠습니다. 개혁 공천을 했기 때문에 지역주의 투표를 통해 전적으로 표를 몰아줬는지, 아니면 인물에 대한 검증 없이 몰표를 줬기 때문에 선거 때마다 개혁이 불가피했는지 말입니다.

이번 총선에서도 동일한 상황이 반복될 것 같습니다. 충청권을 기반으로 한 자유선진당의 출현으로 말미암아 지역주의 투표행태가 더 악화될 것으로 보입니다. 지난 주말 중앙일보가 영남에서 비한나라당, 호남에서 비통합민주당 후보가 당선될 만한 지역구 몇 군데를 선정해 조사한 결과, 고질적인 지역주의 투표 행태가 재현될 가능성이 매우 높게 나타났습니다(중앙일보 3월 10일자 4면 참고).

영호남이 개혁 대상에서 벗어나려면…

감히 말하건대 영호남 유권자들의 각성과 냉정한 판단이 필요하다고 봅니다. 과연 한나라당과 통합민주당의 개혁 공천이 계파를 위한 것인지 지역 유권자를 위한 것인지 가려내야 합니다. 개혁 대상자로 거론되고 있는 현역이 잘했다거나 억울하다는 주장에 동조하는 것이 아닙니다. 골라낼 사람은 걸러내야 합니다. 그러나 혹시라도 다른 지역에선 감히 꺼내지 못하던 개혁의 칼을 영호남 지역에서 마구 휘두르는 것은 아닌지 살펴야 합니다.

"나무 막대기를 꽂아놔도 당선"이란 영호남의 전통적 지역구도가 더 이상 발붙이지 못하도록 이제부터라도 막아내야 합니다. 만약 영남에서 한나라당이 싹쓸이하고 호남에서 통합민주당이 독식하도록 방치할 경우, 영호남 유권자들은 4년 후 또 다시 사람을 잘못 뽑았다는 비난과 함께 개혁 대상으로 전락할 것이기 때문입니다.

　개혁 공천, 물론 좋은 것입니다. 아래로부터 개혁, 유권자가 후보자를 꼼꼼히 살펴서 제대로 뽑는 방식으로 개혁을 이루어내자는 것입니다. 영호남 유권자의 '습관적' 지역주의 투표 행태가 위로부터의 개혁을 불러온 것은 아닌지 반성이 필요하다고 봅니다.

_ 2008.03.11.

"총선 변수를 찾습니다"

한나라당은 올 4월 총선에서 과반을 넘겼으면 좋겠다는 '소박한' 목표를 제시한 바 있습니다. 적어도 겉으로는 말입니다. 그러나 "이러다 200석 넘는 거대 집권여당이 탄생하는 것 아니냐"고 걱정하는 사람들이 꽤 있더군요. 대통령 선거로부터 4개월 그리고 취임일로부터 한 달 정도 이후 총선이 치러지기 때문에 '이명박 효과'가 재현될 수밖에 없다는 것입니다.

통합신당 등 비非한나라당은 아직 뾰쪽한 묘수를 찾아내지 못한 것 같습니다. 이번 설만 하더라도 특단의 활동을 펼쳤다는 소식이 없더군요. 물론 손을 놓고 있었다는 것은 아닙니다만. 이명박 당선인 캠프가 대선 출마를 앞둔 2006년 추석에 귀성객과 지역민을 대상으로 지지율 제고 특별 프로젝트를 전개한 것과 대비되지 않습니까. 비한나라당의 미미한 지지율을 생각하면 말입니다. 아마 이번 주에 몇몇 여론조사 결과가 발표되겠지만… 주목할 만한 변화는 없을 듯합니다.

정치권과 언론 등이 열심히 새로운 변수를 수배하고 있지만… 신통한 것이 별로 없는 것 같습니다. 결국 총선 변수라고 해봐야 두세 가지 정도 아닐까요. '안정론' 대비 '견제론'의 상대적 증가, 일시적으로 봉합된 한나라당 공천 갈등, 통합신당의 개혁 공천과 자유선진당의 충청권 선전 여부 등.

'견제론'이 변수가 될 수 없는 이유

최근 대통령직 인수위 독단과 관련해 가장 주목받고 있는 총선 변수가 거대 집권여당 '견제론'입니다. 인수위 활동에 대한 긍정 평가가 줄어들고 있고, 총선에서 집권세력에 힘을 실어줘야 한다는 안정론이 낮아지고 있는데 비해 정부 여당의 독주를 막아야 한다는 견제론이 높아지고 있다는 것입니다. 그러나 결론부터 말씀드리면 견제론은 총선에서 변수가 될 가능성이 적다고 봅니다.

첫째, 견제론이 높아졌다고 하지만 여전히 안정론 응답이 높습니다. 지난 4일 문화일보 조사만 하더라도 견제론은 작년 연말에 비해 올랐지만 40.8%에 그쳤고, 안정론은 떨어졌지만 55.6%였습니다. 견제론의 상대적 강세 원인이었던 인수위 활동이 마무리되었기 때문에 더 이상 높아질 여지도 없어졌습니다. 이명박 당선인 역시 취임과 함께 허니문 기간이 시작될 테고, 또 총선 때까진 조심스런 행보를 보이지 않겠습니까.

둘째, '안정론 대 견제론'은 이성理性을 묻는 질문이라 변수 가능성을 판단하기에 부적절합니다. '안정'은 좋은 인상을 주는 단어지만 독주 느낌 때문에 견제에 비해 부정적으로 비칩니다. 반면 '견제'는 균형이란 뜻을 내포하고 있기 때문에 안정에 비해 호의적으로 받아들여질 가능성이 많습니다. 한나라당 대 비한나라당 지지도의 상당한 격차에도 불구하고 안정론 대 견제론 격차가 상대적으로 적은 것은 이 때문입니다. 지난 1월 수도권 일부 지역구를 대상으로 실시한 중앙SUNDAY 여론조사에서도 견제론은 30% 안팎을 나타냈습니다(지역별로 조금씩 차이가 있지만 안정론은 50%에 미치지 못했고, 나머진 '모름/무응답'이었습니다).

셋째, 견제 쪽을 선택하고 싶은데 대안이 마땅치 않습니다. 총선 후보 지지율에서 한나라당 후보 대 통합신당 후보는 대략 50% 대 10%를 나타내고 있습니다. 나머지 정당 후보 지지율을 모두 합쳐도

50% 대 20% 안팎입니다. 머리와 마음은 견제를 찍어야 한다고 생각하고 있지만, 손과 발은 안정 쪽으로 움직이고 있는 꼴입니다. 중앙일보 사설 표현처럼 "여전히 건강하고 효율적인 야당을 찾지 못하고 있다는 증거"입니다. 남은 2개월 동안 이런 상황이 변화될 가능성이 있을까요.

"이성은 작은 조랑말, 감정은 커다란 코끼리"

그렇다고 견제론이 전혀 변수가 될 수 없다는 것은 아닙니다. 여론조사 질문 응답이 아니라 실제 현실에서 견제론이 대두되는 경우입니다. "이성은 작은 조랑말, 감정感情은 커다란 코끼리"란 말이 있습니다. 공천 갈등 재연, 이명박 정부의 강박관념이나 과욕 등 어떤 이유에서건 견제론이 국민적 감정으로 공감 확산되는 경우는 예외입니다. '작은 조랑말' 견제론이 '커다란 코끼리'로 변신해 지난 총선 때와 비슷한, 즉 한나라당이 초반 열세를 극복하면서 열린우리당 의석을 과반 정도로 막아냈던 결과가 정당 이름만 바꾼 채 18대 총선에서 재현될 수도 있을 것입니다.

_ 2008.02.11.

한나라당 독주 견제론으로 개헌선 저지?

올 4월 총선에서 한나라당이 과반 의석을 넘어 개헌선까지 획득할 수 있다는 분석이 나오고 있습니다. 당내 갈등을 수습하면서 총선 준비에 박차를 가하고 있는데 비해 다른 정당들은 아직 전열을 정비하지 못하고 있습니다. 민주당 박상천 대표가 통합신당과의 통합을 제안한 것이나 창조한국당이 다른 당과의 연대를 놓고 내분에 휩싸인 것도 이런 분석과 무관하지 않을 것입니다.

보도에 의하면, 이명박 대통령 당선인은 23일 박근혜 전 한나라당 대표의 공천 관련 '요구사항'을 대부분 수용토록 지시했다고 합니다. 공천을 둘러싼 한나라당 내 갈등은 이번 총선의 최대 변수입니다. 공천결과가 구체적으로 드러나면 다시 불거질 수 있겠지만, 당장은 총선 최대 변수가 수면 아래로 사라진 셈입니다. 따라서 통합신당 등 장래 야당은 '과반 저지'가 아니라 '개헌선 저지'를 목표로 총선에 임해야 할 처지에 놓이게 됐습니다. 마치 17대 총선 때 노무현 대통령 탄핵 후폭풍으로 인해 당시 열린우리당이 200석을 넘길 것 같았던 상황이 전개되고 있는 것입니다.

4월 9일 총선 때까지 70일 정도 남았습니다. 어떤 변수가 돌출할지 모르기 때문에… 길다면 긴 시간입니다. 지난 총선만 하더라도 노 대통령 탄핵안 가결을 비롯해 정동영 열린우리당 의장의 노인 폄하 발언, 정 의장의 선대위원장과 비례대표 사퇴 선언, '박근혜 효과'

등 여러 변수들이 판세를 흔들어놨습니다.

그러나 최근 실시된 지역별 민심 여론조사를 분석해 보면 한나라당 독주를 막아내기가 쉽지 않을 것 같습니다. 정당 지지도 혹은 총선 후보 정당 지지도에서 워낙 격차가 큽니다. '이명박 효과'가 여전히 위력을 발휘하고 있습니다. 현재로는 대선 때와 비슷한 상황이 전개될 가능성이 높습니다. 뭔가 한 건 터지면 좁혀질 것 같았던 지지율 격차가 끝내 좁혀지지 않은 채 지속된 것처럼 말입니다.

"반성하면서 거듭나는" 방법

"이번 대선에서 국민들이 (민주개혁 진영에 대한) 심판을 했지만 야당이 없어지면 민주주의가 어렵지 않겠느냐는 불안감이 (국민들 사이에) 있다"며 "반성하면서 거듭나면 (오는 총선에서) 50년 정통 야당의 맥을 살려낼 수 있다."

24일 손학규 대통합민주신당 대표가 김대중 전 대통령을 만나 들었던 얘기라고 합니다. 야당 지지 기반이 있으며, 이들을 보고 열심히 뛰면 얼마든지 가능성이 있다는 말씀입니다. 최근 조사결과에서도 그런 점이 확인되고 있습니다. "국정 안정을 위해 여당 후보를 찍어 달라"는 한나라당 주장과 "독주 견제를 위해 야당 후보를 찍어 달라"는 장래 야당 주장에 대한 공감 비율이 수도권에서 대략 40% 대 30% 정도입니다. 수도권에서의 한나라당 석권 가능성, 한나라당과 통합신당 지지도가 45% 대 10% 안팎인 것과 비교하면 '독주 견제론'에 대한 지지가 제법 높은 편입니다. 관건은 "반성하면서 거듭나는" 방법이겠죠. 50년 정통 야당의 맥을 살려낼 수 있는 방법 말입니다. 상당수 유권자들이 통합신당 등 장래 야당을 지켜보고 있습니다. 얼마든지 지지할 용의가 있다고 의사까지 표명했습니다. 이런 상황을 놓고 "이제 공은 통합신당 등 야당에게 넘어갔다"고 표현할 수 있을까요. 18대 총선의 주요 관전 포인트입니다.　_ 2008.01.24.

3. 17대 대선 여론조사
▮대선후보 지지율 엿보기▮

　지난주 13일부터 투표일까지 실시되는 대선후보 지지율 여론조사는 접할 수가 없습니다. 선거법에 의해 공표가 금지되기 때문이죠. 대선정국 막판에 공개된 이명박 한나라당 후보의 BBK 동영상만 하더라도 지지율에 미치는 효과를 알 길이 없습니다. 늘 발표되던 조사결과를 알 수 없으니 새삼 궁금증이 더할 것입니다.

　여론조사 전문가들은 12일까지 실시 발표된 조사결과와 큰 변화가 없을 것이라고 합니다. 선거 3주일 전부터 투표일까지 공표가 금지됐던 지난 2002년 대선 때 실시된 여론조사 결과가 실제 득표율과 차이가 없었음을 근거로 들고 있습니다. 22일 전 조사결과도 비슷한데, 1주일 전 조사결과와 실제 득표율에 얼마나 차이가 있겠느냐는 거죠. 참고로 지난주 12일까지 실시된 언론사 여론조사에서 앞선 세 후보의 지지율은 이명박 후보 40~46%, 정동영 후보 14~17%, 이회창 후보 11~18% 사이였습니다.

　여론조사 보도금지 기간 동안 적어도 공식적으로는 지지율 추이를 알 수 있는 방법이 없습니다. 그러나 지지율을 엿볼 수 있는, 즉 추정해 볼 수 있는 방법마저 없는 것은 아닙니다.

캠프 주장과 언론보도 통해 추정
　첫째, 후보 캠프의 주장을 통해 지지율 변화를 유추할 수 있습니다. 각 캠프에선 매일 다양한 형태의 여론조사를 실시합니다. 자신들에게 불리한 결과는 물론 숨기겠지만, 어쩌다 유리하게 나온 결과는 어떤 형태로든 소개할 것입니다. 그래서 공표 금지에도 불구하고 "역전했다" "근접했다" 혹은 "10% 정도 차이로 지지율 격차가 좁혀졌다"는 등의 주장을 내놓습니다.

그러나 이런 주장은 대개 절반 혹은 그 이하로 '디스카운트(평가절하)'해 받아들이시기 바랍니다. 가령, "앞선 후보에게 역전했다"고 주장하면 실제로 "좀 따라 잡았구나"라고 생각하십시오. 또 "상당히 근접했다"고 주장하면 지지율이 몇 %포인트 상승한 것으로 보면 됩니다. 그런 엉터리 주장을 왜 하느냐고 나무랄 수 있지만, '깜깜이' 여론조사 기간을 감안하면… 그저 고마울 따름입니다.

둘째, 언론 보도내용을 통해 추정할 수 있습니다. 대부분의 언론사는 보도금지 기간 동안에도 지지율 조사를 계속합니다. 결과 예측 목적도 있지만, 기사 작성 때 분위기를 반영하기 위해서죠. 대선 관련 기사를 꼼꼼히 읽다보면 12일까지 실시된 지지율 조사결과 이후 어떤 변화가 있는지 감지할 수 있습니다.

물론 가장 좋은 방법은 여론조사를 실시하는 언론사와 여론조사기관에게 직접 물어보는 것입니다. 그러나 이 방법은 상대방에게 선거법 위반을 주문하는 것이므로 삼가야겠죠.

_ 2007.12.16.

▌대선 변수 그리고 지지율 ▌

5일 BBK 의혹에 대한 검찰의 수사결과 발표가 있었습니다. 다들 이번 대선의 마지막 최대 변수라고 했었죠. 6일엔 남은 변수 중 하나인 TV 토론회(1차)가 있었고요. 이제 변수라곤 정동영-문국현 후보 단일화 그리고 이명박 후보의 재산 헌납 등을 꼽을 수 있습니다. 변수들이 대략 마무리되면서 이번 주에 많은 여론조사가 발표됐습니다. 세 후보 지지율을 중심으로 간단하게 정리했습니다.

	이명박	이회창	정동영
조인스-리서치앤리서치	40.9	17.6	13.7
문화-디오피니언	44.7	20.8	16.9
한경-중앙리서치	42.6	13.1	11.0
뉴시스-한길리서치	42.9	14.1	18.4
CBS-리얼미터	45.3	13.1	18.5

BBK 수사결과가 발표된 5일은 상대적으로 '마이너' 언론과 조사기관에서 여론조사를 실시 발표했습니다. 이명박 후보 지지율도 그렇지만, 이회창-정동영 두 후보의 지지율에도 편차가 있는 편입니다. 이명박 후보의 경우 최대 45.3%에서 최소 40.9%였고, 이회창 후보는 최대 20.8%에서 최소 13.1%, 정동영 후보는 최대 18.5%에서 최소

11.0%였습니다.

이회창-정동영 '공동 2위'

다음은 상대적으로 '메이저' 언론과 조사기관이 5~6일 혹은 6일 실시해 발표한 조사결과입니다. 이회창-정동영 두 후보의 지지율이 박빙으로 나오고 있는 것이 특징적입니다. 지지율 편차가 상당히 좁혀졌고, 누가 2위라고 함부로 말할 수 없을 만큼 여론조사 측면에서 제대로 된 '1강 2중' 구도가 짜여졌습니다.

	이명박	이회창	정동영
중앙 조사연구팀	40.5	15.9	16.8
조선-한국갤럽	43.9	17.5	16.1
한국-미디어리서치	40.7	17.0	16.5
SBS-TNS코리아	42.2	15.2	14.8
YTN-한국리서치	40.4	16.6	16.2

하나 빠뜨린 것이 있습니다. 세 후보를 제외하고 가장 높은 비중을 차지하는 것이 '없음/모름/무응답', 즉 부동층 비율입니다. 조사에 따라 제법 차이가 있는데, 한경-중앙리서치의 경우 26.2% 조선-한국갤럽은 13.2%입니다. 세 후보의 지지율에 다소 차이가 있는 것은 대개 부동층 비율 때문입니다. 선거에 임박해 여러 조사기관의 자료를 비교할 때 부동층 비율을 꼭 함께 살피시기 바랍니다.

_ 2007.12.07.

▋대선 여론조사 읽는 법▋

이번 17대 대선은 지난 대선과 여러 가지로 비교되고 있습니다. 여론조사 공표 금지기간도 그 중 하나입니다. 2002년 16대 대선 때는 선거 21일 이전(11월 27일) 조사까지 발표할 수 있었지만, 이번엔 7일 이전(12월 12일) 조사까지 보도가 가능합니다. 앞으로 1주일 동안 발표될 여론조사 자체가 하나의 변수인 셈입니다. 후보별 지지율이 물론 중요합니다. 그러나 단순 지지율과 함께 추가로 고려해야 할 사항이 몇 가지 있습니다.

투표 확실층 지지율에 주목해야

첫째, 전체 지지율도 중요하지만 '투표 확실층' 지지율에 주목해야 합니다. 왜냐하면 이들의 지지율이 실제 투표결과에 더 가깝기 때문이죠. 2002년 11월 27일 발표된 중앙일보 여론조사에서 노무현-이회창 후보의 전체 지지율 격차는 7.5%포인트였습니다. 당시 투표 확실층의 지지율 격차는 5.9%포인트였고, 실제 투표결과 지지율 격차는 2.3%포인트였습니다.

아시다시피 보수 성향에 가깝고 나이가 많은 유권자, 후보 충성도가 높은 지지층에게서 투표 확실층이 많습니다. 이들로부터 지지를 받고 있는 후보에게 유리한 결과가 나올 수밖에 없습니다. 가령, 이명박-이회창 두 후보는 전체 지지율보다 투표 확실층 지지율이 다소 높게 나오고, 정동영-문국현 두 후보는 투표 확실층 지지율이 다소 낮게 나옵니다.

3일 실시한 중앙일보 여론조사에 의하면, 전체 지지율은 이명박 40.0%, 이회창 19.0%, 정동영 15.0%, 문국현 4.4%, 권영길 3.0% 순이었습니다. "과거 선거 때 늘 투표했고 이번 대선에서도 꼭 투표할 것"이란 투표 확실층에선 이명박 42.8%, 이회창 19.7%, 정동영 16.0%, 문국현 3.7%, 권영길 1.9%였습니다.

부동층 증감 함께 고려해야

둘째, 지지율 추이는 동일 조사기관 자료를 토대로 비교하되, 부동층 증감을 함께 고려해야 합니다. 지난 주말에 실시된 4개 여론조사에서 이명박 후보 지지율은 40.2%(한겨레-리서치플러스), 39.2%(조선-TNS코리아), 35.7%(동아-KRC), 28.8%(서울-KSDC)로 '다양하게' 나왔습니다.

이 후보 지지율은 1주일 전에 비해 올랐을까요, 아니면 내렸을까요. 올랐다고 할 수도 있고 내렸다고 할 수도 있습니다. 11월 24일 실시된 동아일보 조사의 이 후보 지지율 37.1%를 기준으로 할 경우 한겨레 조사결과와 비교하면 40.2%로 3.1%포인트 올랐고 서울신문 조사결과와 비교하면 28.8%로 8.3%포인트 내렸습니다. 이 경우 동아-KRC 조사끼리 비교해야 한다는 것입니다. 11월 24일 조사에서 37.1%였는데 1일 조사에서 35.7%로 나왔으니까 이 후보 지지율이 1주일 사이에 1.4%포인트 하락했거나 거의 변함이 없다고 보면 되겠죠.

그러나 이런 결론도 완벽한 것이 아닙니다. '모름/무응답', 즉 부동층에 차이가 있기 때문입니다. 동아-KRC 11월 24일 조사 때의 부동층은 16.7%였는데 비해 1일 조사 땐 24.6%로 늘어났습니다. 지지율만 보면 걱정할 수 있겠지만 부동층이 늘어났기 때문에 나타난 현상이므로 그나마 '안심할 수 있는 하락'으로 치부할 수 있겠죠.

극단 혹은 특이 사례 배제해야

셋째, 극단적 혹은 특이한 사례 대신 전반적 추세에 관심을 가져야 합니다. 1일 실시된 서울신문-KSDC 여론조사를 단적인 예로 들 수 있습니다. 40% 안팎인 한나라당 이명박 후보 지지율이 28.8%로 떨어졌는데, 이는 별로 주목할 만한 가치가 없는 결과입니다. 전반적인 추세에서 벗어나 있기 때문이죠. 부동층이 37.0%까지 비정상적으로 높아진 것도 원인 중 하나입니다.

지난 주말 이후 실시된 여론조사를 종합해 보면, 현재 이명박 후보는 40% 혹은 여기에 약간 못 미치는(구체적으로 2~3%포인트) 지지율을 보여주고 있습니다. 이회창 후보는 20%에 미치지 못하는, 10%대 후반 지지율을 보여주고 있고, 정동영 후보는 15% 안팎의 지지율을 나타내고 있습니다. 중앙일보-SBS-EAI-한국리서치, KBS-미디어리서치가 각각 실시하고 있는 대선 패널 여론조사 결과도 일반적인 여론조사와 동일한 잣대로 비교되어선 곤란합니다. 가령, KBS 패널조사 결과를 바탕으로 정동영 후보가 이회창 후보를 누르고 2위에 올라섰다는 것은 성급합니다. 일반적인 여론조사와 패널 여론조사는 조사 설계와 방법에 차이가 있기 때문에 동일 차원으로 비교할 수 없습니다.

지역별 판세는 대규모 표본이라야

넷째, 지역별 판세는 대규모 표본이라야 의미가 있습니다. 일반적인 여론조사의 경우 전국 표본은 대개 1,000명, 많아야 1,500명입니다. 1,000명 조사 때 충청이나 호남지역 표본은 100명 안팎이고, 이때의 오차범위는 20%포인트 가깝습니다. 해당 지역에서 두 후보의 지지율 차이가 20% 이상 벌어져야 유의미한 격차로 볼 수 있다는 얘기입니다. 결국 지역별 판세를 확인하기 위해선 표본을 더 늘려야 합니다. 그렇지 않고 현재의 표본 규모를 고수할 경우 전국 판세를 확인하는데 그쳐야 할 것입니다.

_ 2007.12.05.

▮BBK 영향력, 조사결과보다 낮을 가능성 ▮

만약 BBK 의혹이 사실로 나타날 경우 24.4%가 이 후보에 대한 지지를 철회하겠다고 응답했다. 아직도 BBK 문제가 이 후보에게 최대의 난관이자 치명적인 비수가 될 수도 있음을 의미하는 대목이다.

한국지방신문협회가 24~25일 실시한 여론조사 결과를 인용 보도하고 있는 오마이뉴스 기사 중 일부입니다. 다른 언론매체에서도 이와 비슷한 보도를 내놓고 있습니다. BBK 의혹이 사실로 드러날 경우 1위를 달리고 있는 한나라당 이명박 후보 지지자 중 일부가 지지를 철회할 것이라고 말입니다. 중앙일보가 19~21일 강원/제주를 제외한 전국 유권자 3,487명을 대상으로 조사했을 때엔 이 후보 지지자 중 39.8%가 지지를 철회하겠다고 답했습니다.

실제 그런 상황이 발생할 경우, 즉 BBK 의혹에 대한 검찰 수사결과 발표 시 그 영향력이 어떻게 나타날지 예상하긴 쉽지 않습니다. 검찰이 밝혀낸 내용에 따라 다를 것이고, 이에 대한 이명박 후보 측의 반론에 따라 차이가 있을 것입니다. 또 이런 상황을 유권자들이 어떻게 받아들이느냐에 따라 다르겠죠.

제가 말씀드리고 싶은 것은 여론조사 결과로 나타난 수치입니다. 몇 번 언급한 바 있지만 (이명박 후보 지지자를 대상으로 한) BBK 연루 의혹에 따른 지지 변경 여부는 Social Desirability, 즉 '사회적으로 바람직한 방향'을 묻는 질문에 해당합니다. 이런 질문을 하면 응답자들이 사회적으로 바람직한 방향이 무엇일까를 생각하면서 실제보다 과잉 반응하는 경향이 있습니다.

사회적으로 바람직한 방향을 물으면 실제보다 '과잉' 반응

한 번 생각해 보십시오. 만약 본인이 지지하는 후보에게 '어떤 문제'가 있을 때 "그래도 계속 지지하겠느냐"고 물어오는 경우를 말입니다. 이 후보를 계속 지지하겠다는, 즉 "BBK 뿐 아니라 다른 오점도 많을 거라고 인정하고 있고… 그런 후보를 그래도 붙잡고 있는 유권자"(송호근 서울대 교수의 중앙일보 11월 27일자 칼럼에서 인용)가 많은 것은 사실입니다.

그러나 '계속 지지' 응답자들은 자칫 윤리적이지 못한 사람으로 오해 받을 소지가 있습니다(최근 통합신당 당직자 일부가 이와 비슷한 발언을 한 적이 있습니다). 계속 지지하고 싶지만, 그런 오해는 받기 싫다는 사람들이 있겠죠. 지지를 철회하는 쪽으로 응답하더라도 실제 그런 행동을 하기가 쉽지 않을 것입니다. 마치 "죄를 지으면 벌을 받아야지"라는 심정으로 그렇게 응답했을 가능성이 있기 때문입니다.

BBK 의혹에 대한 검찰 수사결과 발표가 마지막으로 남은 주요 변수임은 분명합니다. 어떤 분은 그러더군요. 이명박 후보에 대해 누적된 의혹과 불만이 BBK 변수에 한꺼번에 반영될 수도 있다고요. 그럴 경우 지지율이 크게 떨어질 수 있겠죠. 그러나 적어도 BBK 의혹이 이 후보 지지율에 미칠 부정적 영향력은 여론조사 결과로 나타난 수치보다 낮을 가능성이 있다는 것이 제 생각입니다.

_ 2007.11.27.

누가 지역 민심을 함부로 말하는가

    무소속 이회창 후보가 대전·충청과 대구·경북에서 한나라당 이명박 후보를 앞서고 있다고 말하는 사람들이 있습니다. 그런가 하면 호남을 제외한 전 지역에서 여전히 이명박 후보가 우세하다고 얘기하는 사람들도 있습니다. 어떤 사람의 말이 맞을까요. 결론부터 말씀드리면 둘 다 틀렸습니다. 함부로 지역 민심을 말할 수 없다는 것이 정답입니다.

    11월 3일 조사결과부터 살펴볼까요. 이회창 전 총재 출마설이 나왔을 때였습니다. 동아일보 조사결과에선 이명박-이회창 두 사람의 지지율 격차가 제법 큽니다. 대구·경북의 경우 두 배가 넘었네요. 그런데 같은 날짜에 실시된 한겨레 조사에선 두 사람의 지지율이 오차범위 내로 나타나고 있습니다. 한겨레 결과만 보고자 하는 사람들은 이 전 총재 출마 선언 이전부터 이미 지지율이 근접하고 있다고 주장할 겁니다.

(단위: %)

		이명박	이회창
동아일보-코리아리서치 (11.03./1,000명)	대전·충청	27.8	17.7
	대구·경북	47.9	23.0
한겨레-리서치플러스 (11.03./1,000명)	대전·충청	35.0	27.3
	대구·경북	42.5	37.2

이회창 전 총재가 무소속 후보로 출마를 선언한 7일엔 더 많은 조사결과가 보도됐습니다. 대전·충청의 경우 조인스 조사에선 이회창 후보가 앞섰고 조선일보 조사에서도 지지율이 거의 비슷합니다. 그러나 중앙일보 조사에선 여전히 이명박 후보가 두 배 이상 우세한 것으로 나타났습니다. 대구·경북도 마찬가지입니다. 중앙일보 조사에선 두 후보가 근소한 차이를 보여주고 있지만, 다른 조사에선 이명박 후보가 우위를 나타내고 있습니다.

(단위: %)

		이명박	이회창
중앙일보 조사연구팀 (11.07./1,034명)	대전·충청	42.9	20.4
	대구·경북	36.5	31.2
조인스-리서치앤리서치 (11.07./800명)	대전·충청	26.8	37.1
	대구·경북	43.2	27.7
조선일보-TNS코리아 (11.07./1,000명)	대전·충청	32.1	30.8
	대구·경북	46.0	22.8
YTN-한국리서치 (11.07./1,000명)	대전·충청	28.0	23.1
	대구·경북	51.6	21.1

두 후보의 지역별 우위도 다르지만, 해당 지역 내 절대 지지율도 편차가 심합니다. 이명박 후보의 경우 대전·충청은 최대 42.9%에서 최소 26.8%, 대구·경북은 최대 51.6%에서 최소 36.5%로 나타났습니다. 이회창 후보의 경우에도 대전·충청은 최대 37.1%에서 최소 20.4%, 대구·경북은 최대 31.2%에서 최소 21.1%였습니다.

이처럼 지역 민심이 서로 상이한 것은 일차적으로 조사기관이 다르기 때문입니다. 그러나 더 근본적인 원인은 표본이 너무 적어 조사결과가 '안정적'이지 못하다는데 있습니다. 전국 1,000명 규모로 조사할 경우 대전·충청과 대구·경북은 각각 100명 안팎입니다. 최소한 500명 이상의 표본을 통해(1,000명 가깝게 하면 더 좋겠죠) 해당 지역 민심을 파악해야 두 후보의 우위를 말할 수 있을 것입니다. 대구·경북의 경우 지역 조사기관에서 500명 이상의 표본으로 조사한 결과가 있지만, 대전·충청은 아직 그런 조사결과가 없는 것 같습니다.

_ 2007.11.11.

▮이회창 높은 지지율은 '역선택' 덕분▮

조용하던 대선 판이 '드디어' 요동치고 있습니다. 이회창 전 한나라당 총재 때문입니다. 아직 출마 선언도 하지 않았는데 지지율이 20%를 넘겼습니다. 지지율을 보고 (출마 여부를) 결정하지 않겠다고 했지만, 이 정도면 출마하고 싶은 생각이 들 만하겠죠. 그러나 이 전 총재가 정작 대선 출마를 표명할 경우 현재의 지지율보다 떨어질 가능성이 있습니다. 10%대 초반으로 말입니다.

이 전 총재가 실제로 출마할 경우 지지 가능성이 있는 유권자는 한나라당과 이명박 후보 지지자 그리고 무당파 혹은 부동층 일부입니다. 그러나 최근 여론조사에서 나타난 이 전 총재의 높은 지지율엔 이들 외에 대통합민주신당과 정동영 후보 지지자가 포함되어 있습니다. 자신들에게 유리한 환경 조성을 위해 신당과 정 후보 지지자 일부가 '역逆선택'을 한 것입니다.

이 전 총재 지지율이 15.8%였던 문화일보-디오피니언 30일 조사에서 한나라당 지지자 17.4%, 이명박 후보 지지자 13.9%가 '커밍아웃'한 것으로 나타났습니다. 박근혜 전 대표 지지층 이탈과 이명박 후보에 대한 불안감 확산을 고려하면 이 정도 비율은 충분히 예상됐습니다. 문제는 대통합민주신당 지지자 14.6%, 정동영 후보 지지자 12.6%가 이 전 총재를 지지하겠다고 답한 것입니다. 이 전 총재가 출마할 경우 전혀 지지할 의사가 없는 사람들임에도 불구하고 말입니다.

신당과 정 후보 지지자들의 역선택 혐의는 31일 실시된 MBC-코리아리서치, SBS-TNS코리아 조사에서도 확인되고 있습니다. 이 전 총재 지지율이 가장 높게 나왔던 MBC-코리아리서치 조사의 경우 이명박 후보 지지자 22.2%가 이 전 총재를 지지하고 있습니다. 그러나 정동영 후보와 문국현 후보 지지자들도 이와 비슷한 비율(19.7%, 22.5%)만큼 이 전 총재를 지지하는 것으로 나타났습니다.

출마 선언하면 10%대 초반으로 지지율 낮아질 것

무소속이든 국민중심당이든 이 전 총재가 출마하게 되면 역선택은 사라질 것입니다. 이 경우, 즉 출마 변수로만 판단할 경우 현재 여론조사에서 나타난 20% 전후의 이 전 총재 지지율은 10%대 초반으로 낮아질 수밖에 없다고 봅니다.

출마 선언 이후 BBK 등 다른 변수가 가세하면 물론 상황이 달라질 수 있습니다. 전문가들의 견해도 갈라집니다. 안부근 디오피니언 소장, 한귀영 한국사회여론연구소 연구실장 등은 출마 선언 이후에도 이 전 총재 지지율이 탄력을 받을 것으로 보고 있습니다. 그러나 김지연 미디어리서치 이사, 임상렬 리서치플러스 사장 등은 출마 선언 이후 이 전 총재 지지율 상승에 한계가 있을 것으로 전망했습니다.

_ 2007.11.02.

▌통합신당과 민주당 경선 효과▐

(단위: %)

	이명박	정동영	문국현	권영길	이인제	손학규	이해찬	없음 모름 무응답
MBC-코리아리서치 (10.09./1,000명)	55.4	10.2	5.1	2.4	2.0	5.6	3.8	15.5
한겨레-리서치플러스 (10.10./1,000명)	58.0	11.4	4.6	2.8	1.2	7.5	4.6	9.9
문화일보-디오피니언 (10.15./700명)	56.2	15.7	4.9	5.2	4.4			12.8
조선일보-한국갤럽 (10.16./864명)	55.5	16.2	5.3	3.0	3.0			16.0
한국일보-미디어리서치 (10.16./1,012명)	49.1	16.6	7.7	3.8	3.7			18.8
KBS-미디어리서치 (10.16~17./1,000명)	50.0	17.2	6.0	4.4	3.1			17.9
조인스-리서치앤리서치 (10.17./800명)	50.2	17.1	6.1	4.5	4.1			17.8
한겨레-리서치플러스 (10.17./1,000명)	54.2	19.0	7.6	2.1	4.2			12.8
동아일보-코리아리서치 (10.17./1,000명)	55.8	15.5	6.8	2.5	5.1			13.5
한국지방신문협회-리서치앤리서치 (10.15~17./3,400명)	55.0	18.3	5.2	3.8	4.3			13.5

경선을 통해 대통합민주신당은 정동영 전 열린우리당 의장을, 민주당은 이인제 의원을 각각 대선후보로 뽑았습니다. 후보 선출 이후 실시된 여론조사 결과를 살펴보면, 두 사람 모두 경선효과로 인해 지지율이 상승한 것으로 나타났습니다. 여전히 선두를 달리고 있는 한나라당 이명박 후보 지지율은 조사에 따라 다소 차이가 있군요. 문화일보 조선일보 한겨레 동아일보 한국지방신문협회 조사에선

54-56%, 한국일보 KBS 조인스 조사에선 50% 내외로 나타났습니다.

정동영 후보, 경선효과 힘입어 호남에서 확고한 우세

경선이 진행되면서 언론과 국민의 관심이 증대하고 이로 인해 경선에서 승리한 후보 지지율이 상승하는 것이 일반적입니다. 경쟁하던 후보의 지지율 상당 부분이 넘어오는 것은 물론이고요. 이를 '경선효과' 때문이라고 합니다. 여기에 부수적인 효과가 더해지는데, 호남이나 충청 표 결집이 나타납니다. 지지 후보를 정하지 못하고 있던 유권자들이 당선 후보에게 몰리는 현상이죠.

정동영 후보의 경우, 손학규 이해찬 두 예비후보와의 경쟁으로 인해 자신의 출신지역이자 유력한 지지 기반이었던 호남에서조차 한나라당 이명박 후보와 1위를 놓고 경쟁하는 처지였습니다. 그러나 경선 직후 실시된 여론조사에서 (비록 호남에 한정되고 있지만) 이 후보에게 확고한 우위를 나타냈습니다. 이인제 후보의 경우에도 충청에서 표 결집 효과가 나타났지만, 호남에서의 정 후보만큼은 못한 것 같습니다.

경선효과의 향방은 대개 두 갈래로 나뉩니다. 경선효과로 인해 높아진 지지율이 2차 상승으로 연결되는 경우와 반짝 효과에 그친 지지율이 다시 하락하거나 정체하는 경우입니다. 정 후보의 경우 어떤 모습을 보일까요. 10월 이내에 2차 상승이 일어날 것 같지 않습니다만… 그래도 20% 지지율이야 조만간 돌파할 수 있지 않을까요.

_ 2007.10.21.

▌이명박 대 한나라당 지지율▌

조인스-리서치앤리서치(10.03./800명)

이명박	정동영	이해찬	손학규	문국현	권영길	없음/모름/무응답
51.9	8.8	4.0	3.6	3.2	2.5	24.2

KBS-미디어리서치(10.04.~05./1,000명)

이명박	정동영	손학규	이해찬	문국현	없음/모름/무응답
52.2	7.8	4.9	3.2	3.1	23.3

SBS-한국리서치(10.05./900명)

이명박	정동영	손학규	문국현	이해찬	권영길	모름/무응답
47.6	11.3	5.7	5.1	4.0	3.0	20.6

한국일보-미디어리서치(10.06./1,012명)

이명박	정동영	손학규	문국현	이해찬	없음/모름/무응답
53.9	8.8	5.2	4.3	4.0	18.8

동아일보-코리아리서치(10.06./1,000명)

이명박	정동영	손학규	문국현	이해찬	권영길	없음/모름/무응답
53.3	10.5	6.3	5.5	3.7	3.0	15.5

YTN-한국리서치(10.08./1,002명)

이명박	정동영	손학규	이해찬	문국현	이인제	권영길	모름/무응답
49.2	10.5	5.5	4.6	4.3	3.3	3.0	19.6

9월말 추석 직후에 실시된 세 곳의 여론조사에서 이명박, 정동영, 손학규 후보의 지지율 평균은 55.2%, 8.6%, 7.0%였습니다. 대략 열흘이 지난 시점에 실시된 6개 여론조사의 후보별 지지율을 평균했더니, 이 후보 51.4%, 정 후보 9.6%, 손 후보 5.2%로 나타났습니다. 이명박 후보와 손학규 예비후보 지지율이 하락한 반면, 정동영 예비후보 지지율이 다소 상승했군요. 이러한 지지율 증감은 대개 수긍할 만한 이유가 있는 것 같은데… 어떻게 생각하십니까.

이명박 후보가 한나라당보다 다소 높은 지지율 나타내

공교롭게도 10월 초엔 미디어리서치와 한국리서치가 각각 두 차례 조사결과를 발표했군요. 이명박 후보와 한나라당 지지율을 중심으로 비교해 보면, 미디어리서치 조사결과가 한국리서치보다 약간 높습니다. 이 후보 지지율의 경우 미디어리서치에선 52.2%, 53.9%인 반면, 한국리서치는 47.6%, 49.2%였습니다. 한나라당 지지율의 경우 미디어리서치에선 50.4%, 51.3%인데 비해 한국리서치에선 43.8%, 43.9%였습니다.

그 결과 이명박 후보 대비 한나라당 지지율에서도 차이가 있습니다. 미디어리서치의 경우 이 후보-한나라당 지지율 차이가 1.8%, 2.6%포인트인데 비해 한국리서치에선 3.8%, 5.3%포인트로 나타났습니다.

대선 여론조사와 관련된 이슈가 워낙 부족하다보니 이명박 후보와 한나라당 지지율 중 어느 쪽이 더 높은가도 관심사라고 합니다. 아직까진 이 후보가 한나라당보다 다소 높은 지지율을 보여주고 있지만, 앞으로 어떻게 변화할 것인지 함부로 장담하기 어렵습니다. 앞서 언급했듯이 조사기관별로 이 후보-한나라당 지지율에 조금씩 차이가 있다는 점을 유념하시기 바랍니다.

_ 2007.10.10.

"여론조사 자주 발표해 불리했다"

"(언론들의 편파보도 가운데) 제일 문제가 된 것이 여론조사다. 여론조사를 그렇게 무지막지하게 자주 하고, 일주일에 수없이 나오는 여론조사가 (이명박 지지) 밴드왜건 효과(타인의 선택에 의사결정이 영향을 받는 것)를 줬는데… 엉뚱한 여론조사를 너무 자주 했다. 당심에서는 실제로 우리가 432표를 이겼는데, 언론사들의 여론조사 예측대로라면 우리가 1만 몇 천표를 졌어야 한다. 그런데도 그것에 대해 반성하는 언론이 하나도 없었다."

"내가 방상훈 사장을 만난 자리에서 조선일보에 항의한 것은 왜 조선이 이명박 캠프의 고문인 최시중 씨가 대주주로 있는 한국갤럽과 여론조사를 해서 보도하느냐는 거였다. 조선 여론조사 나올 때마다 우리 캠프는 초상집이었다. 특정 캠프의 좌장과 관련 있는 여론조사기관과 손잡고 한 것은 조선이 잘못한 거다. 그래서 항의를 했는데, 방 사장이 '알아보겠다'고 하더니 나중에는 다른 여론조사기관 하고 섞어서 하더라."

오마이뉴스 오연호 대표가 1일 한나라당 박근혜 후보 캠프의 안병훈 전 공동선대위원장과 인터뷰한 내용 중 여론조사와 관련해 언급한 부분을 옮긴 것입니다. 여론조사 1위 (이명박) 후보에게 편승하고자 하는 유권자 심리 때문에 잦은 여론조사 발표가 자신들에게 불리하게 작용했고, 이것이 언론의 편파보도 중 하나였다는 얘기를 하고 있습니다. 그런 여론조사가 자주 발표되지 않았으면 박근혜 후보가 유리했을 것이란 말씀일까요.

일반 국민들이 많은 관심을 가지고 있고 또 박빙 승부가 전개되면, 언론은 누가 시키지 않더라도 이런 상황에 적극 대응하기 마련입니다. 일주일에 몇 번이 아니라 매일 같이 여론조사를 하고 싶을 것입니다. 그러나 요즘처럼 대선에 대해 관심이 저조한 상황과 비교해 보십시오. 신정아-변양균 사건이나 남북정상회담을 굳이 언급하지 않더라도 일방적인 승부가 펼쳐지고 있는 까닭에 여론조사에 대해 관심을 가지고 있는 사람이 별로 없습니다. 그 결과 대선이 훨씬 가까워졌는데도 불구하고 한나라당 경선 때에 비해 오히려 여론조사가 덜 발표되고 있습니다.

좀 억지에 가깝게 들리겠지만, 압도적으로 1위를 달리고 있는 한나라당 이명박 후보 측에서 왜 예전처럼 여론조사를 자주 실시해 발표하지 않느냐고 언론에 항의했다는 얘기를 들어본 적이 없습니다. 안 전 선대위원장 표현대로 이 후보가 '살아있는 권력'이라면, 밴드웨곤 효과를 위해 얼마든지 요구할 수 있지 않겠습니까.

밴드웨곤 효과 때문이 아니라 구조적 이유 때문

밴드웨곤 효과 때문에 박 후보가 불리해졌다는 주장은 한편으론 맞지만 다른 한편으로 틀린 말입니다. 인지도 측면에서 여론조사 1위 후보에게 지지 강화 효과가 있는 것은 사실입니다. 그러나 선거인단을 대상으로 한 당심 투표에선 (이명박 후보에 대한) 밴드웨곤 효과에도 불구하고 예상과 달리 박 후보가 앞섰습니다. 밴드웨곤 효과가 아니었다면 훨씬 더 앞설 수 있었다고 주장하고 싶겠죠. 민심이라면 모르겠지만 과연 당심에서 그런 효과가 얼마나 나타날 수 있을지 모르겠습니다.

언젠가 한 번 다룬 적이 있지만, 한나라당 경선 여론조사에서 박근혜 후보는 10%포인트 질 수밖에 없는 구조였습니다. 당심에서 432표를 이겼기 망정이지 만약 (언론의 잘못된 예상처럼) '조직'에서도 이명박 후보에게 졌다면 언론사 여론조사 예측이 맞아떨어졌을 것입니다. 적합도로 물을 것인가 혹은 지지도로 물을 것인가의 질문내용, 조사시기, 조사기관 등 경선 여론조사 방식에 대해 막판까지 힘겨루기가 벌어졌지만, 그보다 훨씬 이전에 이미 승부가 난 게임이었습니다. 적어도 경선 여론조사에선 말입니다.

아시다시피 전체 경선 투표 중 20%가 반영된 한나라당의 일반국민 여론조사는 한나라당 지지자만 대상으로 한 것이 아닙니다. 당시 열린우리당을 포함해 범여권 지지자들도 여론조사 대상에 포함됐습니다. 수도권과 호남 지역, 상대적으로 저연령층과 고학력층으로 구성된 범여권 지지자들이 여론조사 응답자로 선정되었을 경우 이명박-박근혜 두 후보 중 누구를 더 지지했을까요.

게다가 여론조사에선 연령별 투표율이 고려되지 않습니다. 전체 유권자 중 20대 비율이 20%대 초반인데 비해 전체 투표자 중 20대 비율은 10%에도 미치지 못합니다. 정해진 시간 내에 아무리 열심히 여론조사를 해도 채울 수 없는 20대를 전체 유권자의 20대 비율만큼 채우도록 한 것입니다(경선 여론조사를 담당한 세 곳의 조사기관은 실제로도 20대를 다 채우지 못했습니다). 박근혜 후보는 결국 이런 두 가지 구조적 이유 때문에 경선 여론조사에서 질 수밖에 없었습니다.

이런 상황은 경선 막판에 10%를 반영키로 한 대통합민주신당 경선 여론조사도 마찬가지입니다. 전체 국민을 대상으로 했던 한나라당과 달리 민주신당은 지지자와 무당파를 대상으로 여론조사를 실시하기 때문에 손학규 예비후보가 (한나라당 지지자까지 포함된) 일반 국민 여론조사에서처럼 '(여론조사) 대세론'을 함부로 얘기할 수 없는 구조로 되어 있습니다.

언론사 항의방식에 차이가 있었을까

안 전 위원장께선 한나라당 후보 경선 과정에서 조선일보에 이런 저런 경로와 방식으로 항의를 했다고 합니다. 그 결과 전혀 이치에 맞지 않는 방식, 기존 여론조사기관이었던 한국갤럽 외에 새로 두 곳(TNS, 한국리서치)을 추가해 돌아가면서 이용하는 형태의 '생뚱맞은' 조치가 취해지기도 했습니다. 지금도 그런 상황이 계속되고 있고요. 박 캠프와 안 전 위원장께서 과연 그런 조치에 대해 동감하고 수긍했는지 궁금합니다.

'소 잃고 외양간 고치는' 격에다 애석하게 패배한 측에 도리가 아닌 줄 알지만 한 말씀드리고자 합니다. 언론사 여론조사에 대해 상대방 이명박 후보 측에선 어떤 방식으로 항의를 했는지, 또 (자신들에게 불리한) 조사결과 발표에 대해선 어떻게 대응했는지 지금이라도 한 번 알아보시기 바랍니다.

_ 2007.10.05.

▌대선 재미없으면 여론조사도…▐

조선일보-한국갤럽(09.26./1,035명)

이명박	정동영	손학규	문국현	이해찬	권영길	없음/모름/무응답
54.1	7.0	6.7	3.7	3.2	2.4	19.2

YTN-한국리서치(09.27./1,000명)

이명박	정동영	손학규	이해찬	문국현	권영길	모름/무응답
56.2	9.0	7.4	6.2	4.6	3.4	9.7

중앙일보-SBS-한국리서치(09.27.~29./5,000명)

이명박	정동영	손학규	이해찬	문국현	권영길	모름/무응답
55.2	9.7	6.8	5.3	3.9	3.6	11.7

추석 이후 실시된 조사에서도 한나라당 이명박 후보의 일방적 우세가 계속되고 있습니다. 55% 전후의 지지율을 보여주고 있군요. 범여권에선 대통합민주신당 정동영 예비후보가 10%에 조금 못 미치는 지지율로 선두를 달리고 있고, 이어서 손학규 이해찬 예비후보 순입니다. 신정아-변양균 사건, 1위와 2위 이하 후보의 현격한 격차로 인해 애당초 추석 민심이 대선후보 지지율에 영향을 미치기 어려운 상황이었습니다.

대통합민주신당 '경선효과' 미미할 경우

그래서 그런지 요즘 주위에선 올 대선이 재미없을 것 같다고 푸념을 늘어놓는 사람들이 있습니다. 한명숙 전 총리, 유시민 전 장관 등 친노親盧 3인방 단일화 이후에도 이해찬 후보의 지지율이 3~6% 안팎인 것을 보면, 대통합민주신당 대선후보가 결정되는 15일 이후 최종 승자의 지지율이 현재보다 많이 높아질 것 같지 않습니다. 지금처럼 흥행이 부진하고 후보 간 감정싸움이 더해지면 경쟁 중인 나머지 두 후보의 지지율 절반 정도라도 승리 후보에게 넘어가면 그나마 다행이지 않겠습니까.

만약 대선이 재미없으면 여론조사는 어떻게 될까요. 아시다시피 지난 두 번의 대선은 막판까지 박빙 승부가 펼쳐졌기 때문에 재미가 있었고 덩달아 여론조사도 주목을 받았습니다. 어떤 조사기관이 투표결과를 더 정확히 예측하는가를 놓고 또 다른 승부가 펼쳐지기도 했고요. 그러나 지금처럼 특정 후보가 일방적으로 앞서고 있으면 대선뿐만 아니라 여론조사에 대한 관심도 줄어들 수밖에 없습니다. 1위가 거의 결정되어 있는 상태에서 미세한 차이로 정확성을 다투는 것에 누가 관심을 가지겠습니까.

우리 국민 대다수는 밋밋하고 재미없는 대선을 원치 않을 거라고 일전에 어떤 교수가 그러더군요. 그런 심정이야 저를 포함한 여론조사 전문가와 여론조사기관들도 마찬가지 아닐까요.

_ 2007.10.01.

이명박 지지율 50% 안팎(대선 D-100)

여전히 "누가 될 것 같으냐"는 질문을 많이 받고 있습니다. 뻔한 대답에도 불구하고 말입니다. 아마 12월까지 동일한 질문과 대답이 반복되겠죠. 블로그 독자들에 대한 서비스 차원에서 대선 D-100일부터 D-10일까지 10회 예정으로 열흘 동안 주요 언론사가 발표한 여론조사 결과를 종합 소개해 드리겠습니다. 곁들여서 대선 조사결과를 읽을 때 참고 혹은 유의해야 할 사항 한두 가지씩 말씀드리도록 하겠습니다.

조인스-리서치앤리서치(09.05./800명)

이명박	손학규	정동영	이해찬	권영길	조순형	없음/모름/무응답
48.8	9.9	6.2	3.8	3.3	3.0	25.0

국민일보-글로벌리서치(09.08./1,005명)

이명박	손학규	정동영	문국현	권영길	이해찬	유시민	무응답
49.7	7.8	4.7	3.2	2.4	2.4	2.0	25.2

조선일보-한국리서치(09.08./1,004명)

이명박	손학규	정동영	유시민	문국현	이해찬	한명숙	조순형	권영길	없음/비슷/모름/무응답
54.5	8.2	6.4	3.6	3.3	3.1	2.5	2.3	2.2	12.2

MBC-코리아리서치(09.08./1,000명)

이명박	손학규	정동영	문국현	한명숙	모름/무응답
51.6	8.5	4.7	3.6	3.1	16.0

절대 우위에 있는 한나라당 이명박 후보의 지지율이 50% 안팎으로 나타나고 있습니다. 2위인 대통합민주신당 손학규 예비후보가 4개 조사에서 모두 10%에 미치지 못할 만큼 지지율에서 큰 차이를 보여주고 있습니다. 이 후보에 이어 손학규 정동영 후보 순이고, 그 다음 순위는 조사에 따라 다소 차이가 있습니다.

질문방식과 '모름/무응답' 비율 차이에 주목해야

지지율, 특히 이명박 후보 지지율에 다소 차이가 있는 것은 질문방식과 무응답 때문입니다. 질문을 한 번만 하고 지지율을 집계하는 곳이 있는가 하면, 한 번 더 물어서 집계하는 곳이 있습니다. 한 번 더 물을 경우 다른 후보에 비해 이 후보 지지율이 다소 높아지는 경향이 있습니다. 밴드웨곤 효과Bandwagon Effect 때문이죠.

'모름/무응답' 비율에 차이가 있는 것도 질문방식과 무관하지 않습니다. 한 번 더 질문할 경우 '모름/무응답' 비율은 줄어들고, 대신 각 후보의 지지율이 조금씩 올라갑니다. 이 후보 지지율이 조인스와 국민일보 조사에서 40%대이고, 조선일보와 MBC 조사에서 50%대인 것은 이와 관련이 있습니다. 그래서 조사결과를 읽을 땐 후보 지지율뿐 아니라 '모름/무응답' 비율을 함께 살펴봐야 합니다.

조사에 따라 각 후보 지지율에 차이가 있는 것이 반드시 질문방식과 '모름/무응답' 비율 차이 때문은 아닙니다. 소위 非표본오차 Non-sampling Error에 해당되는 부분은 확인 비교하기가 곤란합니다. 그래서 1~2%포인트 정도의 지지율 차이에 너무 목숨 걸지 말라는 얘기를 하는 것입니다. 후보들이야 속이 타겠지만 말입니다. 참고로 대선 D-100일은 9월 10일입니다.

_ 2007.09.11.

▌문국현-정동영, 지지율 3위 경쟁 ▌

독자후보로 대선에 나선 문국현 전 유한킴벌리 사장이 각종 여론조사에서 호조세를 보여주고 있습니다. 6일 실시한 중앙일보 정기여론조사(전국 1,003명 전화면접)에서 문 전 사장은 3.3%를 얻어 정동영 전 열린우리당 의장(3.1%)과 3위를 다투고 있습니다. 물론 5위이하 다른 후보와의 지지율 차이가 1~2%포인트 미만이기 때문에 큰 의미를 부여할 수 없지만, 다른 후보에 비해 인지도가 낮은 상태에서 획득한 지지율이라는 점을 주목해야 합니다.

지지층 구성에서도 질적 우위

3위를 다투고 있는 정동영 후보에 비해 지지층 구성도 좋은 편입니다. 문국현 후보는 정 후보에 비해 저연령층에서 상대적으로 지지율이 높습니다. 문 후보 대 정 후보 지지율은 20대의 경우 5.2% 대 1.7%, 30대의 경우 3.8% 대 1.2%로 문 후보가 우세한 편입니다. 직업별로는 자영업과 화이트칼라, 학생층에서 호조를 보여주고 있습니다. 화이트칼라의 경우 4.0% 대 0.6%, 학생의 경우 9.4% 대 3.1%로 문 후보가 앞서고 있습니다. 지역별로는 서울, 인천경기를 비롯한 수도권과 대전충청에서 정 후보보다 지지율이 높은 편입니다.

정책 위주의 차별화된 선거운동이 먹혀들 수 있는 기반이 조성되었음을 보여주는 결과입니다. 지난 2002년 대선 경험과 한나라당 이명박 후보와의 경쟁을 염두에 두고 있는 상황에서 의미를 부여할 수 있습니다. 기존 정파에 대해 무관심하거나 새로운 정파의 출현을 기대하고 있는 '무당파'를 흡수할 수 있기 때문이죠. 문 후보는 전체 유권자의 25.7%에 달하는 '지지 정당 없음' 계층에서 8.3%로 손학규 후보(8.0%)와 2위를 다투고 있습니다.

미세한 차이이긴 하지만, 문 후보는 지금까지 투표에 참여했던 유권자에 비해 앞으로 투표에 참여할 유권자에게서 상대적으로 더 높은 지지를 받고 있습니다. 지금까지 대선이나 총선 때 늘 투표에 참여했던 사람들의 지지율은 문 후보 3.1%, 정 후보 3.7%였습니다. 이에 반해 올 대선 때 반드시 투표하겠다는 사람들의 지지율은 문 후보 4.2% 대 정 후보 3.2%였습니다. 대선에서의 유권자 투표행동이 과거보다 미래를 더 중시한다는 점을 고려할 때, 이 점 역시 문 후보의 강점으로 꼽을 수 있을 것 같습니다.

앞서 언급했지만 절대 우위에 있는 이명박 후보와 범여권 1위를 달리고 있는 손학규 후보를 제외한 나머지 후보들의 지지율 차이는 미미합니다. 누가 앞서 있다고 의미를 부여하기 힘든 수치입니다. 새롭게 대선 경쟁에 합류한 문 후보가 현재의 지지율 추세를 계속 이어갈 것이란 보장도 없습니다. 그러나 적어도 이명박 후보에 대항할 후보군의 한 사람으로 부상하고 있는 것은 분명해 보입니다. 과거 대선에 비해 아직도 구도가 짜여져 있지 않은 대선 D-100일 상황에서 말입니다.

_ 2007.09.09.

4. 한나라당 대선후보 경선 여론조사
▌한나라당 경선 여론조사 재검토▐

　오래간 만에 인사드립니다. 지난달 20일 한나라당 경선 예측결과 보도 이후 자성의 시간을 좀 가졌습니다. 여론조사와 여론조사 보도에 대해 다시 생각하는 기회였습니다. 여론조사 (보도)와 관련해 제 생각을 전달할 수 있었던 블로그 활동을 되돌아보는 시간이기도 했습니다.

　자주 방문하는 분들은 이미 알겠지만, 최근엔 블로그에 기사 올리는 일이 뜸했습니다. 아무리 회사 입장과 다를 수 있는 1인 미디어라 하더라도 대선처럼 민감한 시기엔 활동을 자제하거나 중단하는 것이 어떻겠느냐고 조언하는 분이 계셨습니다. 굳이 중단할 필요까지야 없겠지만, 최소한 함부로 글을 올리는 일은 없도록 조심할 생각입니다.

　한나라당 경선 여론조사가 정확하지 못했던 점을 다시 말씀드리기가 새삼스럽군요. 이미 시간이 흘러 관심사가 아닌데다 그 동안 여러 전문가들이 언론을 통해 분석결과를 충분히 내놓았기 때문입니다. 어떤 제목으로 블로그 활동을 재개할까 고민하다 결국 한나라당 경선 여론조사를 택했습니다. 제 생각은 생략하겠습니다. 그 대신 (일부 견해가 다른 부분도 있지만) 비교적 저와 가까운 의견을 가진 전문가의 글을 소개할까 합니다. 아래는 한국리서치 김춘석 부장이 매주 보내오는 '주간 여론동향'에서 옮긴 것입니다(게재를 허락한 김 부장에게 감사드립니다).

예측조사에 대해

한 신문사에서 예측조사를 실시하였고, 일부 신문사에서 예측조사 실시를 검토한 것으로 알고 있습니다. 한나라당 경선은 다음의 이유로 예측조사를 하기가 용이하지 않았습니다.

첫째, 당원 대의원 국민선거인단 각각의 투표율을 확인할 수 없다는 점. 둘째, 한나라당이 당원 대의원 국민선거인단에게 경선일 당일 예측조사와 관련한 여론조사에 협조하지 말 것을 공지하였다는 점. 셋째, 당원 대의원 국민선거인단을 예측하고자 할 때 선거구가 주요 변수라는 점에서 관련 대상자 추출 단위를 16개 광역자치단체가 아닌 선거구 단위로 설정하여야 하며, 이를 위해서는 유효표본을 많이 확보하여야 하기 때문에 예산상의 제약이 있다는 점. 넷째, 유력한 두 후보 캠프의 관리를 받아온 당원 대의원의 경우 여론조사에서의 응답과 실제 투표행위가 다를 수 있다는 점.

언론사 시뮬레이션과 실제 결과의 차이에 대해

경선 직전 언론사 예측 시뮬레이션 결과는 이명박 후보가 박근혜 후보를 6~8% 정도 앞섰습니다. 결과는 1.5% 차이였습니다. 왜 이런 결과가 나왔을까요? 다음의 이유가 있다고 생각합니다.

첫째, 당원 대의원 여론조사를 잘못하였다고 할 수 있습니다. 당원 대의원 여론조사는 국회의원 선거구 단위로 조사하여야 했지만, 16개 광역자치단체 단위로 하였습니다. 둘째, 투표율 예측을 잘못하였습니다. 이와 관련해서는 크게 두 가지를 지적할 수 있겠습니다. 1) 투표율을 적극 투표 의향자(반드시 투표하겠다는 응답자)가 모두 투표하는 것으로 가정하고 산출하였다는 점 2) 광역자치단체별로 투표율이 상이하다는 것을 충분히 고려하지 못하였다는 점.

셋째, 이명박 후보의 도곡동 땅 차명보유 여부와 관련한 검찰 발표 등 경선 과정과 경선일 직전의 검증 논란이 당원 대의원 국민선거인단에게 미칠 영향을 충분히 고려하지 못하였다고 할 수 있습니다. 이에 대해서는 경선 전에 보도된 다음의 기사를 참조할 만합니다. http://www.hani.co.kr/arti/politics/politics_general/229154.html

저는 이명박 후보 검증 관련 논란이 대의원 당원에게 영향을 많이 주었다는 입장이며, 일반국민보다는 국민선거인단에게 더 많은 영향을 주었다고 생각합니다.

넷째, 예측조사를 하기 어려웠던 이유인 당원 대의원의 경우 여론조사에서의 응답과 실제 투표행위가 다를 수 있다는 것을 충분히 고려하지 못하였다는 점입니다.

한편, 언론사 시뮬레이션과 실제 결과가 차이 나는 이유로 여론조사 과정에서 투표할 후보를 정하지 않은 무응답자에 대한 고려를 충분히 하지 못하였다는 점을 지적하는 사람도 있습니다만, 저는 무응답자가 미친 영향은 그다지 크지 않았다고 생각합니다. 경선 직전 무응답률은 그리 높지 않았고, 그 시점에서 무응답자는 투표에 참여하지 않을 개연성이 높으며, 무응답자가 특정 후보를 전적으로 지지했다고 할 수는 없기 때문입니다.

투표율에 대해

한나라당 경선 투표율은 70.8%입니다. 2002년 대선 투표율과 동일합니다. 2004 총선이나 2006년 지방선거 투표율보다 높습니다. 언론에서는 이를 근거로 투표율이 높았다고 평가하였습니다. 정권교체에 대한 염원의 표현, 이명박 후보와 박근혜 후보 간의 치열했던 경선, 후보 캠프의 조직 동원 등을 주요 이유로 꼽았습니다.

그렇지만 한나라당 경선 투표율을 다른 선거 투표율과 비교하는 것은 타당하지 않습니다. 투표 대상자(모집단)가 다르기 때문입니다. 대선이나 총선, 지선 등은 일반국민이 투표 대상자이지만, 한나라당 경선은 당원 대의원 한나라당 경선 투표에 참여하겠다고 사전에 약속한 국민선거인단이 투표 대상자였습니다. 이들은 중앙당 차원에서나 캠프 차원에서 지속적으로 관리를 받은 사람들입니다. 기존의 다른 선거에 비해 투표율이 높은 것은 당연합니다. 투표율이 높았는지의 여부는 다른 선거와의 비교를 통해서 평가할 것이 아니라 한나라당 경선의 특성을 고려하여 절대적으로 평가해야 합니다.

_ 2007.09.03.

▌연령별 투표율, 결정적 변수 아니다 ▌

"16대 대선 선거일이 가까워질수록 이회창 후보와 노무현 후보는 박빙 승부를 겨루고 있었다. 이 때문에 선거결과가 투표율에 좌우될 가능성이 높다는 분석이 대두됐다. 이회창-노무현 두 후보의 지지 계층이 연령별로 확연한 차이를 보였기 때문이다. 노 후보가 주로 20-30대 연령층 지지를 기반으로 했고, 이 후보는 50대 이상 고연령층 지지가 두터웠다.

저연령층의 경우 투표장에 나가지 않아 투표 불참률이 높은 반면, 고연령층일수록 투표율이 높다는 것이 그 동안 나타난 세대별 투표 성향이었다. 따라서 저연령층 투표 참여로 전체 투표율이 80%대로 높아지면 노 후보에게 유리하고, 저연령층 투표 불참으로 전체 투표율이 하락할 경우 고연령층 지지를 받는 이 후보가 상대적으로 유리할 것이란 예측이었다."(한국갤럽, 제16대 대통령선거 투표행태, 2003: 269-270)

16대 대선 투표행태를 분석한 한국갤럽 보고서 일부를 옮긴 것입니다. 열흘 남짓 남겨둔 한나라당 경선에 참여하고 있는 이명박-박근혜 두 후보 상황과 매우 유사합니다(이회창 대신 박근혜를, 노무현 대신 이명박을 대입해 읽어 보십시오). 20~30대 저연령층 지지를 받고 있는 노무현 후보와 이명박 후보가 비슷하고, 50대 이상 고연령층 지지를 받고 있는 이회창 후보와 박근혜 후보가 비슷합니다.

물론 동일한 상황은 아닙니다. 대통령 선거와 당 후보를 뽑는 경선이란 점에 근본적인 차이가 있고, 대선 투표율은 일반 유권자를 대상으로 한 것인 반면 한나라당 경선 투표율은 대의원 당원 국민 선거인단이 대상입니다. 한나라당 경선 때 두 후보의 투표율 유불리 기준도 80%에 미치지 못할 것입니다(16대 대선 때 투표율 기준을 80%로 상정한 것은 15대 대선 때 투표율 80.6% 때문이었습니다).

'투표 확실층'에 가중치 부여한 '소극적 투표층' 합산해야

한나라당 경선 선거인단 투표율에 대해선 예측이 쉽지 않습니다. 과거 자료가 없기 때문이죠. 여론조사 결과를 토대로 "반드시 투표할 것이다"고 응답한 투표 확실층('적극적 투표층'이라고도 합니다)을 기준으로 삼아야 한다는 의견이 있는가 하면, 이들에다 "아마 혹은 웬만하면 투표할 것이다"는 '소극적 투표층'을 가중치 부여해 합산해야 한다는 의견도 있습니다.

한나라당 선거인단 예상 투표율은 70% 전후로 예상하고 있습니다. 20%를 차지하는 대의원 투표율은 90%에 가까울 것으로 보고 있고, 30%를 차지하는 당원은 이보다 조금 낮은 80% 전후로 예상하고 있습니다. 국민 선거인단(30%)은 전문가에 따라 조금씩 다르지만 50% 내외의 투표율을 보일 것으로 전망하고 있습니다(여론조사에서 나타난 국민 선거인단 투표의향은 이보다 더 높습니다). 대의원과 당원 여론조사 결과로 보면, 투표 확실층에 가중치(0.5)를 부여한

15대와 16대 대선 연령별 투표율 (단위: %)

	15대	16대
20대	68.2	56.5
30대	82.8	67.4
40대	87.5	76.3
50대	85.9	83.7
60대 이상	—	78.7

소극적 투표층을 합산한 비율이 여기에 가깝습니다.

저연령층, 특히 20대는 대선 투표율이 늘 낮았습니다. 전체 투표율이 80.6%였던 15대 때 68.2%였고, 전체 투표율이 70.8%였던 16대 대선 때도 56.5%에 그쳤습니다. 한국갤럽 보고서 언급처럼, 16대 대선 때 투표율과 선거결과에 대한 예측이 빗나간 것(즉, 투표율이 10%포인트 하락했음에도 불구하고 투표율이 낮으면 불리할 것이란 노 후보가 대통령으로 당선된 것)은 전제가 잘못 되었기 때문입니다.

저연령층(20대) 투표 불참 때문에 전체 투표율이 낮아진 것이 아니라 50대 이상을 제외한 나머지 연령대에서 전반적으로 투표율이 낮아진 점을 간과했습니다. 가령, 15대 대선과 비교해 16대 대선에선 20대 투표율이 11.7%포인트 낮아졌지만, 40대 투표율도 비슷한 비율(11.2%포인트)만큼 낮아졌습니다.

연령대별 투표 참여비중 달라질 가능성 낮아

저연령층, 즉 20대 투표율이 낮은 것은 한나라당 경선에서도 비슷하리라 봅니다. 선거인단 모집과정에서 경선에 참여하겠다고 아무리 약속을 했다고 하더라도 말입니다. 결국 저연령층 혹은 고연령층 투표율이 중요하다는 것은 (틀린 말은 아니지만) 별로 의미가 없습니다. 투표율이 결정적 변수가 아니라는 겁니다. 대의원 및 당원 여론조사에서 나타난 투표의향과 과거 대선 때의 일반 유권자 투표율을 고려할 경우, 이번 한나라당 경선 선거인단 역시 연령대별 투표 참여비중에 큰 변화가 있을 것 같지 않습니다.

_ 2007.08.07.

∎한나라당 경선에서 연령과 투표율∎

연 령	전체 등록자 대비 구성비	대통령선거(2000년)	
		투표율	구성비
18~29세	14.8	44.9	8.9
30~44세	29.2	69.1	26.8
45~59세	29.1	84.4	32.6
60세 이상	27.0	88.2	31.7

〈선거여론조사〉(제프리 스톤캐쉬/강홍수 역, 2007, 서울: 커뮤니케이션북스)라는 책 83쪽에 나와 있는 표를 그대로 옮긴 것입니다. 지난 2000년 미국 대통령선거 때 어떤 카운티 유권자 수가 연령대별 투표율에 따라 최종적으로 그 구성비가 어떻게 달라지고 있는가를 보여주고 있습니다. 가령, 20대 유권자의 경우 투표 이전에 전체 등록자 대비 구성비가 14.8%였는데, 투표율이 44.9%에 불과해 결과적으로 투표 기록이 있는 20대 구성비가 8.9%로 줄었습니다.

연령대별 구성비에 추정 투표율 함께 고려해야

한나라당 경선에서도 선거인단의 연령대별 구성비와 투표율이 매우 중요할 것으로 생각됩니다. 가령, 전체에서 30%의 비중을 차지하는 당원 선거인단 연령대별 구성비는 다음과 같습니다. 아시다시피 일반 국민에 비해 당원 선거인단은 고연령 비율이 높습니다. 참고로 일반 국민의 연령대별 비중은 대략 20대 23%, 30대 23%, 40대 22%,

50대 이상 32% 정도입니다.

당원 선거인단(69,496명) 연령대별 인원 및 구성비

	인원(명)	구성비(%)
20대	5,292	7.6
30대	13,107	18.9
40대	21,763	31.3
50대	16,553	23.8
60대 이상	12,781	18.4

그럼, 당원 선거인단의 예상 투표율은 얼마나 될까요. 과거 자료가 없기 때문에 현재로선 여론조사에서 나타난 투표의향 응답으로 추정할 수밖에 없습니다. 아래는 최근 한나라당 당원 대상으로 여론조사를 실시한 중앙일보와 동아일보 자료 중 투표의향 결과입니다(조선일보 조사에선 투표의향 질문이 없습니다).

투표의향(반드시 + 아마 할 것) 전체 및 연령대별 결과
(중앙일보 07.22.~23. / 당원 1,098명)

	반드시 할 것	아마 할 것
전체	54.7	25.0
20대	26.0	42.4
30대	46.7	27.3
40대	53.9	26.5
50대 이상	64.2	19.5

투표의향(반드시+웬만하면 할 것) 전체 및 연령대별 결과
(동아일보 07.27. / 당원 1,000명)

	반드시 할 것	웬만하면 할 것
전체	60.9	24.7
20대	35.6	43.7
30대	46.9	31.4
40대	59.3	25.6
50대	72.9	16.0
60대 이상	78.7	16.5

일반 국민 여론조사와 동일한 기준을 적용할 수 없지만, 당원의 경우 대략 70% 전후의 투표율이 나올 것으로 예상합니다(대의원은 이보다 더 높고, 국민 선거인단은 이보다 낮을 것으로 예상하고 있습니다). '반드시 투표할 것'이란 응답은 90% 이상의 가중치 부여가 가능하고, '아마 혹은 웬만하면 투표할 것'이란 응답은 연령대별로 차이가 있지만 40% 전후의 가중치를 부여할 수 있을 것 같습니다. 다소 자의적이긴 하지만, 경선에 임박할수록 관심이 더해져 투표율이 소폭 상승할 수 있다는 점도 고려해야 합니다.

이런 전제 아래에서 '추정' 투표율은 제가 임의로 계산했습니다. 일단 '반드시 할 것'이란 응답은 중앙일보와 동아일보 조사결과를 산술 평균했습니다. '아마 혹은 웬만하면 할 것'이란 응답은 중앙과 동아 조사결과를 합쳐서 평균을 구하고 여기에 가중치 0.5를 곱해서 계산했습니다. 추정 투표율은 이 둘을 합친 것을 말합니다.

(단위: %)

	구성비	추정 투표율	실제 투표 구성비
20대	7.6	52.3	5.6
30대	18.9	61.5	16.2
40대	31.3	69.6	30.4
50대	23.8	77.5	25.6
60대 이상	18.4	87.0	22.3

고연령층이 지지하는 후보가 실제 경선에서 더 유리할 것

한나라당 당원 선거인단 연령대별 구성비와 추정 투표율을 합쳐 실제 투표 구성비를 구하면, 저연령대는 전체에서 비중이 낮아지고 고연령대는 비중이 높아집니다(이런 경향은 국민 선거인단에서 더욱 뚜렷하게 나타납니다. 가령, 당원 선거인단 중 50대 이상 비중은 42.2%인데 비해, 국민 선거인단 중 50대 이상 비중은 58.7%에 달합니다. 그러나 국민 선거인단은 당원에 비해 전반적으로 투표율이 낮을 것이란 점을 고려해야 합니다). 결국 현재 언론에서 발표하고 있는 여론조사, 특히 한나라당 당원 대상 여론조사(와 앞으로 실시될 국민 선거인단 여론조사)를 액면 그대로 받아들여선 곤란합니다. 왜 냐하면 투표율이 높은 고연령층에게 지지를 받고 있는 후보가 여론 조사에서 실제 지지율보다 낮게 나오기 때문입니다. 최근 언론이 발표한 한나라당 당원 여론조사는 모든 연령대가 동일한 투표율을 나타낼 것이란 가정 하에 집계된 지지율입니다.

다음은 조선일보와 동아일보의 한나라당 당원 여론조사에서 연령대 별 이명박–박근혜 후보 지지율입니다. 조선일보–TNS 조사에선 50대 이상 고연령으로 갈수록 박 후보를 더 지지하는 것으로 나타났지만, 동아일보–KRC 조사의 경우 50대에선 박 후보 지지율이 더 높지만 60대 이상에선 이 후보 지지율이 더 높은 것으로 나타났습니다.

한나라당 당원 연령대별 이명박–박근혜 후보 지지율
(조선일보–TNS/07.28.)

	이명박	박근혜
전체	39.7	38.5
20대	46.7	25.3
30대	44.4	32.1
40대	43.0	38.9
50대	36.7	42.1
60대 이상	30.4	45.1

한나라당 당원 연령대별 이명박–박근혜 후보 지지율
(동아일보–KRC/07.27.)

	이명박	박근혜
전체	46.6	40.1
20대	47.1	36.8
30대	52.2	34.3
40대	43.8	42.0
50대	43.1	46.2
60대 이상	49.4	37.2

_ 2007.07.31.

▌이명박 최근 지지율 '바닥 근처'▐

　지지율 하락세를 막아내기 위해 이명박 후보 진영이 안간힘을 쓰고 있습니다. 어떤 근거를 가지고 있는지 모르겠지만, 37~38% 근처 지지율이 바닥이라고 주장하고 있습니다. 이재오 최고의원, 박형준 캠프 대변인 등은 이 후보 지지율이 여기서 다시 상승하거나 박근혜 후보와 15% 내외의 격차를 유지할 것이라고 합니다.

　구체적인 지지율 수치를 제시하는 것도 그렇고 박 후보와의 지지율 격차를 15% 정도 유지할 것이란 전망도 위험해 보입니다. 희망사항을 피력한 것으로 간주하고 싶군요. 구체적인 지지율 수치로 단정할 순 없지만(대략 35% 전후가 아닐까요), 최근의 이 후보 지지율이 바닥 근처에 이르렀다는데 대해선 저도 동의합니다. 파괴력 있는 변수가 새로 떠오르지 않는 한 이 후보의 지지율이 더 이상 하락하긴 쉽지 않을 것으로 봅니다.

이 후보 지지자, 박 후보와 비슷한 수준의 충성도 나타내

　이명박 후보 지지자들의 '충성도' 때문입니다. 중앙일보 정기여론 조사에 의하면, 그 동안 이 후보는 지지율 하락에도 불구하고 지지자의 충성도(현재 지지하는 후보를 올 연말 대선까지 계속 지지하겠다는 응답)가 상승하지 않는 '기이한' 현상을 보여 왔습니다.

　아시다시피 지지율이 떨어지면 지지자들의 충성도가 올라가는 것이 상식입니다. 지지를 철회하는 사람들은 대개 충성도가 낮은, 소위 거품에 해당하기 때문이죠. 기존 지지자 중 충성도가 낮은 지지자가 빠져나가면 남아 있는 사람들의 충성도가 높아지는 것이 자연스런 현상입니다.

	03. 27. (805명)	04. 27. (828명)	05. 29. (912명)	06. 21.~22. (974명)
이명박 지지율	42.5	38.2	39.3	35.2
충성도	56.3	50.7	57.7	67.6
박근혜 지지율	20.7	21.6	23.2	30.1
충성도	65.9	66.4	62.3	64.0

5월 29일 조사까지 두 후보의 지지율과 충성도에 차이가 있습니다. 이 후보는 지지율이 조금씩 하락하고 있음에도 불구하고 (충성도가 올라가지 않고) 오히려 낮아지거나 정체 상태를 보여주고 있습니다. 박 후보는 오르내림이 거의 없기 때문에 충성도 역시 일정 수준을 유지하고 있습니다.

그런데 6월 21~22일 조사에서 이 후보 지지자들의 충성도에 의미 있는 변화가 나타났습니다(앞으로 추가 조사를 통해 한두 번 더 확인이 필요합니다). 이전에 비해 지지율이 하락하면서 지지자들의 충성도가 크게 높아졌습니다. 지극히 정상적인 상황으로 돌아온 것이죠. 지지자들이 70%에 가까운 충성도를 보일 경우 전체 지지율이 쉽게 떨어지지 않는 것은 그 동안의 박 후보 지지율과 충성도에서 확인할 수 있습니다.

영남에서 빠져도 서울에서 만회

이명박 후보는 지지율이 빠지긴 했지만 여전히 1위를 달리고 있습니다. 든든한 지지 기반인 서울지역, 연령별로 30~40대, 직업별로 자영업자와 화이트칼라 유권자들 때문입니다. 이 후보 입장에선 전체 유권자 대비 상당한 비중을 차지하고 있는 이들이 커다란 자랑거리입니다. 영남지역에서 다소 빠지더라도, 아직은 서울지역 지지율로 만회할 만한 수준입니다. 박 후보 입장에서 볼 때 영남만으론 '2%' 부족하다는 느낌이 드는군요.

_ 2007.06.28.

▌여론조사 자주하면 좋을까요▐

언론과 조사기관의 여론조사 실시 빈도가 한층 빈번해졌습니다. 전화면접 아르바이트가 부족하다는 소식도 있더군요. 그러다보니 같은 날 여러 조사기관이 동시에 조사를 실시 발표하는 경우가 있습니다. 이런 경우 동일 질문에 대한 조사결과 비교가 불가피하겠죠.

20일이 그랬습니다. 조인스닷컴-리서치앤리서치R&R, 문화일보-한국사회여론연구소KSOI, YTN-글로벌리서치 세 곳이 동시에 조사를 실시했습니다. 아시다시피 이들 세 곳은 대선 국면에서 가장 빈번하게 여론조사를 실시 발표하고 있습니다. 조인스-R&R은 매주 수요일, YTN-글로벌은 격주에 한 번, 문화-KSOI는 한 달에 한 번 정기적으로 조사결과를 발표하고 있습니다(KSOI는 얼마 전까지 격주에 한 번 조사를 실시 발표했습니다). 다음은 21일 발표된 이명박-박근혜 지지율 조사결과입니다.

	조인스-R&R (투표의향)	문화-KSOI (적합도)	YTN-글로벌 (투표의향)
이명박	38.0	37.8	30.5
박근혜	25.3	26.1	26.1
격 차	12.7	11.7	4.4

'동일 질문 다른 결과' 대 '다른 질문 동일 결과'

앞의 두 조사결과는 비슷합니다(비슷하다고 해서 더 정확하다는 뜻은 아닙니다). 이 전 시장 지지율도 비슷하고 박 전 대표와의 격차도 비슷합니다. 그러나 YTN-글로벌 조사에선 이 전 시장 지지율과 박 전 대표와의 격차가 앞의 두 조사에 비해 7~8%포인트 정도 낮게 나타났습니다. 자세한 조사과정을 알 수 없지만, 어떻든 (결과가 비슷하게 나온) 앞의 두 조사가 유사한 방식으로 진행되었을 것이란 가정을 할 수 있겠죠.

그런데 정반대입니다. 질문내용에 따른 지지율 차이 논쟁이 주춤해졌지만, 질문내용은 조인스-R&R과 YTN-글로벌이 비슷하고, 문화-KSOI만 다릅니다. 최근 적합도 질문을 병행하기도 하지만, 조인스-R&R은 기본적으로 "바로 오늘이 차기 대통령 선거일이라면 다음 중 누구에게 투표하시겠습니까"라고 묻고 있습니다. YTN-글로벌 역시 "만일 오늘이 대통령 선거일이라면 다음 후보 중 누구에게 투표하시겠습니까"라고 묻습니다. 결국 두 곳은 '투표의향'을 묻고 있는 셈이죠.

이에 반해 문화-KSOI는 "차기 대통령으로 누가 가장 적합하다고 보는가"라고 물었습니다. 소위 '적합도'로 대선후보 지지도를 측정했는데, 투표의향 질문이 유행하기 전에 가장 흔하게 물어보던 방식입니다. 참고로 KSOI는 그동안 "향후 우리나라를 이끌어갈 지도자로서 누가 가장 적합하다고 보십니까"라고 물어왔습니다. 적합도를 묻긴 했지만, '차기 대통령'과 '향후 우리나라를 이끌어갈 지도자'는 표현이 응답자에게 다소 다른 느낌을 줄 것 같습니다만.

(결국은 둘 중 하나겠지만) 세 곳의 조사결과 중 어느 것이 맞는가에 대한 논쟁이 벌어지겠죠. '동일 질문 다른 결과'(이명박 투표의향 38.0% 대 30.5%)와 '다른 질문 동일 결과'(이명박 적합도와 투표의향 37.8% 대 38.0%) 사이에서 말입니다. 이 전 시장 쪽에선 한 자릿수로

줄었다가 다시 두 자릿수로 회복했음을 보여주는 결과라고 주장하겠죠. 박 전 대표 쪽에선 한 자릿수를 좁혀진 지지율 격차가 더욱 좁혀졌다고 주장할 것이고요. 적어도 여론조사 차원에서 그런 논쟁이 별로 의미가 없다는 점에 대해선 제 블로그의 최근 글들을 참고하십시오.

여론조사 자주하면 새로운 궁금증 생길 수도

수시로 변하는 여론이 궁금할 것입니다. 매일매일 시험을 치르고 있는 상황이니 성적표를 받아보고 싶겠죠. 사흘이 멀다 하고 새로운 이슈가 터지는 상황에서 파급력을 점검하고 대응방안을 세우기 위해서도 필요할 것입니다. 그러나 그것은 캠프에서 할 일이지 언론과 조사기관 몫은 아니라고 봅니다.

지지율 변화는 여러 가지 요인이 복잡하게 작용한 결과입니다. 한두 가지 요인을 집어내기가 쉽지 않습니다. 그럼에도 불구하고 대부분의 정치부 기자들은 지지율 하락 및 상승 요인을 '귀신같이' 잡아내 보도하곤 합니다. 참으로 부러움을 금할 길이 없습니다.

그런데 이들은 가장 중요한 점을 하나 놓치고 있습니다. 여론조사라는 도구 자체에 전혀 문제가 없다고 가정하고 있습니다. 조사단계마다 서로 다른 사람 다수가 관여하는 여론조사라는 측정도구는 온도계나 체중계와 근본적으로 다릅니다. 동일한 측정치를 일관되게 생산하는 것, 즉 신뢰성 있는 조사결과를 만들어내는 것이 쉽지 않습니다. 이와 관련 표본오차에 대해선 다들 언급하고 있지만, 단지 그것뿐이라고 생각합니다. 질문내용을 비롯해 순서나 질문방식, 면접원 숙련도, 시기적 요인 등 비표본오차 요인에 대해선 거의 관심이 없습니다.

결국 동일 조사기관의 순차적 조사결과와 동일 시기의 다른 조사기관 결과가 춤을 출 경우, 그런 결과가 시기적 차이 때문인지 이슈 영향 때문인지 여론조사라는 도구 자체의 신뢰성 혹은 일관성 부족 때문이지 함부로 장담할 수 없습니다. 그런 이유로 여론조사는 자주 한다고 해서 반드시 좋은 것만 아니라는 것입니다. 궁금증이 해소되기는커녕 새로운 궁금증이 추가될 수도 있습니다. 감당할 수 있다면 상관없겠지만, 다른 사람들의 험한 입에 자주 오르내리는 것도 부담이라면 부담이겠죠. 자기 돈 들여서 말입니다.

_ 2007.06.21.

┃선호도 대 투표의향 그리고 재질문┃

검증 공방에 가려져 있긴 하지만, 한나라당 대선후보 경선에 있어서 가장 첨예한 관심사 중 하나는 여론조사 방식입니다. 조만간 구성될 경선관리위원회 산하 여론조사전문가위원회가 조사기관 선정에서부터 설문내용과 방법, 유효샘플 숫자, 여론조사 과정에 대한 참관 및 관리 감독방식 등을 결정한다고 합니다. 이 중에서 가장 '전문적인' 논란거리는 설문내용과 방법입니다.

두 가지 쟁점이 있습니다. 하나는 대선후보 지지도를 물을 때 선호도(혹은 적합도)로 할 것인가 투표의향으로 할 것인가. 또 하나는 선호도로 묻든 투표의향으로 묻든 '모름/무응답'층을 대상으로 한 번 더 물어봐야 하는가 혹은 그냥 '모름/무응답'으로 분류할 것인가입니다. 이명박 전 시장 측에선 선호도와 한 번 더 물어봐야 한다는 입장이고, 박근혜 전 대표 측에선 투표의향과 '모름/무응답'으로 분류해야 한다는 입장으로 알고 있습니다.

기존 조사결과는 참고자료에 불과

양 캠프 입장은 기존 언론 보도를 토대로 정리한 것입니다. 직접 확인하지 않았기 때문에 틀릴 가능성도 물론 있습니다. 최근 박 캠프 쪽에선 서울신문—한국사회과학데이터센터KSDC 조사를 토대로 '적합도'로 대선후보 지지도를 물어야 한다고 주장한 적이 있습니다(그

동안은 투표의향으로 물어야 한다고 했는데… 어떻게 된 일인지 모르겠습니다). 설문내용과 방법에 관한 말씀을 드리기 전에 이해를 돕기 위해 관련 언론 보도 몇 가지를 소개하겠습니다.

"그 동안의 조사는 대통령 후보로서 누가 더 좋다고 하는 후보 선호도 개념의 조사였는데, 이번 조사는 오늘 투표 당일이라면 누굴 찍겠느냐는 투표 행위로서의 후보 지지도 조사였다. 그 결과 호남지역에서 특별히 이명박 예비후보 지지가 많이 대거 부동층으로 옮겨지는 그런 결과를 나타냈다."

_ 04.18., YTN-글로벌리서치 조사결과 보도 때

글로벌리서치 지용근 사장 인터뷰 내용

"선진국에서는 모두 '누구에게 투표할지'를 묻는 지지도 조사를 하며, 이 전 시장 측에서 주장하는 지지도는 '호감도'라고 부른다"면서 "정당명도 붙이지 않고 이 전 시장, 박 전 대표 등을 모두 넣고 호감도를 물으면 비한나라당 지지층이 이 전 시장에게 응답할 가능성이 높다"고 반박했다.

_ 04.24., 박 전 대표 캠프 쪽의 최경환 의원이 연합뉴스와 통화한 내용

이번 조사는 그동안 언론에서 실시한 단순 지지도가 아닌 정책토론회 결과를 기반으로 '대통령 적합도'를 조사한 것인 만큼 당 후보 결정에 반영되는 여론조사도 이런 식으로 실시되어야 한다는 얘기다. 그동안의 여론조사는 대부분 막연한 이미지를 대상으로 호감도를 조사한 반면, 이번 조사는 TV 토론을 접한 사람들이라는 점에서 실체에 대한 평가를 기반으로 한 조사였으며 여기에서 앞섰다는 것은 결국 능력과 정책에 있어 앞섰다는 의미라는 게 박 전 대표 측 설명이다.

_ 06.02., 서울신문 '적합도' 조사결과 발표 이후 국민일보 보도내용

오차범위가 엄연히 존재하는 여론조사에선 설문내용과 방법에 따른 조사결과 차이가 크지 않다는 것이 제 생각입니다. 이에 대해 논란거리를 제공한 위의 두 조사도 문제가 있기 때문에 그저 참고자료로만 활용해야 할 것입니다. 서울신문-KSDC 조사는 워낙 문제가 많아 여기서 언급하지 않겠습니다. 그냥 제 블로그 'Yellow Card' 디렉토리에 분류해 놨습니다.

"설문내용과 방법이 다르더라도 조사결과에 큰 차이가 없다"는 주장에 대해 동의하는 사람이 별로 없을 것입니다. 특히 양 캠프로 대표되는 정치권에선 절대 동의할 수 없겠죠. 0.1% 차이로 희비가 엇갈린다고 생각하고 있을 테니까요.

세부적으로 살펴보면, 대선주자 선호도와 투표의향 설문은 조사에 따라 조금씩 차이가 있습니다. 알려진 것처럼 이 전 시장은 선호도 설문에서, 박 전 대표는 투표의향 설문에서 다소 유리한 결과를 얻고 있습니다. 그러나 두 설문에 따른 차이가 미미하다는 것이 전문가들의 대체적인 견해입니다. YTN-글로벌리서치 조사 때처럼 설문 변경(선호도→투표의향)으로 인해 2주일 만에 13.7%포인트 차이가 날 순 없습니다. 참고로 SBS-리서치앤리서치R&R 5월 31일 조사의 경우, 적합도로 물었을 때 이명박 41.8%, 박근혜 24.8%였고, 투표의향으로 물었을 때 이명박 41.4%, 박근혜 26.6%였다고 합니다.

조사방법과 관련, 한 번 더 질문할 경우 이 전 시장이 다소 유리하게 나옵니다. 매주 정기적으로 여론조사를 실시하고 있는 조인스-R&R에 의하면, 재질문을 할 경우 최초 질문 때보다 평균 2%포인트 가량 이 전 시장 지지도가 더 높게 나오는 것으로 나타났습니다. 최근 5주 동안의 조사에서 재질문을 통해 이명박 박근혜 두 후보의 최초 지지도에 추가된 수치를 평균한 결과입니다.

후보 지지도 1회 재질문이 맞을 듯

설문내용과 조사방법 모두 상식에 근거해 판단해야 합니다. 투표 의향으로 지지도를 묻는 것은 선거에 임박했을 때 적합한 설문입니다. 물론 선거가 임박한 시기를 어느 시점으로 볼 것인가에 대해 논란의 여지가 있겠지만 말입니다. 또 선거가 몇 개월 남은 상황에서 응답자들이 지지 후보를 선뜻 말하지 못하는 점을 이해해야 합니다. 질문을 못 들었거나 생각할 기회를 부여해야 한다는 차원도 있고요. 응답을 강요해선 안 되겠지만, 후보 지지도의 경우 한 번 정도 더 묻는 것이 맞다고 생각합니다.

양 캠프의 입장이 첨예하게 맞서 조율이 쉽지 않을 것으로 예상됩니다. 정치적 이해가 걸려 있기 때문에 전문가적 판단이 들어설 자리가 없겠죠. 그렇다면 남은 것은 정치적 타협뿐입니다. 조사기관을 복수로 선정해 각각 다른 설문내용을 채택하면 되겠죠. 한 쪽은 선호도 또 다른 쪽은 투표의향으로 말입니다. 조사방법 역시 한 쪽에선 최초 질문만으로 끝내고, 다른 쪽에선 재질문하는 방식으로 절충하면 될 것입니다.

'선호도 대 투표의향' 그리고 재질문 여부. 어느 쪽이 더 유리하다고 함부로 장담할 수 없습니다. 반복적인 조사를 통해 충분히 입증되지 않았기 때문입니다. 설사 어느 한 쪽이 유리하다고 하더라도 그것은 6월 초 현재 상황에서 잠정적으로 그렇다는 것이고요. 지금 유리하다고 한나라당 경선 여론조사가 실시되는 8월 18일까지 유효하다는 보장도 없습니다.

_ 2007.06.07.

5. 44대 미국 대선 여론조사
▌미 대선 출구조사에서 배울 점 ▌

첫 흑인 대통령 탄생이란 역사를 장식하며 마침내 미국 대선이
끝났습니다.

출구조사를 포함한 여론조사의 경우 지난 두 번의 대선 예측 실패
를 만회한 것으로 나타났습니다. 언론과 조사기관의 예측 능력이
개선된 점도 있지만 다분히 운이 따른 것입니다. 2000년과 2004년에
비해 두 후보의 지지율 격차가 상대적으로 컸기 때문이죠. 우리나라
와 비교해 인상적이었던 것은 출구조사였습니다. 특히 배워야 할
점은 세 가지 정도로 요약할 수 있습니다.

첫째, 언론사 합동으로 출구조사를 수행했습니다. ABC, CNN,
CBS, NBC, Fox 등 5대 방송사에다 AP통신까지 합쳐 전국선거합동
조사단NEP이란 컨소시엄을 구성했더군요. 이처럼 출구조사는 함께
하더라도 분석과 예측은 각 언론사마다 얼마든지 다를 수 있습니다.

우리나라는 어떻게 하는지 아시죠. 방송사 두 곳이 함께 하는 경우
도 있지만 대개 제각기 출구조사를 실시합니다. 최근엔 YTN까지
별도 조사를 수행하고 있고요. 이처럼 여러 곳에서 출구조사를 하면
그 중 한두 곳은 맞춰야 하는데… 지금까지 네 번의 총선 출구조사에
선 한 번도 제대로 맞춘 적이 없습니다. 그럼에도 불구하고 공동으로
하겠다는 얘기를 들어본 적이 없군요(이와 관련해선 제 블로그 08년
3월 26일자 '언론사 공동 여론조사 실시해야'를 참고하십시오).

둘째, 두 번의 실패를 교훈삼아 성급한 예측을 자제했습니다. 가령, CNN의 경우 5일 오전 11시 경 선거인단 확보에서 174명 대 49명으로 우세가 확실했지만 오바마가 승리했다는 언급을 삼갔다고 합니다.

우리는 어떻게 할까요. 한결 같이 투표가 끝나기 직전 카운트다운에 들어가 오후 6시 정각에 조사결과를 발표합니다. 출구조사에서 승리한 것으로 나타난 후보와 인터뷰 했다가 정정하느라 촌극을 벌이기도 하고요. 방송사끼리 속보 경쟁을 자제하기로 합의하는 일 자체가 쉽지 않다고 하더군요.

방송사 공동 수행, 성급한 예측 자제, 추가 질문 포함

셋째, 지지율 외에 지지 이유 등 추가 질문을 포함시켰습니다. 이번에도 지지 후보에게 투표한 이유가 지지율보다 먼저 보도됐습니다. 투표자 62%가 '경제' 이슈를 고려해 지지 후보를 결정했다는 사실은 오바마 승리를 사전에 예측하는데 있어 매우 중요한 정보였습니다. 이밖에도 수십 개의 질문이 추가되는 것으로 알고 있습니다.

우리는 어떨까요. 엄청난 인력과 비용을 들여 제각기 조사를 수행하면서 달랑 지지율 하나만 물어보고 맙니다. 누가 당선되느냐가 중요하지 이유는 알아서 뭐하느냐는 것일까요. 비용 대비 효율성 개념이 없고 추가적인 연구와 정보를 획득해 활용하겠다는 생각도 없는 것 같습니다.

세 가지를 한꺼번에 받아들일 수 있을까요. (제 생각엔 당장 벤치마킹해야 한다고 보는데) 쉽지 않을 것 같습니다. 방송사의 공동 논의마저 어려운 상황이니 말입니다. 그러나 (출구조사를 포함해) 여론조사가 미치는 영향력과 불신이 점점 커지고 있는데 마냥 손 놓고 있을 일은 아니라고 봅니다.

_ 2008.11.07.

▌'오바마 당선 유력' 여론조사의 정확성 ▌

대다수 미국 언론이 오바마 민주당 후보의 대통령 당선이 유력하다는 여론조사 결과를 내놓고 있습니다. 매케인 공화당 후보에게 오차범위 이내 혹은 오차범위를 넘어 우세한 상황입니다. 이번 주에 실시된 접전지역 네 곳(지난 대선 때 공화당 부시가 이겼던 오하이오, 네바다, 콜로라도, 버지니아 주)에 대한 여론조사에서도 오바마가 메케인에게 평균 7%포인트 이상 앞선 것으로 나타났습니다. 만약 선거 때까지 이런 추세가 유지될 경우 미국은 최초로 흑인을 44대 대통령으로 맞이하게 됩니다.

선거를 며칠 앞두고 발표되고 있는 각종 여론조사가 얼마나 정확할까요. 오바마가 대통령에 당선될 가능성이 매우 높다는 예측이 어긋날 수 있을까요.

학자들에 따르면 여론조사의 정확성을 평가하는 방식은 전통적으로 두 가지입니다(최근 두 가지 방식과 둘의 장점을 살린 새로운 방식이 소개되고 있습니다). 하나는 1위 후보의 여론조사 지지율과 실제 선거결과 간 평균 차이로 알아보는 방식이고('Mosteller 3' 방식), 또 하나는 1~2위 후보 조사결과 차이와 실제 선거결과 차이 간의 절대값을 비교하는 방식('Mosteller 5' 방식). 〈표〉는 1948년부터 2004년까지 미국 대선 여론조사의 평균 오차를 정리한 것입니다.

<표> 1948~2004년 미국 대선 여론조사의 평균 오차

년도	여론조사 수	후보 수	Mosteller III		Mosteller V	
			평균오차(%)	순위	평균오차(%)	순위
2004	19	2	1.7	5	2.1	3
2000	19	3	1.7	5	3.5	8
1996	9	3	1.7	5	3.6	10
1992	6	3	2.2	10	2.7	6
1988	5	2	1.5	3	2.8	7
1984	6	2	2.4	11	4.4	11
1980	4	3	3.0	13	6.1	13
1976	3	3	1.5	3	2.0	2
1972	3	2	2.0	9	2.6	5
1968	2	3	1.3	2	2.5	4
1964	2	2	2.7	12	5.3	12
1960	1	2	1.0	1	1.9	1
1956	1	2	1.8	8	3.5	8
연평균(1956~2004)			1.9		3.3	
1948	3	3	4.9	14	12.9	14

* Traugott, Michael W., "The Accuracy of the National Preelection Polls in the 2004 Presidential Election", *Public Opinion Quarterly 69(5)*: 642~654, 2005.

오바마가 워낙 크게 앞서고 있는 상황

최악의 여론조사 실패를 경험했던 1948년 대선 이래 1956년부터 2004년까지 실시된 총 13회 여론조사의 평균 오차는 각각 1.9%포인트, 3.3%포인트였습니다. 비교적 높은 정확성을 보여주고 있는데, 26일(현지시간) 현재 오바마와 매케인의 전국 평균 지지율 격차가 7.6%포인트이므로 막판 돌발 변수가 나오지 않는 한 현재의 판세가 뒤집힐 가능성이 희박한 셈입니다. 오바마가 오차범위를 넘어 워낙 크게 앞서고 있기 때문이죠. 2000년과 2004년 출구조사 예측 실패를 거론하는 사람이 있는데, 당시엔 두 후보의 지지율 격차가 근소했고 오차범위 내였습니다.

여론조사의 정확성이 최근으로 올수록 반드시 나아진 것이 아니란 점이 걸리긴 합니다. 가령, 1992년과 1996년 대선 여론조사의 정확성이 별로였고, 2000년 대선에서도 1~2위 후보 격차의 평균 오차가 전체 13회 예측치 중 8위에 그쳤습니다. 표본추출 등 전화조사 방법이 정교화되기 시작했던 1960~70년대 여론조사가 오히려 정확했던 반면, 최근엔 인터넷과 휴대폰 일상화로 인해 전화조사의 대표성이 떨어지면서 정확성이 정체되고 있습니다. 게다가 등록된 유권자 중 '투표 예상층Likely Voters'을 잡아내기 어려운 점도 정확성 저해 요인입니다.

_ 2008.10.30.

매케인의 여론조사 평계는 열세 고백

미국 대선이 1주일 앞으로 다가왔습니다. 다들 알고 계시겠지만 민주당 오바마 후보가 공화당 매케인 후보를 앞서고 있다는 보도가 압도적입니다. 흑인 후보의 경우 여론조사 때의 지지율이 실제 선거 결과에서 낮아질 수 있다는 '브래들리 효과'에 대해 들어보셨는지요. 이제 유일하게 남은 변수는 브래들리 효과뿐이란 분석이 있더군요.

미국 대선의 경우 수백 개의 예측결과가 발표되기 때문에 틀리는 경우도 있습니다만, 대개 높은 정확성을 확보하고 있습니다. 2004년 미국 대선 예측치의 정확성을 분석한 Michigan대 Traugott 교수에 의하면, 선거에 임박해 발표된 19개 예측치 중 12개는 부시, 5개는 케리 승리를 예상했고, 나머지 2개는 무승부였다고 합니다. 이 중 18개가 최대 허용 오차범위 ±4.0%포인트 이내의 결과입니다. 전체적으로 종합하면 3%포인트 차이로 승리할 것으로 예상됐는데, 실제로 부시가 2.4%포인트 차이로 재선에 성공했습니다.

조그비Zogby같은 유명 조사기관 대표가 통계적 동률로 나온 조사 결과에 의거해 케리 승리를 예측했다 실패했을 정도의 박빙 상황을 고려하면 비교적 정확하다고 볼 수 있겠죠. 결국 민주당 오바마 후보가 차기 미국 대통령에 당선될 가능성이 높다는 얘기입니다.

"여론조사가 유권자 현혹시킨다"

이런 상황에서 공화당 후보 측근과 부통령 후보가 감정적으로 갈등을 겪고 있다는 보도가 나왔습니다. 급기야 26일엔 매케인 후보가 현재의 여론조사 판세를 믿을 수 없다는 언급까지 했더군요. "자신이 뒤쳐지고 있다는 각종 여론조사 결과가 유권자를 현혹시키고 있고 오해의 여지를 남기고 있다"고 말입니다.

그러면서 1948년 대선을 언급했더군요. 무려 60년 전 일을 말입니다. 당시 대통령이었던 민주당 트루만 후보와 공화당 듀이 후보가 치열한 경쟁을 벌였는데, 여론조사 결과 듀이의 승리가 예상됐죠. 그런데 실제 선거에서 트루만이 재선에 성공했습니다. 1936년 대선을 정확히 예측해 각광을 받았던 갤럽을 비롯해 유수 조사기관 대부분이 실패한 것이죠. 트루만은 '듀이가 승리했다'는 시카고트리뷴Chicago Tribune 1면 오보를 보여주는 유명한 사진을 의기양양하게 찍었고요.

이런 실패는 표본추출 등 과학적 조사방법이 확립되기 이전의 사례로 다시 재연될 가능성이 거의 없습니다. 선거 막판에 이르면 여론조사 결과에 대해 불만을 피력하는 후보가 나타나기 마련입니다. 아무리 애를 써도 지지율이 올라가지 않기 때문이죠. 우리나라 선거에서도 흔히 볼 수 있는 현상입니다. 지난해 대선 경선과 본선 때 그랬고 올해 초 국회의원 선거에서도 그랬습니다.

약간의 오차야 있겠지만… 여론조사(결과)가 무슨 죄입니까. 결국 여론조사에 대한 불만 표출은 현재 판세가 자신에게 불리하다는 2위 후보의 고백에 지나지 않습니다. 오바마 쪽으로 대세가 기울었다는 것을 매케인 스스로 인정한 셈이죠. 지금부터라도 오바마 이후의 미국을 대비해야겠습니다. '변화'의 오바마가 과연 어떤 변화를 가져올까요. 또 그러한 변화가 우리에게 얼마나 영향을 미칠까요.

_ 2008.10.27.

▮지지율 변화… 미국은 둔감, 한국은 민감▮

11월 미국 대선을 앞두고 오바마-매케인 두 후보의 지지율 경쟁이 치열합니다. 그런데 이를 전하는 미국과 한국 언론의 시각에 차이가 있습니다. 국내 언론은 마치 한국 대선을 보도하듯 지지율 따라잡기에 급급하고 있습니다. 특정 조사결과에 따라 오바마가 여전히 앞서고 있다거나 매케인이 역전했다고 보도합니다. 그야말로 경마식 보도 혹은 일희일비하는 거죠. 정작 미국 언론은 신중한 자세를 취하고 있는데 말입니다. 다음은 김균미 서울신문 워싱턴특파원의 7일자 기사입니다.

"지난 3일 미국의 여론조사기관인 라스무센Rasmussen의 일일 여론조사 결과가 관심을 끌었다. 공화당의 존 매케인 대통령 후보가 민주당의 버락 오바마 의원을 1%포인트 차이로 앞서기 시작했기 때문이다. 일시적 현상인지 매케인의 상승 추세인지 판단하기는 이르지만 매케인이 오바마를 앞선 것은 지난 6월 초 민주당 대선 후보로 확정된 이후 처음이다.

오바마의 지지율에 별 차이가 없고 오히려 매케인과의 격차만 계속 좁혀지면서 이 같은 지지율 변화는 한국 언론들의 관심을 모았다. 하지만 미국 언론들은 '의외로' 거의 관심을 보이지 않았다. 매케인의 '역전'에 미국 언론이 조용한 이유는 뭘까. 미국의 국제관계 전문가에게 이유를 물어보았다. 대답은 이러했다.

먼저 2000년과 2004년 대선을 치르면서 여론조사에 대한 신뢰도가 떨어져 언론들의 태도가 신중해졌다는 것이다. 여러 개의 여론조사를 비교해 대체적인 추세에서 가장 많이 벗어나는 것은 고려 대상에서 제외하는 경향이 있다는 설명이다. 매일 두 후보에 대한 지지도를 조사 발표하는 라스무센 말고도 3일을 전후해 갤럽과 CNN 등이 여론조사 결과를 발표했다. 라스무센을 제외하고는 모두 격차가 좁혀지고는 있지만 여전히 오바마가 소폭 앞서고 있는 것으로 나타났다. 미 언론들은 대체적으로 이 같은 추세를 반영했다고 볼 수 있다.

둘째로는 민주·공화 양당 전당대회 이전의 지지율, 특히 전국 지지율은 솔직히 11월 선거 결과를 예측하는데 격전 주州별 판세보다 정확도가 떨어진다고 했다. 앞으로는 전국 지지율보다 몇 개 격전 주에서의 지지율 변화를 주시하는 것이 판세를 읽는 데 도움이 될 것이라는 설명도 덧붙였다. 미국 대선은 전당대회를 끝내고 노동절(9월 1일) 휴가에서 돌아온 뒤 '본게임'이 시작된다고들 한다. 이후 여론조사에서 큰 격차로 앞서고 있는 후보가 막판에 뒤집힌 경우는 거의 없다는 것이다. 9월에 발표될 첫 여론조사 결과가 관심을 끄는 이유다."

"지지율에 연연하지 않겠다"

미국에 비해 한국은 지지율에 매우 민감한 나라입니다. 대선 때와 같은 '전시戰時'는 말할 것도 없습니다. 대선을 3개월가량 남겨둔 시점에서 오바마-매케인 지지율처럼 박빙의 조사결과가 나오는 상황을 가정해 보십시오. 아마 전쟁이 따로 없을 것입니다. 지금처럼 '평시平時'에도 지지율 높낮이에 대해 예민한 반응을 보입니다. 참모진들이 죽을 지경이겠죠. 비공개 내부 여론조사를 통해 수시로 지지율을 체크합니다. 아시다시피 지지율이 오르면 언론에 은근슬쩍 공개하지만, 떨어지면 아무 일도 없었던 것처럼 조용합니다. 그러다

도저히 안 되겠다 싶으면(지지율이 상승하기는 커녕 정체되어 있거나 조금씩 하락하는 상황이 벌어질 경우) 지지율에 연연하지 않겠다고 선언합니다. 노무현 전 대통령이 그랬고, 6개월가량 임기를 수행한 이명박 대통령도 그랬습니다.

당사자도 아닌데… 조사기관이나 언론도 덩달아 민감합니다. 1주일 간격으로 대통령 지지율이 10%대로 떨어지기도 하고 다시 20%대 후반으로 오르는 것을 아무 생각 없이 받아들입니다. 여론조사에서 그렇게 나왔는데 어쩌란 말이냐고 묻는 것 같습니다. 그런 생각은 조사결과를 보도하는 언론도 마찬가지입니다. 한 번의 조사로 나타난 지지율 변화에 춤을 춥니다. 10%대 지지율 혹은 30%대 지지율이 한두 번 등장하면 바로 기획기사에 들어갑니다. 그럴듯한 이유를 붙이는데 전혀 주저함이 없죠. 그런 일엔 대개 연합뉴스나 인터넷 언론매체가 앞장서고 일부 언론이 그것을 받아먹습니다. 다음은 연합뉴스 13일자 기사입니다.

"이명박 대통령의 국정지지도가 서서히 회복세를 보이고 있는 것으로 나타났다. 각종 여론조사 결과 '쇠고기 파동'으로 촉발된 촛불정국 당시 10%대까지 추락했던 이 대통령의 지지도는 최근 들어 20%대를 회복, 완만한 상승세를 타고 있는 것으로 조사됐다.

여론조사기관인 R&R가 12일 전국의 성인남녀 800명을 대상으로 월례 전화 면접조사를 실시해 13일 발표한 결과에 따르면 이 대통령의 지지도는 28.5%를 기록, 7월의 23.2%에 비해 5.3%포인트 상승했다. 앞서 지난 7일 발표된 리얼미터의 주간 조사에서도 이 대통령의 지지도는 23.1%로 나타나 전주의 16.5%에 비해 6.6%포인트 오르면서 20%대를 회복했다. 청와대가 자체적으로 매주 실시하는 여론조사에서는 지지도가 31%를 기록한 것으로 알려졌다. 비록 비공개 내부 여론조사이긴 하지만 촛불정국 이후 이 대통령의 지지도가 30%를 넘은 것은 이번이 처음이다.

이 대통령의 이 같은 지지도 회복세는 '올림픽 효과'와 독도, 한미 정상회담 등 다양한 요인이 복합적으로 작용한 것으로 알려졌다. 즉 정권에 악재로 작용할 수 있는 각종 이슈들이 올림픽에 묻히고 한국 선수단의 선전으로 국민의 긍정적 사고가 늘어나는데 따른 올림픽 효과가 톡톡히 한몫한 것으로 분석됐다. 아울러 미국 지명위원회의 잘못된 독도 관련 표기를 바로잡는 과정에서 보여 준 이 대통령의 노력과 성과, 한미동맹을 재확인한 제3차 한미정상회담 등이 지지도 제고의 견인차 역할을 하고 있다는 것이다.

청와대 관계자는 "국정운영의 발목을 잡았던 악재가 하나둘씩 사라지면서 이 대통령의 국정지지도가 조금씩 올라가고 있다"면서 "이 대통령이 건국 60주년인 올해 8.15를 계기로 새 출발의 각오를 다지고 있는 만큼 앞으로도 지지도가 꾸준한 상승세를 이어갈 것으로 기대한다"고 말했다."

여론조사엔 민감, 여론조사 기사엔 둔감

이처럼 지지율에 민감하면 관련 기사를 신중하게 써야 할텐데… 여론조사 기사 작성을 너무 쉽게 생각하는 경향이 있습니다. 아무나 아무렇게나 씁니다. 지지율 결과에 끼워 맞춘 해석이 난무합니다. 가령 올림픽 이후, 즉 8월 말이나 9월 초 어떤 여론조사에서 이 대통령 지지율이 20%가 나오면 어떻게 쓸까요. 올림픽 효과가 사라진데다 정권 악재가 다시 돌출했기 때문이라고 할 것입니다. 지지부진한 국회 얘기를 추가해도 되겠죠. 35%쯤 나오면 어떻게 쓰냐고요? 역대 올림픽 중 최고의 성적을 낸데다 광복절 때 발표한 국정 청사진에 기대를 걸고 있기 때문이라고 하면 되겠죠. 그것으로 부족하면 전문가 코멘트를 살짝 곁들이고요.

_ 2008.08.13.

▌뉴햄프셔 예측 실패와 총선 여론조사 ▌

　여론조사라는 것이 원래 그렇습니다. 최종 득표율을 정확히 맞히기도 하고 틀리기도 합니다. 그런데 각각에 따라 사람들의 반응이 매우 다릅니다. 최종 결과와 비슷하면 그러려니 하지만, 어긋나면 "뉴햄프셔주 경선의 최대 패배자는 여론조사기관", "왜 틀렸는지 몰라 당황해 하고 있는 여론조사기관"이란 조소와 비난을 감수해야 합니다.

　미국 주요 여론조사기관이 실시하고 이를 보도한 언론의 예측결과가 대부분 틀렸습니다. 뉴햄프셔주 예비선거(프라이머리)에서 버락 오바마 상원의원이 힐러리 클린턴 상원의원을 5~13%포인트 앞설 것으로 예상한 결과가 빗나갔습니다. 39%를 얻은 클린턴이 오바마 (37%)를 이겼기 때문이죠. 어떤 조사기관은 투표를 앞두고 "오바마 의원이 승리할 가능성은 100%, 클린턴 의원이 승리할 가능성은 0%"라고 했다고 하니… 여론조사기관도 할 말이 없게 되었습니다.

　왜 이처럼 틀렸는가에 대한 원인 분석이 이루어지겠죠(미국 언론들이 분석한 원인을 특파원 기사로 보도한 곳이 몇 군데 있습니다). 그렇다고 우리처럼 여론조사를 줄여야 한다거나 통제할 방법을 찾아야 한다는 얘기는 나오지 않는 것 같습니다. 대통령 후보를 뽑기 위한 예비선거 예측 여론조사도 계속될 것입니다.

다들 "어떤 여론조사에선 내가 1등"

지난해 대선 때도 그랬지만 다가올 4월 총선을 맞아 많은 여론조사가 실시될 것입니다. 13일엔 중앙SUNDAY가 서울 48개 지역 중 16개 지역구를 대상으로 총선 여론조사를 실시 발표한 바 있습니다. 유권자의 관심이 아직 덜하고 표본이 적기 때문에 '참고자료' 수준이지만, 해당 지역에서 출마하고자 하는 예비후보들은 각별한 관심을 보이고 있습니다. 이번 총선에서도 당내 후보 공천 때 여론조사가 중요하게 고려될 것이기 때문이죠.

'항의성' 전화를 건 후보 혹은 의원 보좌관들은 대개 한 목소리입니다. 자신이 알고 있는 여론에 비해 지지율이 저조하다는 것입니다. 다들 한두 개 이상의 조사결과를 이미 가지고 있는 것 같더군요. 그런데 문제는 이들 조사결과의 출처가 애매모호했습니다. (조사기관, 표본크기, 조사시기, 표본추출방법 등) 조사개요를 알려 달라고 하면 다들 발을 뺍니다. 당 자료이기 때문에 보안을 유지해야 한다는 겁니다. 심지어 어떤 분은 조사기관이 자료 노출을 꺼린다고 하더군요.

수치로 표현되어 있다고 해서 모두 여론조사는 아닙니다. 총선을 맞아 대량 생산이 예상되는 소위 여론조사를 가려서 읽고 해석하기 바랍니다. 최소한 조사개요 정도는 확인해야 합니다. 또 때론 틀릴 수 있는 여론조사에 너무 연연해하거나 의존하지 않았으면 합니다. 그저 참고자료로 사용해야 합니다. 명심하십시오. 1~2% 지지율에 불과한 후보들도 다들 "어떤 여론조사에선 내가 1등"이라고 말합니다.

_ 2008.01.14.

‘오바마 39%’는 38.5%일까 39.4%일까

미국 대선에 관심이 있습니까. 미국과 한국의 대선 여론조사 지지율 보도에 가장 특징적인 차이점 하나가 있습니다. 복잡하기 짝이 없는 미국의 선거 시스템을 말하는 것이 아닙니다. 아주 단순한 차이입니다.

5-6일 실시된 ‘어떤 여론조사’에선 민주당 대통령 예비후보 지지율이 오바마 39%, 클린턴 30%였습니다. ‘또 다른 여론조사’에선 오바마 35%, 클린턴 34%로 나왔습니다. 그러나 한국에선 이런 방식으로 여론조사 보도를 할 수 없습니다. 소수점 이하 첫째 자리를 표시하도록 되어 있기 때문이죠. 가령, ‘오바마 35%’의 경우 34.5%에서 35.4% 사이의 수치로 적어야 합니다.

만약 오바마 클린턴 두 사람이 한국 대선에 출마했다면 어떤 일이 벌어졌을까요. 조사결과 발표를 놓고 험악한 공방이 펼쳐졌을 것입니다. 선두를 달리고 있는 오바마 캠프에선 어떤 반응을 보였을까요. 당연히 ‘어떤 여론조사’가 현재의 여론을 정확하게 보여주고 있다고 주장할 것입니다. ‘또 다른 여론조사’는 부정확하거나 어떤 나쁜 의도가 있을 것이라고 문제를 삼겠죠. 해당 조사기관 관계자가 클린턴 캠프와 연결되어 있을 가능성에 대해 의문을 제기할지도 모릅니다.

클린턴 캠프라고 가만히 있지 않겠죠. ‘또 다른 여론조사’가 최근의 지지율 추세를 보여주고 있다거나 더 정확한 조사라고 할 것입니다.

아마 '어떤 여론조사'를 실시한 조사회사가 최근에 실시한 조사에 문제가 많았다고 주장할지도 모릅니다. 그러면서 선두인 오바마 후보를 따라잡았다고 하겠죠. 어쩌면 자체 조사결과라는 것을 들고 나와 확실히 앞섰다고 장담할 수도 있습니다.

"소수점 이하 첫째 자리 밝혀라"

여기서 그치지 않을 것입니다. 클린턴 측에선 '또 다른 여론조사'를 보도하면서 왜 소수점 이하 첫째 자리 수치를 밝히지 않느냐고 따질지도 모릅니다. 오바마 35%, 클린턴 34%라고 발표했는데, 예컨대 오바마 후보가 34.5%이고 클린턴 후보가 34.4%일 경우 거의 차이가 없는 동률인데, 사사오입 때문에 마치 1%포인트 차이가 있는 것처럼 오해할 수 있다고 말입니다.

무슨 그런 쓸데없는 억지를 부리느냐고요. 그렇지 않습니다. 한국의 선거 여론조사에서 흔히 벌어지는 일입니다. 예컨대, 지난해 8월 한나라당 대통령 후보 경선 때 이명박-박근혜 두 후보 지지율이 '또 다른 여론조사'처럼 나왔다고 한 번 상상해 보십시오(그런 상상은 통합신당 경선에서도 가능합니다). 해당 조사기관과 이를 보도한 언론사엔 난리가 났을 것입니다.

다가온 4월 총선에서도 마찬가지입니다. 새내기 예비 후보의 경우 워낙 인지도가 낮아 소수점 이하 첫째 자리 수치도 무시할 수 없습니다. 특정 정당에 후보가 난립해 일정 지지율 이하를 사전에 걸러내겠다고 해 보십시오. 소수점 이하 첫째 자리 이하 지지율을 어떻게 무시할 수 있겠습니까. A후보 3%, B후보 2%라는 조사결과 발표가 가능하겠습니까.

무슨 말을 하고 싶으냐고 물으실 테죠. 우리도 여론조사 지지율 보도할 때 소수점 이하 첫째 자리를 사사오입해 정수로 표기할 때가 됐다는 얘기입니다. 소수점 이하 첫째 자리 표기로 인해 불필요한 오해나 논란의 여지를 없애야 합니다. 여기서 말하는 '오해나 논란'이란 오바마 클린턴 두 후보가 한국 대선에 출마했을 경우를 가정한 상황 그리고 지난해 대선 때 오차범위 이내의 지지율 차이로 벌여졌던 각종 해프닝을 모두 포함하고 있습니다.

_ 2008.01.08.

Ⅳ. 부록 : 여론조사 보도의 허실

여론조사 10문 10답
육하원칙으로 본 여론조사의 허점

▋여론조사 10문 10답▋

조사기관은 그저 조사할 뿐이고 언론은 또 보도할 뿐이라고 합니다. 정부와 학계도 적극 나서지 않고 있습니다. 그러는 사이 여론조사에 대한 믿음은 점점 약화되고 있습니다. 뭔가 문제가 있는 것 같은데 어디서도 속 시원한 얘길 들을 수 없습니다.

이해가 부족한 부분도 있고 오해하고 있는 점도 적지 않습니다. 여론조사에 대한 기초 지식을 말씀드리고 혹시 잘못 알고 있는 부분을 바로잡는 데 도움을 드리고자 합니다.

Q1 : 1,000명, 심지어 500명을 조사해 국민 전체 여론이라고 하기엔 숫자가 너무 적은 것 아닌가?

가정주부가 국의 간을 맞출 때 한 숟가락만 떠먹어보면 됩니다. 혈액형 검사를 하기 위해선 5cc 정도의 피를 뽑으면 충분합니다. 극히 소량으로도 전체 특성을 파악할 수 있기 때문이죠. 물질과 마찬가지로 비슷한 특성을 갖고 있는 사람들 역시 소규모 표본으로 전체 특성 파악이 가능합니다. 여론조사란 "작은 표본으로 대규모 모집단을 투영하는 과학"이기 때문입니다.

아무리 모집단이 커도 일정 수의 표본만 있으면 됩니다. 미국 대선 예측 여론조사 표본도 1,000명 내외입니다. 중요한 것은 표본의 크기가 아니라 구성입니다. 국물과 혈액이 각각 잘 섞어져 있어야 하듯이 표본의 성별 연령별 구성비와 모집단의 그것이 유사해야 합니다. 지역이나 교육 소득 등이 조사내용에 영향을 미칠 경우 표본과 모집단이 비슷해야 정확한 여론조사라고 할 수 있습니다.

"서울 명동을 지나가는 행인 100명에게 물었더니", "언론사 기자나 대학생에게 물어본 결과", "인터넷 응답자 500명을 대상으로 조사했더니" 등이 국민 여론일 수 없는 이유를 아시겠죠. 이들의 특성이 전체 국민과 유사하지 않기 때문입니다.

Q2 : 조사결과를 보도할 때마다 '최대허용 오차범위(혹은 표본오차)는 95% 신뢰 수준에서 ±3%포인트'란 어려운 표현이 나오는데… 도대체 무슨 의미인가?

신문이나 방송에서 여론조사 결과를 보도할 때 반드시 표기토록 법적으로 강제하고 있는 문구입니다. 조사의 신뢰도가 95%라는 뜻이 아닙니다. 조사결과를 해석할 때 사용됩니다. 만약 한나라당 40%, 민주당 20%라고 나왔다면, 동일한 형태의 조사를 100번 실시했을 경우 95번은 한나라당이 37~43%(40%±3%), 민주당이 17~23%(20%±3%) 사이의 지지율을 얻게 된다는 얘기입니다. 결국 한나라당이 민주당을 확실히 앞선다고 말할 수 있겠죠.

그런데 한나라당 30%, 민주당 27%라면 얘기가 달라집니다. 오차범위 내에서 두 정당이 지지율 선두를 다투고 있다고 말해야 합니다. 30%±3%=27~33%, 27%±3%=24~30%로 서로 겹치는 부분이 있기 때문이죠. 이번 조사에선 우연히 한나라당이 앞섰지만 심지어 한나라당 27%, 민주당 30%라는 결과가 나올 수 있다는 뜻입니다.

Q3 : 매일같이 여론조사가 발표되고 있지만 주변에 응답 경험이 있다는 사람을 만나기가 쉽지 않다. 도대체 어떤 사람을 대상으로 조사하나?

전체 국민 중 1,000명 대상 여론조사를 하면 표본으로 뽑힐 확률은 몇 만분의 1에 불과합니다. 대학생과 직장인 등 바깥 활동이 많고 귀가시간이 늦은 젊은 층은 표본으로 선정될 가능성이 더 낮아지죠. 그래서 응답 경험이 있다는 사람을 찾아보기가 쉽지 않습니다.

전화조사의 경우 조사대상자 선정은 주로 할당추출법을 사용합니다. 인구센서스를 이용해 전체 인구 중 성별 연령별 비율에 따라 표본을 뽑습니다. 가령, 1,000명을 뽑을 경우 20대 남자 비율이 10%면 100명, 20대 여자 비율이 11%면 110명을 조사하는 식이죠. 전체 인구의 절반이 여성이면 표본의 절반, 즉 500명이 여성이어야 합니다. 전체 인구 중 20대 비율이 30%이면 표본에서도 20대 응답자 300명이 뽑혀야 합니다.

Q4 : 4월 재보선이 다가오고 있는데… 선거 때만 되면 "나이만 묻고 그냥 끊는다"고 항의하는 어르신을 만날 수 있다. 젊은 사람들만 조사하면 여론 조작 아닌가?

특히 선거여론조사 때 이런 항의를 많이 받습니다. 여론조사가 수상하다거나 조작하는 것 아니냐고 의심하는 사람도 있는데, 전화 조사방식의 한계 때문입니다.

보통 오후 2~3시에 시작해 저녁 늦게까지 전화를 겁니다. 낮에는 주로 집에 있는 주부나 고연령층 위주로 조사가 진행됩니다. 대신 저녁시간 이후엔 늦게 귀가하는 대학생이나 직장인 등 저연령층을 확보해야 합니다. 그래서 목소리만 듣거나 나이를 확인하고 끊는 경우가 발생합니다(이런 경우 반드시 양해를 구합니다).

자신도 지지 후보를 밝히고 싶은데 왜 그냥 끊느냐는 어르신들의 항의가 있을 수밖에 없죠. 그러나 동일 연령대의 응답자가 이미 확보됐기 때문에 불가피하게 통화를 중단하는 것입니다. 만약 나쁜 의도로 고연령층을 배제하면 나중에 조사 관련 자료에서 다 드러날 수밖에 없습니다.

Q5 : '응답률 20%'라고 하면 1,000명 중 200명이 답했다는 뜻인가. 또 20%가 안 되는 응답률은 너무 낮은 것 아닌가?

그렇지 않습니다. 5,000명을 접촉해 이 중 20%인 1,000명이 응답했다는 얘기입니다. 결국 80%에 해당하는 4,000명이 전화를 받지 않았거나 응답을 거절한 셈이죠. 여기엔 할당 표본에 맞지 않아 전화를 건 조사기관이 정중하게 끊은 경우도 포함됩니다.

모집단의 성별 연령별 비율에 따라 할당 인원을 조사하는 국내 관행에선 대개 15~20% 정도의 응답률을 보여주고 있습니다. 어떤 자료에선 520명을 조사할 경우 3,471개 전화번호가 필요했다고 합니다. 이 중 통화 연결은 2,166개(62.4%), 전화 연결 불통은 1,305개(37.6%). 연결 전화 중 응답 완료는 520개, 응답 거절은 1,079개, 기타 567개였답니다. 결국 전체 전화번호를 기준으로 하면 15.0%, 통화를 기준으로 하면 24.0%란 응답률이 나옵니다.

그래도 낮은 응답률이 문제라는 지적이 있습니다. 물론 응답률은 높을수록 좋고 너무 낮으면 곤란합니다. 그러나 학자들의 연구에 의하면 낮은 응답률이 여론조사 신뢰도에 부정적 영향을 초래했다는 증거가 없다고 합니다.

Q6 : 대통령과 정당 지지율 등 각종 조사결과는 왜 발표하는 언론이나 조사기관마다 수치가 다른가?

대통령 지지율을 포함해 동일 이슈에 대한 조사결과가 서로 다른 경우는 흔합니다. 이 때문에 여론조사를 믿을 수 없다는 사람도 있죠. 여러 가지 이유가 있습니다. 질문이나 응답항목에 차이가 있고, 면접원 특성과 표본추출방식, 조사시기 등이 다르기 때문입니다.

조사기관의 고유한 특성이나 상이한 조사과정으로 인해 결과에 차이가 나타나는 현상을 'House Effect'라고 합니다. 굳이 번역하자면 '조사기관 효과' 또는 '조사기관의 (고유한) 특성'이라고 부를 수 있죠. 동일 이슈에 대한 조사결과를 비교할 때 가급적 동일 조사기관의 자료를 사용하라고 권하는 것도 이 때문입니다.

조사결과란 워낙 조금씩 다를 수 있다는 점을 이해해야 합니다. 선거조사처럼 예외도 있지만, 우리가 평소 접하는 여론조사는 누가 더 정확한가를 가리기 위한 것이 아닙니다. 오차범위 내의 추정치 혹은 조사결과 범위를 알려줄 뿐이죠. 가령, A기관 대통령 지지율이 30%, B기관이 33%일 경우 둘은 서로 다른 것이 아니고 '30%대 초반'으로 비슷하다고 해석해야 합니다.

Q7 : 역대 대통령의 임기 초반 지지율은 왜 높을까?

임기 초반 역대 대통령 지지율은 거의 90%에 가까웠습니다. 1993년 8월 김영삼 전 대통령 91%, 1998년 1월 김대중 전 대통령 90%, 2003년 2월 노무현 전 대통령 92% 그리고 2008년 2월 이명박 대통령은 80%대였습니다.

비정상적으로 높은 지지율은 어쩌면 당연합니다. 국정수행이 본격적으로 이루어진 기간이 짧아 제대로 된 평가가 곤란하다는 점에서 비정상적이고, 장밋빛 비전 제시와 새로운 국정상 구현을 기대하고 있다는 점에서 높은 것이 오히려 당연하죠. 게다가 "잘할 것이다"라는 기대 표명이나 구호와 비전, 이미지 평가를 지지율로 착각한 측면도 있습니다.

새로운 정권이 출범하면 개혁 정책으로 인해 기대가 높아지기 마련이죠. 여기에 대통령 개인의 인기까지 합쳐지면 엄밀한 의미의 국정수행 지지도가 아닙니다. 그런 점에서 역대 대통령의 임기 초반 90%에 가까운 지지도는 환상에 가깝습니다. 자랑거리도 아니고 또 그것을 기준으로 임기 중·후반의 지지율을 판단할 필요도 없습니다.

Q8 : 여론조사 찬반 응답에 따라 추진 여부를 결정하면, 정치인과 정책 담당자가 할 일이 없지 않은가. 여론조사는 정책 추진에 어떻게 활용할 수 있나?

찬반 응답률만으로 정책 추진 여부를 결정해선 안 된다. 여론조사 결과는 정책 채택 여부를 판단하는 여러 가지 자료 중 하나로 취급되어야 하기 때문입니다.

제주 영리병원 추진 여론조사를 예로 들 수 있습니다. 찬성률이 50%에 미치지 못해 중단됐는데… 조사결과가 그런 방식으로 활용되어선 곤란합니다. 영리병원 도입이든 해군기지 후보지 선정이든 도청에서 충분한 논의가 있었을 것입니다. 전문가들도 참여했을 테고요. 당장이든 미래든 도민에게 유리하거나 바람직한 방향으로 검토됐을 것입니다. 그렇게 하라고 도민의 손으로 도지사를 믿고 맡긴 것 아닙니까. 그런 점에서 어떤 정책이든 도지사의 판단과 결정에 맡기는 것이 맞습니다.

여론조사는 찬반만 물어보지 않습니다. 어떤 지역이나 계층에서 특히 반대하는지 차이가 있습니다. 반대 이유도 조금씩 다르고요. 어떻게 하면 반대를 유보하거나 찬성하겠는가 물어볼 수 있겠죠. 구체적인 추진 시기나 방법에 대해서도 물어봐야 합니다. 이런 점들이 여론조사 활용 포인트죠. 정책을 추진하되 도민들의 반발을 최소화하고 각종 보완 및 지원책을 마련하는데 여론조사가 활용되어야 합니다. 물론 반대가 극심하면 정책 추진을 유보하거나 철회할 수 있겠지만 말입니다.

Q9 : 누구에게 물어도 똑같이 대답할 수밖에 없는, 즉 90% 이상의 사람들이 비슷하게 답한 것은 잘못 만들었거나 의도가 있는 질문 아닌가?

바람직하거나 윤리적 내용을 묻게 되면 응답자들이 그런 방향으로 답할 가능성이 높습니다. 그래서 조사주체들이 자신들에게 유리한 결과를 얻어내기 위해 이런 질문방식을 사용하는 경우가 있습니다.

노무현 정부 때 일입니다. 과거사 청산에 대해 물어보면서 "잘못된 역사를 바로 잡기 위한 것으로 지속되어야 한다"는 항목을 제시했습니다. 이것을 선택하지 않으면 잘못된 역사를 그대로 두겠다는 입장에 서야 하는 거죠. 결국 과거사 청산은 국민 여론이 됐습니다. 고령자나 장애인 복지시설을 늘리는 것, 부정부패나 부조리 척결 활동을 지속하는 것, 업무능력 저하 또는 근무태도 불성실 공무원 퇴출, 고유가로 인한 차량 부제 실시 등도 여기에 해당합니다. 평창 동계올림픽 유치에 대해 찬반을 묻는 것도 마찬가지입니다.

아예 빼거나 다른 방식으로 물어야 합니다. 복지시설을 늘리면 세금 부담이 함께 늘어난다는 점을 알려주는 것도 방법이죠. 이와 관련해 하나의 응답에 90% 이상이 몰리면 질문에 문제가 있거나 의도가 있다고 봐야 합니다. 부정부패나 부조리 척결, '철밥통' 공무원 퇴출, 평창 동계올림픽 유치 찬반 등이 여기에 해당됩니다.

Q10 : ARS로 조사했다는 경우가 빈번한데, 기존의 전화조사방식과 어떻게 다르고 어떤 장단점이 있는가?

전화조사는 면접원이 응답자와 직접 통화해 응답내용을 기록하는 방식인데 비해 ARSAutomatic Response System는 응답 대상자에게 자동으로 전화를 걸어 녹음된 질문을 들려주면 응답자가 버튼을 눌러 답변하는 방식을 말합니다.

단기간에 적은 비용으로 대규모 조사를 수행할 수 있다는 것이 가장 큰 장점입니다. 누구나 쉽게 할 수 있고 면접원 선발이나 교육이 필요치 않아 편합니다. 그러나 응답 성공률이 낮아 표본의 대표성이 부족하고 거짓 혹은 부실 응답을 통제할 수 없어 여론이 왜곡될 수 있습니다. 홍보용으로 주로 이용하다보니 남발 혹은 조작 의혹 능

부작용도 적지 않고요.

ARS 여론조사의 가장 큰 문제점은 조사 관련 자료를 공개하지 않는다는데 있습니다. 각 질문별로 응답률이 다르게 나올 수밖에 없는데, 우선 이것부터 밝혀야 합니다. 모집단과 표본, 표본추출방식, 조사결과에 대한 가중치 부여 여부와 내용, 부실 응답에 대한 통제 여부, 설문지 등이 공개되어야 ARS 조사에 대한 불신이 해소될 수 있을 것입니다.

▮육하원칙으로 본 여론조사의 허점▮

매일같이 쏟아져 나오는 각종 여론조사. 동일 주제를 놓고 비슷한 시기에 실시된 것도 결과가 서로 다른 경우가 흔합니다. 도대체 어떤 조사를 얼마나 신뢰할 수 있는지 또 어떤 기준으로 그것을 판단해야 할지 알 길이 없습니다. 기사 작성의 기본 요소, 즉 '육하원칙5W1H'이 란 기준을 통해 여론조사의 신뢰 여부를 가려 보십시오. 신뢰도가 떨어지는 여론조사 사례를 중심으로 말씀드립니다.

누가(Who) : 조사주체가 누구이며 어떤 조사기관이 수행했는가

모든 여론조사는 '조사주체 편향적'이라고 해도 과언이 아닙니다. 가령, 특정 정당이 의뢰한 조사는 해당 정당에게 유리한 방향으로 결과가 나오기 마련입니다. 한나라당 여의도연구소와 민주당 민주정 책연구원 조사결과를 예로 들 수 있습니다. 동일 시기에 동일한 방법 으로 실시된 정당 지지율이 상이하다 못해 거꾸로 입니다. 6월 중순 여의도연구소 조사에선 한나라당 30.4%, 민주당 23.4%인 반면, 민주 정책연구원 조사에선 한나라당 26.7%, 민주당 35.3%였습니다.

지난해 12월 처음으로 방송법 개정안 여론조사를 실시한 곳은 '미 디어오늘 · 기자협회 · PD연합회'였습니다. 편향된 질문을 통해 반 대 여론이 높게 나타났을 것이란 점은 이들 조사주체 면면을 보면 쉽게 예상할 수 있습니다. 이어서 "재벌과 권력이 방송을 장악힐

수 있으므로 반대한다"는 항목을 통해 반대 응답을 유도한 여론조사의 실시 주체는 MBC였습니다. 결국 어떤 기관 혹은 단체가 조사주체인가를 통해 해당 조사의 신뢰성 여부를 가려낼 수 있다는 얘기입니다.

무엇을(What): 어떤 질문을 하고 있으며 어떤 문제점이 있는가

조사주체에게 유리한 방향으로 조사가 진행되는 모습은 특히 질문지에서 두드러집니다. 한국사회여론연구소KSOI가 지난달 1일 미디어법 처리와 관련된 조사를 실시했습니다. '반대 여론을 감안해 충분한 논의 후에 합의 처리해야' 75.5%, '합의한 대로 6월 임시국회에서 표결 처리해야' 24.5%였습니다. KSOI의 전형적인 질문기법에 힘입은 왜곡된 조사결과입니다. 어떤 법안이든 "반대 여론을 감안"하는 것은 좋은 일입니다. 그렇지 않으면 반대 여론을 무시하는 것인데 어느 누가 동의할 수 있겠습니까? "충분한 논의" 역시 바람직합니다. 이것을 선택하지 않으면 졸속 처리가 되는데 용납할 수 있겠습니까? 결국 민주당 쪽에 유리한 방향으로 응답을 유도했습니다.

잘못된 질문을 통한 결과 왜곡은 한나라당도 예외가 아닙니다. 여의도연구소에선 최근 미디어법 찬반을 "언론관계법 개정이 미디어 산업 발전에 도움이 되는지에 대한 공감 여부"로 묻고 있습니다. 그래놓고 공감한다는 응답(40.4%)이 공감하지 않는다는 응답(45.9%)과 비슷하다고 합니다. 특정 내용을 물어놓고 미디어법 찬반이라고 둘러대는 것도 그렇고 공감 응답이 여전히 적은데도 불구하고 비슷해졌다는 주장도 억지스럽습니다.

언제(When): 왜 하필 이 시점에 조사했을까

여론조사 결과는 조사 시점에 매우 민감합니다. 예컨대 한국인이 가장 좋아하는 스포츠 선수를 물을 경우 조사 시기에 따라 선두가 바뀔 수 있습니다. 어떤 시즌에 조사하느냐에 따라 다르고 또 특정

종목 선수의 활약 직후에 조사할 경우 순위가 달라집니다. 박세리와 신지애(골프), 김연아(피겨), 박태환(수영), 박지성(축구), 박찬호와 이승엽(야구) 등을 예로 들 수 있습니다.

'국민 64% 사형제 유지'라는 조사결과 역시 마찬가지입니다. 법무부가 의뢰한 조사에 따르면 사형제를 계속 두자는 의견이 64.1%, 반대 13.2%, 모르겠다 22.6%였다고 합니다. 그러나 이 조사는 살인범 강호순 사건으로 인해 사형제 유지 의견이 득세하던 시점에 실시된 것입니다. 한때 사형제 폐지 의견이 50%에 가깝게 나온 경우가 있었고, 사형제 대신 종신형제를 도입하자는 의견이 65%에 달한 경우도 있었습니다.

지난 3월 MBC가 코리아리서치에 의뢰해 '(광우병 보도) 담당 PD를 체포까지 한 것은 지나친 처사 72.3%'란 조사결과를 내놓은 적이 있었습니다. (결혼식을 앞둔 여성 PD를 조사는 할 수 있겠지만) "굳이 체포까지 할 필요가 있느냐"는 동정론과 "지나친 것 아니냐"는 검찰에 대한 부정적 여론이 고조된 틈을 이용했고 그런 내용을 질문에 고스란히 포함해 유리한 응답을 얻어 냈습니다.

어디서(Where): 어떤 모집단을 대상으로 몇 명의 표본을 어떻게 선정했는가

'공무원 82% MB 음성 격려 메시지 불필요', 'MB 공무원 격려 메시지 40%가 안 들었다'… 일부 인터넷 매체의 기사 제목입니다. 마치 우리나라 공무원 5명 중 4명이 대통령의 격려 메시지가 불필요하다고 답한 것처럼 보입니다. 또한 5명 중 2명이 메시지를 듣지 않은 것처럼 받아들여질 수 있습니다. 그러나 이것은 전국민주공무원노조 조합원을 대상으로 한 조사결과입니다. 노조 조합원 5명 중 4명이 불필요하다고 답했고 5명 중 2명이 안 들었다는 것입니다. 메시지를 받게 되면 삭제하겠다고 답한 사람이 50.6%인 것도 전체 공무원

중 절반이 아니라 조합원 중 절반이란 뜻입니다.

'중국인 72% 김정운 후계 지명 믿어'라는 연합뉴스 보도가 있었습니다. 중국 공산당 기관지 인민일보의 자매지가 네티즌을 대상으로 김정운 후계 보도에 대한 여론조사를 실시한 것입니다. 응답자 72%가 이 뉴스를 믿는다고 답했고 믿지 않는다는 응답자는 11%에 불과했다고 보도했습니다. 중국인 중 일부에 불과한 네티즌을 대상으로 해놓고 마치 중국인 다수가 김정운 후계 지명을 믿는 것처럼 잘못 보도한 것입니다. 중국인들 중 김정운이란 이름을 아는 사람이 과연 몇 %나 되겠습니까?

왜(Why): 왜 이런 조사를 했으며 보도 이유 및 가치가 있는가

노동조합처럼 이해 당사자가 실시하는 여론조사는 조사 및 보도 이유가 명백합니다. 이들의 조사결과는 늘 노조 집행부 입장을 대변하기 마련입니다. 가령, KBS 노조의 경우 수신료를 올려야 한다는 입장이고 부당한 외압에 대해선 단호히 대응해야 한다는 조사결과를 발표하곤 합니다. 2006년 정연주 사장 연임 여부에 대해선 압도적으로 반대하는 조사결과를 발표했다가 2008년엔 정 사장 해임에 대해 반대하는 조사결과를 내놓은 적이 있습니다.

해마다 국정감사가 열리면 소위 '자뻑' 여론조사가 등장합니다. 가령, 지난해 국감의 경우 '서울 강남북 격차가 더욱 커질 것', '종부세 강화해야', 'MB 등장 후 교육환경 나빠져' 등은 민주당을 비롯한 야당 의원들이 내놓은 조사결과 제목입니다. '사이버모욕죄 2배 이상 여론 지지', '대구시민은 행복해' 등은 여당인 한나라당 의원들이 실시한 것입니다. 왜 그런 조사를 실시했는지에 대해 당사자인 의원에게 물어볼 필요도 없습니다. 이런 여론조사는 올해 국감에서도 어김없이 등장할 것입니다.

어떻게(How): 어떤 조사방법을 사용했는가

최근 이명박 대통령의 국정수행 지지율이 40%를 넘었다는 조사결과가 있었습니다. 그러나 일부 조사에선 여전히 20%대에 머무르고 있다고 합니다. 여러 가지 이유가 있지만, 어떤 조사방법을 사용했느냐도 지지율 차이의 원인 중 하나입니다. 가령, 지난달 2일 리서치앤리서치R&R 조사에선 37.7%였는데, 22일 KSOI 조사에선 25.3%, 24일 리얼미터 조사에선 20.7%였습니다. R&R은 유선전화, KSOI는 자동응답시스템ARS, 리얼미터는 휴대전화 조사였습니다.

해마다 6월 하순이면 6.25전쟁 발발시기를 모르는 국민이나 학생이 적지 않다는 조사결과가 나오곤 합니다. 지난해 6월엔 행정안전부가 그런 조사결과를 내놓았습니다. '청소년 안보의식 혼란스럽다'라는 제목의 보도자료를 통해서 말입니다. 6.25전쟁 발발년도를 모르는 중고교생이 56.8%에 달한다고 했습니다. 그런데 중고교생을 대상으로 유선전화, 즉 집 전화 조사방식이 과연 타당한가요? 통상의 조사시간대인 오후 2시부터 9시까지 집에 있는 중고교생이 우리나라 전체 중고교생을 대표할 수 있을까요? 그 시간엔 대다수 학생들이 학교에 있거나 학원에서 공부를 하고 있을 텐데 말입니다. 학교의 협조를 얻어 집단면접하거나 우편이나 이메일로 조사하는 것이 타당하다고 봅니다.